떨림의 설렘

소음진동 전공 교수의 65년 이야기

떨림의 설렘

펴 낸 날   2023년 4월 21일

지 은 이   정의봉
펴 낸 이   이기성
편집팀장   이윤숙
기획편집   이지희, 윤가영, 서해주
표지디자인 이지희
책임마케팅 강보현, 김성욱
펴 낸 곳   도서출판 생각나눔
출판등록   제 2018-000288호
주   소   서울 마포구 잔다리로7안길 22, 태성빌딩 3층
전   화   02-325-5100
팩   스   02-325-5101
홈페이지   www.생각나눔.kr
이 메 일   bookmain@think-book.com

- 생각의 뜰은 도서출판 생각나눔의 자서전 브랜드입니다.

- 책값은 표지 뒷면에 표기되어 있습니다.
  ISBN 979-11-7048-550-6(03810)

Copyright ⓒ 2023 by 정의봉, All rights reserved.

· 이 책은 저작권법에 따라 보호받는 저작물이므로 무단전재와 복제를 금지합니다.
· 잘못된 책은 구입하신 곳에서 바꾸어 드립니다.

소음진동과 함께한 정의봉 교수의 설렘 이야기

떨림의 설렘

정의봉 자전 에세이

떨림을 교육 연구하는 하루하루가
설렘의 연속이었습니다.

생각의 뜰

프롤로그

　　　　　사십여 년 전 이십 대의 젊은 나이에 부산대학교 기계공학부 교수로 임용되어 첫 출근했을 때의 기억이 마치 엊그제같이 생생한데 세월이 이토록 빨리 지나가서 나도 모르는 사이에 정년퇴직을 맞이하게 되었다. 세월이 지나도 내가 대하는 학생들의 나이가 변하지 않아서 내가 나이 먹는 줄 몰랐는데, 문득 정신을 차려보니 벌써 학교를 떠날 시간이 되었다. 그동안 부산대학교에서 학생들을 가르치면서 교육의 보람을 느꼈고, 제자들과 머리를 싸매고 난제를 해결하면서 연구의 기쁨을 알게 되었다. 지금 와서 되돌아보면 정말 운 좋게 어쩌다 이 세상에서 가장 보람 있는 직업을 선택해서 평생을 보냈다는 사실이 너무 뿌듯하다. 그래서 나는 내 평생을 바친 부산대학교가 무엇보다도 자랑스럽다. 내가 태어나서 고등학교 졸업까지 고향에서 18년간 살았지만, 성인이 되어 정착하게 된 부산에서는 40여 년간 살았다. 나는 부산으로 내려온 후에 결혼했고, 부산에서 자식들이 태어나서 자랐다. 부산은 나에게 가장 편안함을 느낄 수 있는 곳으로 고향보다 더 고향 같은 곳이다.

　　정년퇴직을 맞이하면서 나의 지나온 길을 정리하고 싶어졌다. 책 제목으로 여러 후보를 올려놓고 고민하다가 '떨림의 설렘'으로 정했다. 떨림이란 나의 전공 분야인 진동소음을 대표하는 단어이다. 진동은 고체

^{구조물}의 떨림이고, 소음은 기체^{공기}의 떨림이다. 부산대학교에서 40여 년간 학생들을 교육하고 대학원생과 연구하면서, 내 적성에 가장 잘 맞는 직업을 갖게 되었다는 사실을 알게 되면서 마음의 떨림을 느꼈다. 내가 알고 있는 지식을 남에게 가르치는 교육이야말로 인생에서 가장 가치 있고 보람 있는 일이어서 교육의 설렘을 느꼈고, 대학원생과 머리를 싸매고 연구하는 매 순간이 너무 즐거워서 연구의 설렘이 있었다. 대학교수가 남에게 존경받는 직업이라서 자긍심의 설렘이 있었고, 나에게 배운 제자들이 사회에서 전문능력을 인정받고 나에게 고마움을 느낄 때 성취의 설렘을 느꼈다. 떨림을 교육 연구하는 하루하루가 설렘의 연속이었다. 따라서 책 제목을 떨림의 설렘으로 정하였다.

나는 글 쓰는 재주가 없어 연구논문을 제외하고 평생 글을 남긴 적이 없다. 이 글은 남에게 보여주기 위한 글이 아니다. 남에게 도움이 되는 좋은 글도 아니고, 남에게 좋은 평가를 받고 싶은 글은 더더욱 아니다. 단지 내가 지나온 길을 내가 기억하기 위해서 정리해 놓은 나를 위한 글이다. 나를 기억하고 나를 알고 있는 사람에게는 혹시 약간의 재미를 줄 수도 있겠다.

정년퇴직의 소감에 대한 질문을 가끔 받는데, 나의 감정은 학교 다닐 때 오래 걸리는 숙제를 마치고 제출했을 때의 홀가분한 느낌이다. 또 자식들이 성장해서 사회생활을 하게 되고 새로운 가정을 꾸릴 때까지 옆에서 지켜주는 것이 부모의 숙제라면 나는 이 숙제도 마쳤다. 모든 숙제를 마친 나는 이제부터 자유롭게 나의 새로운 인생을 시작하려고 한다. 인생의 진정한 즐거움은 정년퇴직부터 시작되는 게 아닐까! 내 인생에서 근심 걱정 없는 가장 행복한, 내 인생의 또 다른 황금기를 맞이하려고 한다.

목차

📎 프롤로그 · 4

01 어린 시절의 추억

- 기억에 없는 기억 … 12
- 어릴 적 살던 집의 추억 … 14
- 초등학교 시절 놀이의 추억 … 16
- 남대천 물에 빠졌던 어릴 적 추억 … 20
- 바둑 습득의 추억 … 21
- 부모와 함께한 설악산 등반의 추억 … 24
- 이런저런 추억들 … 25
- 수업 시간의 에피소드 … 27
- 하마터면 떨어질 뻔한 고교 진학 … 28
- 공부의 길로 인도한 고교 첫 시험 … 30
- 수학 모의고사의 추억 … 31
- 화학 수업의 추억 … 32
- 강원도에는 동도와 서도가 있다 … 34

02 대학 시절의 추억

- 대학 입시 … 38
- 내 전공을 찾아준 물리 문제의 추억 … 41
- 독일어 수업의 극복 … 43
- 교양 과목의 단상 … 45
- 물리학! 너는 나의 꿈 … 47
- 조선공학과 진학 … 49
- 고체역학은 내 스타일 … 51
- 격동기와 함께한 학창 시절 … 53
- 대학 그리고 데모 … 55
- 휴교령과 지방 출신 대학생의 고민 … 57
- 기숙사 방 배정의 비밀 … 59
- 기숙사 식당의 보이지 않는 지정석 … 61
- 몰두의 추억 … 63
- 교내 바둑대회 우승 … 64
- 진로를 바꾼 현장 실습 … 66

- 조선공학에서 기계공학으로　　　　　　　68
- KAIS 입시 공부　　　　　　　　　　　　69
- 역학(力學) 과목을 공부하는 방법　　　　70
- 갑자기 알게 된 아버지의 자식 사랑　　　72
- 어머니와의 영원한 이별　　　　　　　　73

03 한국과학원(KAIS) 시절의 추억

- KAIS라 불리는 대학원　　　　　　　　　80
- 한국과학원(KAIS) 입학　　　　　　　　 81
- 한국과학원(KAIS) 기숙사 생활　　　　　84
- 한국과학원(KAIS) 석사과정　　　　　　 85
- 지도교수로서의 마음　　　　　　　　　 88
- 열공의 동기 부여는 간절함　　　　　　 89
- 바둑 프로기사와 만남　　　　　　　　　91
- 현장 실습으로 맺은 첫 인연 부산　　　　93
- 한국과학원(KAIS) 졸업　　　　　　　　 95

04 부산 초창기 시절의 추억

- 국가가 정해준 첫 직장 부산대　　　　　98
- 부산대학교 조교 근무　　　　　　　　　99
- 남자 6명의 식사　　　　　　　　　　　101
- 부산의 첫인상　　　　　　　　　　　　102
- 조교 시절의 사회상　　　　　　　　　　103
- 부산대는 기계공학 특성화 대학　　　　 104
- 26세 교수 임용　　　　　　　　　　　　105
- 첫 대학 강의　　　　　　　　　　　　　106
- 드디어 결혼　　　　　　　　　　　　　107
- 동역학에서 얻은 닉네임 '칼봉'　　　　　110
- 연구실에 침입한 도둑　　　　　　　　　111
- 강의 전달률　　　　　　　　　　　　　113
- 학생이 전공을 이해하는 과정　　　　　 115
- 내가 대신 이룬 아버지의 꿈　　　　　　117
- 알지 못했던 아버지의 슬픈 기억들　　　118

- 부산대 교직원 바둑대회　　　　　　　　　*120*
- KAIS 박사과정 진학　　　　　　　　　　*122*
- 국내 박사? 해외 박사? 선택의 기로　　　*123*
- 미국 아닌 일본 유학의 이유　　　　　　　*125*
- 일본 문부성 장학생 시험 도전　　　　　　*126*
- 문부성 시험 합격? 여전히 어려운 유학의 길　*128*
- 순간의 선택이 30년을 좌우한다!　　　　*130*
- 출국을 하려면 안기부 교육은 필수　　　　*132*

05 일본 유학 시절의 추억

- 드디어 일본 유학을 떠나다　　　　　　　*136*
- 일본 대학 연구실 생활　　　　　　　　　*138*
- 논문으로 불붙은 한일전　　　　　　　　　*140*
- 나의 전공에 도움이 되었던 뜻밖의 과목들　*142*
- 전공책보다 어려운 만화책　　　　　　　　*143*
- 모드해석은 수박 두드리기　　　　　　　　*145*
- 후지산(富士山) 정상에 오르다　　　　　　*147*
- 아이들이 언어를 배우는 과정　　　　　　　*149*
- 일본에서 월세 구하기　　　　　　　　　　*151*
- 우리 세대는 컴맹 세대　　　　　　　　　*154*
- 일본의 친절 문화　　　　　　　　　　　　*157*
- 일본 기업 승계의 자부심　　　　　　　　*160*
- 가족 여행　　　　　　　　　　　　　　　*161*
- 박사학위 발표　　　　　　　　　　　　　*163*
- 일본 교수 3명의 환송회 그리고 귀국　　*165*
- 아내의 대학원 진학　　　　　　　　　　　*166*

06 연구의 설렘

- 진동이 뭐지?　　　　　　　　　　　　　*172*
- 아름다운 진동 방정식들　　　　　　　　　*175*
- 진동을 발전시킨 과학자들　　　　　　　　*178*
- 관심 연구 분야의 변천　　　　　　　　　*181*
- 1980년대의 연구 분위기　　　　　　　　*183*

- 일본 유학 시절(1986-1990)의 연구   *184*
- 1990년대(전반기)의 연구   *186*
- 2000년대(중반기)의 연구   *188*
- 2010년대(후반기)의 연구   *190*
- 두뇌한국(Brain Korea) 21   *192*
- 한국소음진동공학회(KSNVE) 활동   *195*
- 연구업적 현황   *198*
- 연구과제의 회상   *199*
- LG전자 산학연구회   *201*
- 연구과제의 비결은 고객 감동   *202*
- 수중운동체 특화 연구센터(UVRC)   *203*

07 교육의 설렘

- 부산대 기계공학부 개요   *208*
- 왜 기계공학이 machine engineering이 아니지?   *210*
- 대학원 실험실 개요   *212*
- 대학(원) 강의 과목   *213*
- 교육의 회상   *215*
- 인기 있는 실험실이 되는 방법   *218*
- VibroNoise.com   *219*
- 가장 자랑스러운 부산대 교육자상   *221*
- 부산대 교육자상 수상 특별 강연   *224*
- 박사 배출 현황   *227*
- 석사 배출 현황   *229*
- 졸업생 홈커밍데이   *232*
- LG전자 R&D 대학원   *235*
- 대학원생 지도   *237*
- 파트타임 대학원생의 어려움   *239*
- 간이 흡음률 측정 장치 제작   *240*
- 소음 연구에 꼭 필요한 무향실   *242*

08 물리의 설렘

- 재미있는 수학! 미분의 사촌 변분   *248*

- 편미분방정식의 근사해 구하기 — 250
- 진동소음과 고유치문제 — 255
- 강체 동역학 — 258
- 물리에서 배운 F=ma는 완벽한 물리법칙? — 262
- 물체가 충돌할 때 에너지가 보존되지 않는다? — 264
- 지구가 블랙홀이 되려면 — 268
- 우주여행을 하면 얼마나 젊어질까? — 270
- 상대성이론이 발견되기까지 — 273
- 진동과 양자역학 — 278
- 소음과 전자기학 — 282

09 소소한 설렘

- 부산의 보금자리들 — 290
- 여행의 설렘 — 294
- 공학자의 눈으로 본 세계여행 『The Way』 — 300
- 공부의 성공 확률 — 303
- 공부는 할수록 모르는 게 많아진다! — 305
- 물려받은 유전자 — 307
- 타고난 재능은 공평하다 — 309
- 자녀 교육의 단상 — 310
- 모성애는 부성애보다 얼마나 클까? — 312
- 주례의 추억 — 314
- 생애 세 번의 시험 — 315
- 생애 세 번의 선택 — 317
- 생애 세 번의 어워즈 — 319
- 생애 세 가지 행운 — 321
- 생애 세 가지 행복 — 323
- 나의 흔적 — 325

에필로그 & 부록 · 327

- 에필로그 — 328
- 부록: 제자들과 함께 일궈낸 연구 논문의 기록 — 333
- 부록: 제자들의 석·박사 학위 논문의 기록 — 347

01
어린 시절의 추억

기억에 없는 기억

...

　　　　　기억의 길을 따라 과거로 갈수록 기억은 점점 희미해지고 아주 어릴 적 기억은 거의 나지 않는다. 아주 어릴 적 기억은 어쩌면 나의 기억이라기보다 부모에게서 전해 들은 경우가 많다. 나는 초등학교 이전의 과거는 전혀 기억나지 않고 남아있는 몇 장의 사진에 의존하게 된다. 초등학교 시절도 정지된 사진처럼 몇 장면이 어렴풋이 떠오를 뿐이다. 어렴풋이 기억나는 첫 장면은 강릉시 옥천동에서 홍제동으로 이사하면서 내가 세발자전거를 타고 가는 장면이다. 중학교 시절이 되면 몇몇 장면들이 동영상처럼 떠오르지만 가물거리기는 마찬가지인 것 같다. 고등학교 시절부터는 비교적 많은 장면이 선명하게 떠오른다.

　나는 1955년 겨울에 강원도 강릉시 옥천동에 있는 강릉사범학교 관사에서 2남 2녀의 막내로 태어났다. 4남매 모두 3년 터울이어서 동시에 학교를 졸업하거나 입학하였다. 그 당시 아버지는 강릉사범학교 수학 교사로 재직하고 계셨는데, 그 관사에서 여러 교사 가족들과 함께 생활했다고 한다. 초등학교 시절은 학교에 다녀오면 책가방을 내던지고 동네 아이들과 어울려 놀던 장면들이 나의 기억에 많이 남아있다. 중학교 시절은 공부의 동기를 전혀 느끼지 못했고, 단지 학교 수업은 당연한 의무로 여겼던 것 같다. 고등학교 시절은 모두가 그랬듯이 대학 진학을 위하여 다람쥐 쳇바퀴 돌듯 무미건조한 하루하루를 보냈었다. 학교에서 야간 자율(?) 학습도 있어서 하루 대부분을 학교에서 보냈던 것 같다. 어떤 날은 도시락 2개를 갖고 다녔는데, 납작한 양은 도시락을 세로로 책가방에 넣어서 눌린 찬밥이 너무나 먹기 싫었던 기억이 남아있다.

나의 어릴 적 모습은 아주 수줍고 말수가 적은 내성적 아이였다. 학교에서 정한 규칙을 잘 지키는 착한(?) 모범생의 이미지였다. 그러나 어른이 되어 되돌아보면 학교의 모범생이 사회가 요구하는 인재상인지는 의문이 많이 든다. 학교에서 강조하는 공부는 사회에서는 별로 중요하지 않은 것 같다. 사교성도 있어야 하고, 재테크도 할 줄 알아야 하고, 술·노래·운동·잡기도 도움이 되고, 경쟁에서 이기려면 조금 거친 성격과 강인함이 필요한 것 같다. 그러나 학교에서는 어쩌면 공부보다 더 중요할 수도 있는 이런 생활 기술들을 전혀 가르쳐주지 않았을 뿐만 아니라 오히려 하지 못하도록 금기시했던 것 같다. 따라서 나는 학창 시절에 이런 다양한 일탈(?)을 경험하지 못했던 아쉬움이 아직도 남아있다.

어릴 적 살던 집의 추억

· · ·

　　　　　　내가 초·중·고 12년을 보낸 강릉시 홍제동 80-3번지에 있던 집은 나의 어릴 적 기억의 대부분이다. 홍제동 집은 부모님이 월급을 저축하고 또 저축해서 장만한 첫 주택인데 내가 초등학교 들어가기 직전에 구매했다고 하셨다. 어머니한테서 들은 얘기로는 해방 직후 결혼하셨는데 당시 교사의 월급이 쌀 한 가마니만 되면 소원이 없겠다고 하셨단다. 부모님도 학교에서 제공하는 관사에서 살다가 결혼 16년 만에 생애 처음으로 마련한 집이므로 얼마나 기쁜 마음으로 이사했을지 짐작할 수 있다. 나는 옥천동에서 보냈던 유아 시절은 전혀 기억나지 않지만, 홍제동에서 보낸 초·중·고 12년의 기억은 나의 마음속 고향 그 자체이다.

　집 구조는 방 4개의 단층 기와집이었다. 아직 상수도가 공급되기 전이라서 집 안뜰에 우물이 있었고, 우물 위를 포도나무가 덮고 있었다. 동네 사람들이 우리 집 우물에서 두레박으로 물을 길어갔다. 집 앞뒤로 자그마한 산이 있었는데 앞산은 수돗물 저장시설이 있어서 수도국산이라고 불렀고, 뒷산은 강릉 부자였던 최준집 씨 산이라고 불렀다. 인터넷으로 찾아보면 옛날의 앞산과 뒷산 흔적이 잘 나타나지 않는다. 집 뒤쪽에 제법 넓은 텃밭이 있었는데 부모님이 각종 야채와 과일을 직접 가꾸어서 계절에 따라 석류, 앵두, 포도 등을 따서 먹었다. 특히 큰 감나무가 있었는데 매년 감이 주렁주렁 매달려서 홍시가 되면 대나무 장대로 땄는데 정말 달고 맛있었던 기억이 있다. 화장실은 재래식으로 집에서 떨어진 뒷밭에 있었다.

자그마한 동네여서 동네 사람 모두 옆집 숟가락 개수까지 알 정도로 가깝게 지냈다. 대부분이 가난했던 것 같고, 아버지가 중등교사라서 정기적인 월급을 받는 우리 집은 그 동네에서 나름 잘 사는 편이었다. 내가 중학교 시절 동네 처음으로 우리 집에서 흑백 TV를 샀는데 저녁 연속극 시간이 되면 동네 아주머니들이 우리 집에 모여서, 앞마당에 자리를 깔고 앉아 과일 등을 먹으면서 다 같이 시청하곤 했다. 또 전화기를 들면 교환원이 나오는 전화가 우리 집에 있었는데 동네 사람들의 급한 일은 우리 집을 이용하였다.

내가 초등학교 고학년이 되었을 때 형과 누나가 집에 살지 않게 되었는데, 어머니께서는 부수입을 올릴 겸 2개의 방에 4명의 하숙생을 두었다. 하루 세끼의 식사가 포함된 하숙이었다. 학교가 집에서 가까워서 나와 하숙생들은 점심시간에 집으로 헐레벌떡 뛰어와서 점심을 먹곤 하였다. 지금 생각해보면 하숙생까지 포함하여 여러 명의 세 끼 식사를 모두 준비해야 했던 어머니가 무척 힘드셨을 거라는 생각이 들지만, 그 당시는 전혀 깨닫지 못했다.

초등학교 시절 놀이의 추억

강릉시 홍제동에서 나의 국민학교(지금의 초등학교) 시절이 시작되었다. 국민학교 시절에는 학교에서 무엇을 배웠는지 공부에 대한 기억은 전혀 없다. 학교에서 친구들과 놀았거나 수업 시간에 일어났던 기억들도 별로 없다. 오직 학교 갔다 오면 책가방을 내던지고 동네 친구들과 어울려 놀았던 기억의 대부분이다. 동네에는 5분 거리에 남대천이 있었고 앞산과 뒷산이 있었다. 어릴 적 동네 친구들과 어울려서 하루 종일 놀던 놀이를 기억나는 대로 정리해 본다.

칼싸움: 집 뒷산에 있는 대나무밭에서 대나무를 적당한 길이로 자르고 통조림 캔에서 오려낸 양철 판으로 손잡이 쪽 끝에 방패를 만들었다. 동네 아이들이 모여서 두 팀으로 나누어 대결했다. 가끔 옆 동네 아이들과 시합이 있는 날은 우리 동네 자존심을 걸고 사뭇 진지하게 경기를 했었다.

총싸움: 당시에는 총알을 장전하는 장난감 총이 없던 시절이므로 총 비슷하게 생긴 것을 총으로 사용하면 됐다. 주로 뒷산에서 놀았던 경기로 역시 두 편으로 나눠서 상대방을 먼저 발견하면 이름을 부르면서 "땅!" 하고 소리치면 상대는 아웃 되었다.

딱지치기: 주로 동네 공터에서 놀았다. 딱지는 집에 있는 공책이나

신문지로 두껍게 접어서 만들었다. 하루 종일 딱지치기를 하고 나면 오른팔에 알이 배어서 며칠간 끙끙 앓기도 했다. 시간 가는 줄 모르고 놀다가 어두워져서 어머니가 저녁 먹으라고 찾으러 와야 집에 들어가곤 했다.

구슬치기: 동네 문방구에서 유리구슬을 팔았다. 가장 많이 했던 경기는 땅에 4개의 구멍을 파놓고 모든 구멍에 순서대로 넣으면 이기는 경기이다. 또 '삼치기'라고 했는데 한 아이가 구슬을 한 움큼 쥔 개수를 3으로 나눈 나머지를 맞추는 게임이다.

하다금이: 사투리인 것 같다. 'ㄹ'자 비슷한 모양의 선을 그려놓고 상대 영역 골인 지점에 먼저 도달하면 이긴다. 자신의 영역 밖으로 나가면 외발뛰기를 해야 하고, 상대방을 만나면 서로 외발뛰기를 한 채로 상대방을 밀어서 발이 땅에 닿으면 아웃이 된다.

깡통 차기: 깡통을 발로 차서 멀리 보내고 술래가 깡통을 집어오는 동안 주변에 몸을 숨기고 찾아내는 숨바꼭질 놀이이다.

자치기: 긴 막대로 땅에 놓인 짧은 막대의 끝을 쳐서 튀어 오르면 긴 막대를 휘둘러서 멀리 보낸다. 미리 긴 막대 길이 몇 배를 보낼지 선언하고 그 이상으로 멀리 보내면 점수를 획득하고 그렇지 않으면 아웃이 된다.

전쟁놀이: 군 계급장이 적힌 종이를 뽑으면 계급이 정해진다. 상대

의 계급을 모르므로 붙잡을지 도망갈지를 잘 판단해야 한다.

헤엄치기: 여름에는 집 앞에 흐르는 남대천에서 동네 아이들과 몰려가서 헤엄을 쳤다. 비가 온 다음 날은 물살이 세져서 더 재미있었다. 냇가에 옷을 벗어 돌로 눌러 놓고 모두 발가벗고 놀았다.

물고기 잡기: 남대천에서 그물과 막대로 이루어진 족대(우리는 '반도'라고 불렀다.)를 이용하여 물고기를 잡았다. 당시 남대천에서 잡혔던 물고기는 꾹저구, 미꾸라지, 모래무치 등이었다. 잡은 물고기를 집에 가져가면 어머니가 매운탕을 끓여주셨다.

메뚜기 잡기: 가을 추수철이 되면 벼 이삭이나 논둑 풀 속에 숨어있는 메뚜기를 손으로 잡았다.

눈싸움: 강릉은 겨울에 눈이 많이 내렸다. 폭설이 내리면 아버지는 지붕이 위험하다고 새벽부터 지붕 위의 눈을 가래로 치우셨다. 어른들의 걱정과는 달리 나는 신이 나서 눈사람도 만들고 미끄럼틀도 만들었고, 동네 아이들과 공터에 모여서 눈싸움을 했다.

눈썰매 타기: 집 앞산은 수십 미터 길이의 비탈길이 있었는데 동네 최고의 스키 슬로프였다. 당시 스키는 없었고 각자 만든 눈썰매를 탔다. 눈썰매를 타고 내려가는 동안의 스릴은 정말 재밌었다. 눈이 온 날은 하루 종일 눈썰매를 탔다.

얼음썰매 타기: 추수가 끝난 논에 얼음이 얼면 자연 스케이트장이 되었다. 각자 썰매를 만들어 가져왔다. 얼음과 접촉하는 부분은 굵은 철사 또는 앵글을 부착하였고, 그 위에 설치된 나무판에 앉아서 송곳 지팡이로 얼음을 찍으면서 썰매를 탔다. 또 얼음 위에서 하는 팽이치기는 땅에서 하는 것보다 훨씬 재밌었다.

그 외 놀이: 정월대보름에 깡통에 땔감을 넣어 불을 붙이고 돌리는 쥐불놀이를 하면서 놀았고, 동네 아이들이 모여서 각자 가면을 쓰고 동네 집집마다 다니면서 먹을거리를 얻으러 다녔다. 동네 어른들은 사탕이나 과자를 준비해 뒀다가 나누어 주었다. 그 외에 고무 새총을 만들어 나무에 앉은 새를 향해 쏘기도 하고 제기차기, 비석치기, 연날리기, 말 타기, 화약 딱총 등을 하면서 놀았다.

남대천 물에 빠졌던 어릴 적 추억

...

초등학교 저학년 시절 여름인 것 같다. 비가 많이 온 다음 날은 남대천 물살이 세기 때문에 물놀이가 더 재미있어진다. 동네 아이들과 남대천으로 몰려가서 강 건너편에 있는 바위에서 헤엄치고 물장구치며 놀고 있었다. 동네 친한 친구가 장난삼아 나를 밀쳐서 물에 빠뜨렸다. 깊이는 나의 가슴 정도였던 것 같다. 나는 물살을 거슬러서 바위로 올라가려 하였는데 물살이 너무 세어서 떠내려갈 정도였다. 힘을 주고 버티면 제자리에 서있을 수는 있었지만 전진할 수는 없었고, 꼼짝할 수 없게 된 나는 결국 허우적거렸다. 마침 그 장면을 보고 있던 나보다 한두 살 위인 친구가 나를 데리러 왔고, 강을 거슬러 올라가지 않고 옆으로 헤엄쳐서 떠내려가면서 강을 건너 안전하게 강가로 나올 수 있었다. 집에 돌아와서 당시 아찔했던 상황을 얘기했더니 아버지는 크게 노하셔서 관련 아이들을 집에 데려오라고 했다. 나를 도와줬던 친구에게는 고맙다고 어떤 사례를 한 것 같은데 기억나지 않고, 나를 떠밀었던 친한 친구는 그날 엄청나게 야단을 맞았었다.

당시 상황을 되돌아보면 남대천 가운데에 있으면 떠내려가더라도 헤엄쳐서 강가로 나오면 그만인데 왜 그런 간단한 생각을 하지 못하고 강을 거슬러 올라가려고만 했는지 나 자신이 정말 이해가 되지 않았다. 침착하게 생각하면 너무나 간단한 일인데 당황하게 되면 아무런 생각도 떠오르지 않는가 보다. 내가 했던 어리석은 행동은 두고두고 잊히지 않는다.

바둑 습득의 추억

　　　　　　아버지는 다른 사람과 잘 어울리지 않으셨고, 음주도 하지 않으셨다. 유일한 취미는 수학과 바둑이었다. 아버지의 바둑 실력은 강한 1급으로 강릉에서 최고수였다. 아버지는 당신의 지식을 자식들에게 물려주려 하셨고, 형제 중에 아버지를 가장 닮은 내가 아버지의 바둑을 고스란히 전수받았다. 내가 바둑을 처음 배운 것은 아마도 초등학교 입학 전이었을 것 같다.

　바둑을 배운 과정은 그다지 생각나지 않지만, 기억에 강하게 남아있는 것이 있다. 초등학교 시절이므로 아직 나의 바둑 실력이 아버지의 성에 차지 않았을 것이다. 착점에 대한 타당한 이유를 설명해야 했고 무엇이 잘못되었는지에 대한 설명을 들어야 했으며, 나에게는 야단치는 것처럼 느껴졌다. 따라서 나에게 바둑은 재밌는 오락이 아니라 어려운 공부의 길이었다. 바둑을 배우기 싫어서 여러 번 울었던 것 같고, 그때는 아버지가 나를 달랬지만 잠깐이었다. 그렇게 나는 아마추어로서는 바둑이 상당히 수준급에 올라섰지만, 지금도 바둑을 재미있다고 생각하지는 않는다. 단순히 시간을 보내기 위한 오락 바둑은 별로 재미가 없다. 바둑은 오락이 아니고 진검승부라고 생각하기 때문이다. 아버지가 많은 사람에게 바둑을 가르쳐 주셨지만, 아버지 실력을 능가한 사람은 내가 유일하다고 하셨다. 초등학교 시절 나는 아버지를 따라 기원에 자주 갔었다. 기원에 대한 나의 기억은 연기가 자욱한 실내에서 '방내기' 바둑을 두는 모습으로 그다지 좋은 이미지가 아니다. '방내기'란 돈을 걸고 10집을 이길 때마다 얼마씩 따는 것이다. 마치 고스톱에서 1점당 얼마씩 걸고 하는 놀음과 같다. 나는 지금까지 살아오면서 방내기 바둑을 둔 적이 없고, 방내기는 바둑을 모독하는 것으로 생각한다. 당시 아버지 옆에 앉아서 몇 시간이고 바둑을 구경하면서 아버지가 따면 기뻐하고 잃으면 아쉬워했던 것 같다. 돈을 딴 날은 밤늦게 집에 돌아오는 길에 가게에서 맛있는 것을 사서 의기양양해졌지만, 돈을 잃은 날은 아무 말 없이 풀이 죽어 귀가했다.

아버지와 바둑의 추억

프로와 아마추어의 바둑은 실력을 제외하고 큰 차이가 있다. 프로 바둑은 승패만이 중요하다. 따라서 많이 이기려는 것이 아니라 반집을 이기더라도 이기는 길을 택한다. 형세가 유리하다고 판단되면 상대와 싸움을 피하고 내가 이길 만큼만 양보를 선택한다. 그러나 아마추어는 이겨도 많이 이기기를 원한다. 따라서 현재 이기고 있어도 더 이기려고 한다. 마치 고스톱에서 많은 점수를 내기 위하여 '고'를 연발하는 것과 같다. 나는 어릴 적부터 많이 이기기 위한 아마추어 스타일의 바둑이 아닌 승리를 위한 프로 스타일의 바둑을 배웠다. 지금도 다른 사람과 바둑을 자주 두지는 않지만, 바둑 TV에 나오는 프로의 바둑을 재미있게 본다. 서로 승리하기 위하여, 팽팽한 줄다리기 같이 유리함을 끝까지 지키려는 마음과 불리함을 뒤집으려는 프로의 심리를 느낄 수 있어서 재미있다.

  나는 나의 의사와 상관없이 바둑을 배웠고, 바둑을 너무 깊이 배우는 바람에 친구들과 바둑을 같이 즐기기 어렵게 되었고, 상대적으로 다른 취미를 접할 기회도 줄어들었던 것 같다. 만일 바둑을 좀 덜 배우고 그 노력으로 다른 종류의 여러 취미를 배웠더라면 사회생활에 훨씬 도움이 되었을 것 같다. 내가 내 자식들에게 바둑을 전혀 가르치지 않았던 이유이기도 하다.

부모와 함께한 설악산 등반의 추억

....

중학교 3학년 때인 것 같다. 나는 부모님과 함께 2박 3일 정도의 일정으로 설악산 대청봉에 올랐었다. 너무 오래되어 등반 코스는 자세히 생각나지 않지만, 전날 오색약수에서 숙박하고 대승폭포를 거쳐 대청봉에 올랐고 봉정암 오세암 마등령을 거쳐 외설악으로 내려온 것으로 기억한다. 봉정암에서 숙박하려다가 우연히 만난 스님이 오세암까지 1시간이면 충분히 갈 수 있는 가까운 거리라고 해서 떠났는데 아무리 가도 오세암이 나오지 않아 무척 힘들었고, 어두워져서야 오세암에 겨우 도착했던 기억이 있다. 다행히 오세암에서 스님이 빈방을 빌려줘서 텐트를 치지 않고 따뜻하게 잘 수 있었다. 오세암에서 깊은 잠을 자고 아침에 일어났는데 온몸이 따갑고 가려웠다. 알고 보니 요즘 보기 힘든 빈대에 물렸고 며칠간 고생했던 기억이 있다. 오세암에서 아침 일찍 출발하여 마등령에 올랐는데 산 아래에서 구름이 서서히 올라오고 있었다. 그 당시 중학생이었던 나에게는 지금까지 본 적이 없는 정말 멋진 절경으로 기억되고 있다. 내가 지금 구름 위에 있다는 사실에 감동하면서 한참 동안 넋을 놓고 아름다운 구름을 내려다보았다. 인생에서 처음 느낀 멋진 풍경은 마음속에 더 크게 남는가 보다. 어른이 되어 세계여행을 하면서 멋있는 곳을 많이 둘러보았지만, 지금도 마등령의 멋진 절경은 나의 뇌리에 깊이 박혀 세계의 그것과 비교해도 전혀 손색이 없다고 생각한다.

이런저런 추억들

....

　　　　　　초등학교를 졸업하고 중학교에 진학할 때 입학시험이 있었다. 떨어진다는 생각이 전혀 없었기에 당시 경쟁률이 있었는지도 기억나지 않는다. 단지 입시 문제에서 너무 어이없게 틀렸던 문제는 기억이 난다. 닮은꼴의 두 물체가 있는데 한 변의 길이가 3배일 때 부피가 몇 배냐는 문제였다. 정답은 당연히 27배일 것이다. 나는 자신 있게 3의 3제곱을 생각했지만 갑자기 '삼삼은 구'가 떠오르면서 9배라고 틀리게 답했었다. 나름 입학시험에서 아는 문제를 틀린 것이 너무 억울했던 기억이 계속 남아있다. 그 후에도 가끔 떠올리면서 매사에 신중해야 한다고 다짐했었다.

　지금은 조기교육으로 미리 영어를 배우지만 당시는 ABC도 제대로 모른 채 중학교에 진학했었다. 외국인을 만난 적도 전혀 없지만 다른 나라의 언어를 배운다는 자체가 신기하고 호기심이 있었다. 중학교 1학년 영어 수업이었다. 선생님이 '우리 집'을 영어로 'my house'라고 설명했다. 나는 수줍은 편이어서 수업 시간에 좀처럼 질문하지 않지만, 너무 궁금해서 '우리 집'을 영어로 하면 'our house'가 아니냐고 질문했었다. 선생님은 당황하면서 한국과 미국의 문화 차이로 설명하신 것 같은데 당시에는 전혀 이해되지 않았다. 한 집에 여럿이 같이 살면서 각자 자기 집이라고 주장하면 소유권 분쟁이 발생해야 하는 상황으로 여겨졌다. 서양 문화를 접해본 적이 없었던 나에게 우리와 다른 문화를 이해하기 어려웠을 것이다. 논리적으로 이해되지 않으면 본능적으로 받아들이기 어려워하는 나에게 '우리'가 가끔 'my'로 사용되는 영어를 좋아하기는 쉽지 않았다.

초등학교 저학년 시절 학교 점심시간에 옥수수빵이 배급되었는데 너무 맛있었던 기억이 있다. 지금처럼 다양한 먹거리가 없던 시절이었기 때문이기도 하지만 그래도 나에게 추억의 맛으로 남아있다. 하기야 인터넷에서 '남북한 1인당 국민소득 격차'를 검색해보면 내가 초등학교 저학년 시절인 1965년도 우리나라 1인당 국민소득이 106달러였고, 북한이 162달러였다고 하니 정말 가난했던 시절이었다. 1인당 국민소득이 3만 달러를 넘어선 지금과는 천양지차이다. 내가 살던 동네 앞집에 나와 아주 친하게 지내는 동갑 친구가 있었다. 어느 날 그 친구가 집 마당에 앉아있었는데 우리 집에서 빤히 보였다. 우리는 점심을 먹고 남은 밥이 있었다. 아버지가 갑자기 나에게 그 친구를 불러서 점심으로 남은 밥을 주라고 했다. 나는 깜짝 놀랐고, 어떻게 먹다 남은 밥을 친구에게 주냐고 했다. 입장 바꿔서 내가 그런 얘기를 들었다면 엄청 기분 나쁠 거라고 나름 논리적으로 아버지에게 얘기했다. 아버지는 웃으시면서 그래도 친구에게 한번 얘기해보라고 하셨다. 나는 그 친구에게 쭈뼛쭈뼛 다가가서 아버지의 얘기를 전달했다. 그 친구는 전혀 기분 나빠하지 않았고, 우리 집에 와서 점심을 맛있게 먹고 돌아갔다. 이 상황이 나에게 전혀 이해되지 않았고 너무 당황스러웠다. 그제야 아버지는 나에게 그 집은 가난해서 점심 먹을 형편이 안 된다고 말씀하셨다. 나는 매일 어울려 놀면서 정말 친하게 지낸 사이였는데 정작 그 친구의 가난한 상황을 전혀 모르고 있었다는 사실이 충격으로 다가왔다.

수업 시간의 에피소드

· · ·

　　중학교 2학년 수학 시간이었다. 수업 도중에 선생님이 수업과 관계없는 잡담을 시작하였는데 그 이야기는 지난 시간에 이미 했던 내용이었다. 아마도 여러 반에서 동일한 내용의 잡담을 하다 보니 헷갈렸을 것 같다. 선생님은 이야기 도중에 뭔가 이상한 분위기를 느끼셨고 "지난 시간에 얘기했던가?"라고 학생들에게 되물었다. 공부하기 싫었던 학생들은 한결같이 "아니요."라면서 처음 듣는 재미있는 얘기이므로 계속해달라고 졸랐다. 그렇지만 아무래도 분위기가 이상하다고 느끼신 선생님은 잠시 고민하시다가 나를 지목하여 이미 했던 얘기인지 여부를 물으셨다. 아마도 선생님은 내가 가장 솔직히 대답할 것으로 생각하셨는가 보다. 순간 교실은 조용해졌고 모두 애절한 눈빛으로 나를 쳐다봤다. 나는 난감했다. 이미 들은 얘기라고 솔직히 대답하면 친구들이 실망할 것이고, 처음 듣는 얘기라고 대답하면 나와 선생님에게 거짓말을 하는 것이 되었다. 짧은 순간 많은 생각이 스쳐 지나갔지만 나는 선택을 해야 했고, 어쩔 수 없이 "아니요."라고 대답했고 친구들의 편을 들 수밖에 없었다. 반 아이들은 모두 박수 쳤고, 선생님은 이야기를 계속하셨다. 이야기를 모두 마친 후 학생들은 이미 들었던 이야기라고 깔깔 웃었다. 선생님은 나를 보면서 "의봉이! 너마저!"라면서 카이사르의 "브루투스, 너마저!"를 연상시키는 말씀을 하셨다. 당시의 선생님에게 너무도 죄송스러웠고 그 순간의 장면을 수십 년이 지난 지금도 기억하고 있다. 그러나 지금 다시 그런 선택을 해야 한다고 해도 역시 같은 선택을 할 수밖에 없을 것이라고 여겨진다.

하마터면 떨어질 뻔한 고교 진학

...

　　　　　　내가 다녔던 중앙국민학교, 경포중학교와 강릉고등학교는 원래 같은 학교였다. 강릉고등학교의 전신은 강릉사범학교로 졸업 후 초등교사로 임용되었다. 지금은 초등학교 교사가 되기 위해서는 교육대학을 졸업해야 하지만 당시에는 고등학교에 해당하는 사범학교를 졸업하면 초등교사가 될 수 있었다. 또 경포중학교는 강릉사범학교의 병설 중학교였고, 중앙국민학교는 부설 초등학교였다. 따라서 사범학교가 없어졌지만 같은 부지를 그대로 사용했고, 강릉고등학교와 경포중학교는 심지어 교장 선생님이 같았다. 그리고 경포중학교에서 중간 이상의 성적을 받은 학생은 입학지원 서류만 제출하는 것으로 강릉고등학교에 입학시험 없이 자동으로 진학할 수 있었다.

　아버지는 강릉고등학교에서 오랫동안 수학 교사로 근무하시다가 내가 중학교 2학년 때 교감 발령을 받으면서 다른 학교로 전근을 가셨다. 중·고등학교 선생님을 모두 알고 지내던 아버지는 나에게 입학서류를 중학교 담임 선생님에게 맡겨놓았으니 나는 아무런 조치를 하지 않아도 된다고 하셨다. 그런데 입학원서 마감 날 학교에서 어떤 분이 집으로 찾아와서 고등학교 입학원서가 아직 접수되지 않았다고 하면서 중3 담임 선생님의 호출이라고 알려주었다. 나는 깜짝 놀라서 허겁지겁 학교에 찾아갔다. 담임 선생님은 원서에 도장을 찍어서 제출해야 하는데 찾아오지 않으면 어떻게 하냐고 나에게 야단을 치셨다. 아마도 아버지와 담임 선생님 사이 의사전달에 혼선이 있었던 것 같다. 다행히 입학원서를 무사히 제출할 수 있었다.

그런데 담임 선생님이 기분이 언짢았는지 나에게 한참 동안 훈시를 하셨다. 특히 내가 학교의 불량 학생들과 어울리고 있고 담배를 피우는 것을 봤다는 등 당치도 않은 얘기를 하셨다. 나는 너무 억울했지만 아무 말을 하지 않고 야단을 맞고 집으로 돌아왔다. 그런데 담임 선생님이 다른 학생과 혼동을 했는지 또는 왜 그런 말을 했는지 이해할 수 없었고, 그때의 억울함은 지금도 잊혀지지 않는다.

선생님은 일시적인 기분으로 학생에게 했던 말을 곧 잊어버리겠지만, 이런 사소한 언행이 간혹 학생에게는 비수가 될 수도 있을 것이다. 나는 평생 대학생을 가르치면서 가끔 이때의 감정을 떠올리곤 한다. 나도 모르는 사이에 학생에게 혹시나 상처가 될 말을 하지는 않았는지 조심하려고 노력했다.

공부의 길로 인도한 고교 첫 시험

....

나는 중학교까지는 공부를 별로 열심히 하지 않았다. 그러나 수학만큼은 항상 상위권을 유지했다. 고등학교 입학 후 거의 매달 모의고사를 실시했는데 국·영·수 과목의 배점은 다른 과목의 2배로 200점 만점이었다. 고교 첫 모의고사에서 수학은 나 혼자 200점 만점을 받았고, 영어는 한 문제를 틀려서 196점을 받았다. 담임 선생님이 나를 보고 4과목 99점을 받은 거라고 농담하셨다. 다른 과목은 전혀 공부하지 않았기에 점수가 형편없었지만, 수학과 영어 점수 덕택에 반(전교 아님)에서 3등을 하게 되었다. 다른 과목을 조금만 공부하면 반 1등도 가능할 것 같았고, 처음으로 약간의 공부 욕심이 생겼다. 그리고 그다지 재미가 없는 과목도 최소한의 공부를 시작했던 것 같다. 그리고 몇 달 후 모의고사에서 반 1등을 넘어 전교 1등을 처음으로 하게 되었다. 당시에 모의고사를 치면 학교 복도 벽에 실명으로 등수와 점수를 공개하였다. 지금이라면 당연히 인권침해로 난리가 나겠지만, 당시에는 좀 심하다 싶기도 했지만, 아무도 문제 삼지 않던 시절이었다. 집이 학교에서 가까워서 점심시간에는 도시락 대신 집에 가서 먹었었다. 그날도 나는 점심 식사를 위하여 집으로 달려갔는데 어머니가 버선발로 뛰어나와서 나를 맞이해주셨다. 같은 학교에 다니는 우리 집 하숙생이 벽보를 보고 먼저 와서 알린 것 같았다. 당신의 아들이 난생처음 전교 1등을 한 것이다. 나는 별로 대수롭지 않은 일인 것처럼 무반응이었지만 내심 뛸 듯이 기뻤다. 이후 성적을 유지하고 싶은 마음에 공부에 관심을 갖게 되었고, 결국 서울대에 진학할 수 있었다.

수학 모의고사의 추억

· · ·

고등학교 2학년 때 수학 시간이었다. 선생님이 들어와서 깜짝 모의고사를 친다고 했다. 우리는 아무런 준비도 없었으므로 아우성을 쳤다. 다행히 성적 반영은 아니고 그냥 테스트라고 하였다. 국내 최고의 고등학교인 경기고등학교의 모의고사 시험문제인데 평균 50점대라고 하였다. 그 학교와 우리의 수준을 비교해보려고 하니 부담 없이 시험을 치라고 하였다. 나도 평소 접했던 문제보다는 조금 더 어려운 문제라는 생각이 들었지만, 무난히 시험을 마쳤다.

다음 날 평소처럼 학교에 갔더니 학교의 선생님들이 괜히 나에게 말을 거는 등 나를 보는 시선이 달라진 것을 느낄 수 있었다. 전날 수학 모의고사를 채점했는데 내가 90점 정도를 받았고, 이 점수는 학교에서 미처 생각지도 못했던 고득점이란다. 아마도 수학 선생님이 교무실에서 내 점수에 대하여 자랑을 했던 것 같다. 하기야 경기고등학교에서는 한 해 서울대에 수백 명씩 입학하지만, 강릉고등학교에서는 불과 한 손으로 꼽을 수 있을 만큼만 입학하니까 수준을 비교할 수가 없었을 것이다. 학교의 영어 선생님이 수업시간에 나를 보고 아버지가 매일 나를 앉혀놓고 수학을 가르칠 거라고 넘겨짚었었다. 그때 나는 그냥 웃고 지나갔지만 그건 영어 단어 외우듯이 노력만으로 되는 것이 아니라고 속으로 말했다. 내가 중학생일 때부터 교감 발령으로 시골 학교에서 근무하시던 아버지는 주말에 집에 오셨고, 공부하려는 나에게 오히려 바둑을 두자고 하셨던 기억이 난다.

화학 수업의 추억

...

　　　　　　고2 화학 수업은 내 기억에 가장 못 가르친 최악의 수업으로 기억된다. 원리를 가르쳐주지 않고 문제 푸는 요령만 가르쳐줬다. 예를 들어 기체 1몰에 아보가드로수만큼 분자가 있고 22.4 리터의 부피라는 것과 원자량만 알면 비례식으로 풀 수 있는 화학 문제가 많다. 그런데 비례 관계를 설명하는 것이 아니고 이런 문제는 숫자를 두 줄로 나열해서 적어놓고 ×모양으로 곱하면 답이 구해진다고 설명했다. 이런 방법은 도저히 이해가 안 될 때 시험 직전에 사용하는 임시방편이다. 나에게 화학은 원리를 모르고 답을 구하는 요령을 외워야 하는 암기 과목으로 느껴졌다. 대부분 학생의 화학 실력은 바닥이었고 모두 자포자기 상태였다.

　　고3에 올라가면서 새로 부임한 화학 선생님을 만난 것은 천우신조였다. 첫 시간에 선생님이 화학 기초 테스트를 했는데 상위권을 포함한 모든 학생의 실력에 어이없어했다. 이런 상태로는 심화 내용을 수업할 수 없으므로 화학 기초부터 복습하겠다고 했다. 새로 부임한 화학 선생님의 설명은 논리 정연했고, 우리는 마른 스펀지가 물을 빨아들이듯 화학의 원리를 받아들였다. 물리와 마찬가지로 화학이 암기 과목이 아닌 것을 느끼면서 흥미를 더해 갔다. 그 고마운 화학 선생님의 한 학기 수업만으로도 화학 교과서 내용을 모두 이해할 수 있었다. 나는 예비고사에서 화학 만점을 받았다. 고등학교 마지막에 이런 훌륭한 선생님을 우연히 만날 수 있었던 행운으로 내가 대학에 무사히 합격할 수 있었다는 생각이 든다.

한편으로 선생님의 실력이나 가르치는 요령에 따라 학생의 실력은 천양지차로 차이가 날 수 있다는 것을 확인하였다. 어떤 학생은 좋은 선생님을 만나 행운을 거머쥐기도 하지만, 누군가는 불운하게 훌륭한 선생님을 만나지 못해 인생의 실패를 겪을 수도 있다는 것을 생각하면, 누구도 함부로 얼렁뚱땅 가르치지는 못할 것이다.

대학에서 학생들을 면담하면서 지금까지 가장 재밌었던 과목과 재미없었던 과목을 질문해보면 본인이 흥미 있었던 과목은 담당 교수도 마음에 들어 했다. 반대로 가르치는 교수가 마음에 들지 않으면 그 과목도 싫어지는 경향이 있다는 것이다. 우리가 어릴 적부터 많은 선생님을 만나고 배우면서, 어쩌면 우리가 만났던 선생님에 의해서 나의 흥미 분야가 정해졌을 수도 있겠다는 생각이 든다.

가르치는 사람은 잘 느끼지 못할 수도 있겠지만, 강의 시간의 사소한 행동이나 말 하나하나가 어쩌면 학생들에게 큰 영향을 끼치고 있을 수도 있으므로 더욱 신중하게 학생들을 대해야 할 것이다.

강원도에는 동도와 서도가 있다

...

　　대학에 진학하기 위해서 지금은 수능시험을 치지만 당시에는 예비고사라는 국가시험이 있었다. 예비고사는 1969년부터 1981년까지 실시되었고, 그 후 학력고사와 수학능력 시험으로 변경되었다. 제도의 가장 큰 차이점은 학력고사나 수능시험은 본인이 받은 점수로 대학을 지원하지만, 예비고사는 4년제 대학 입학정원의 2배수 내에 들어야 합격을 하고 대학에 지원할 자격을 부여받았다. 또 대학마다 별도의 본고사를 실시하였다. 따라서 모든 입시생은 반드시 예비고사에 응시해야 했다. 시험은 12월에 실시하였고, 시험 장소는 도청소재지에서 실시하였으므로 시골 학생들은 전날 도청소재지로 대이동을 해야 했다.

　　우리나라는 경상도가 남도와 북도로 나누어져 있듯이 모든 도道가 2개로 나누어져 있다. 그러나 강원도는 나누어져 있지 않고 도청소재지는 춘천이다. 강원도는 한가운데에 남북으로 길게 뻗은 태백산맥이 동과 서를 갈라놓고 있다. 지금처럼 고속도로가 없던 시절에는 버스를 타고 대관령 아흔아홉 고개를 넘어야 영동지역에서 영서 지역으로 갈 수 있었다. 그런데 겨울에는 많은 눈이 내려서 교통사고가 빈번하게 발생했고, 교통이 두절되기도 하여서 영동지방에서 영서지방으로 대관령을 넘어 춘천으로 갈 수 없게 된다. 정부에서는 부득이 강원도만은 동과 서로 나누어 영동지방은 강릉에서 예비고사를 실시하였다. '강원 동도'의 도청소재지는 강릉이라고 우리끼리 농담을 했다.

02

대학 시절의 추억

대학 입시

...

나는 장래에 대한 아무런 고민 없이 고등학교 성적에 맞춰서 일단 서울대학교에 입학원서를 제출하였다. 당시 대학 입시는 계열별 통합모집이 유행이었다. 의대에 별로 관심이 없었던 이과 출신이 지원할 수 있는 분야는 서울대에서 자연 계열뿐이었다. 지금의 공과대학, 자연과학대학과 약학대학을 하나의 계열로 통합해서 모집했기 때문이다. 자연 계열과 의학계를 제외하면 사범 계열과 농학 계열뿐인데 관심 대상은 아니었다. 입학정원은 1,120명이었다. 따라서 대학 입학원서를 제출할 당시에는 어느 학과를 전공할지는 전혀 고민할 필요가 없었다. 지금은 강릉-서울이 자동차로 2시간 남짓의 거리이지만, 내가 고등학교를 졸업하고 대학 입시에 응시했던 1974년 1월 당시에는 아직 고속도로가 없었다. 시외버스는 너무 많은 시간이 소요되었기에 고려 대상이 아니었다. 특히 대관령을 넘어가는 길은 아흔아홉 고개라고 하여 매우 위험한 길이었고, 겨울철에는 연중행사처럼 1년에 한두 번씩 전복사고가 뉴스에 나올 만큼 위험하였다. 영동고속도로는 내가 대학 2학년인 1975년경 준공되었던 것으로 기억한다. 기차도 태백, 영월, 제천을 통과하는 태백선이 1975년에 개통되었으므로 내가 대학 입시에 응시하기 위하여 강릉에서 서울로 가기 위한 유일한 방법은 태백산맥을 피해서 경상북도 영주로 우회해서 가는 노선이었다. 거리는 약 400km 남짓이었고 당시의 가장 빠른 기차는 통일호였던 것으로 기억하는데, 산길을 지나가는 기차가 워낙 느려서 10시간도 넘게 소요

되었던 것 같다. 지금은 해외여행에 익숙해져서 비행기의 좁은 이코노미석에 앉아서 10시간도 넘게 잘도 참고 다니지만, 고등학생으로 생애 처음 겪는 기차 여행은 너무너무 지루해서 몸이 뒤틀리고 끔찍했던 기억으로 남아있다. 차멀미로 버스도 오래 타지 못했던 나는 기차에서도 도착 후 멀미를 했던 기억이 있다.

   입학시험 하루 전날 예비소집이 있었다. 서울대 캠퍼스가 지금은 모든 학과가 서울 관악산에 모여있지만, 당시 공대는 서울의 북쪽인 공릉동에 있었다. 수유리에 있는 형 집에서 머물 계획이었는데 공릉동까지 가기 위해서는 청량리에서 시내버스를 갈아타야 했고 약 1시간 정도 소요되었다. 그런데 나는 태어나서 고등학교를 졸업할 때까지 버스를 탈 일이 거의 없었고, 차멀미를 아주 심하게 했었다. 국민학교 시절 수학여행으로 강릉에서 설악산을 다녀왔는데 이동하는 내내 차멀미를 하느라 다시는 수학여행을 가고 싶지 않을 만큼 고역이었고, 좋은 추억이 별로 없다. 나는 사람이 붐비는 시내버스를 타고 공릉동까지 가는 도중에 멀미를 심하게 했고, 예비소집 장소에 도착했을 때는 거의 탈진 상태였다. 내일부터 본고사를 봐야 하는데 수유리에 갔다가 다시 온다면 다음 날 온전한 컨디션으로 본고사에 임한다는 것은 거의 불가능하였다. 버스 대신 비용을 들여서 택시를 타는 방법도 있겠지만 괜찮을지 장담할 수 없었다. 할 수 없이 학교 근처에서 숙박할 곳을 찾기로 했지만, 근처 숙박시설은 만실이었다. 어떻게 해야 할지 고민하던 중에 학교 기숙사가 있다는 것을 알게 되었다. 방학 중에는 기숙사를 폐쇄하지만, 입학시험 기간에 임시로 오픈하였다. 기숙사 사무실에 찾아가 기도하는 마음으로 문의하니 천만다행으로 아직 빈방이 몇 개 남아있다고 하였다. 만일 그때 숙박시설을 찾지 못했었다면 태어나서 처음 맞는 가장 중요한 입학시험을 정상적인 컨디션으로 치를 수 없었을 것이고, 어쩌면 나의 인생이 바뀌었을 수도 있겠다는 생각이 든다.

  전날 어렵사리 구한 기숙사 덕택에 편안히 숙박하고, 다음 날 아침 입시 장소 건물 근처에서 고등학교 3학년 담임 선생님을 만났다. 정말 생각지도 않았는데 수험생들을 응원하기 위하여 그 먼 길을 마다치 않고 일부러 힘들게 올라오신 것이다. 지금 생각해보면 이게 얼마나 많이 감사해야 할 일인지! 하지만 그 당시에는 잘 몰랐던 것 같다. 아마도 철이 전혀 없었나 보다. 잠시 후 갑자기 학교 안으로 엄청 여러 대의 버스가 들어왔다. 버스가 정차하자 수백 명의 교복을 입은 고등학생들이 쏟아져 나왔다. 마치 학교에서 조회하듯이 열과 오를 맞추어 정렬하더니 교가를 제창하였다. 시골 학교에서 올라온 친구 서너 명만이 같이 모여있던 시골뜨기(?)에게는 신기한 구경거리였다. 교가를 마치고 구호를 외치는 것을 들어보니 말로만 듣던 명문 경기고등학교였다. 당시에는 고등학교가 평준화되기 전이라서 경기고등학교를 졸업하고 서울대에 진학하지 못하면 이상한 것이었다. 입학 시험장에 들어가서 보니 내 자리의 앞과 뒤 그리고 양옆 모두 경기고 학생이었다. 쉬는 시간에는 무슨 인쇄물을 갖고 와서 열심히 들여다보고 외우곤 하였다. 나는 그냥 연필과 지우개만 갖고 왔는데 그들의 인쇄물에서 시험문제가 모두 출제될 것 같은 불안감이 밀려들었다. 그런데 막상 합격자 발표 날 수험번호로 확인하였더니 시험 당일 내 주변에서 그렇게 열심히 공부하는 듯했던 학생들은 모두 합격자 명단에 없었다. 역시 빈 수레가 요란하다는 옛 속담을 떠올리며 빙그레 웃었다.

내 전공을 찾아준 물리 문제의 추억

...

나는 수학과 물리를 좋아했고 자신이 있었다. 예비고사에서는 만점을 맞은 것으로 기억한다. 그런데 대학 입시 본고사에서 고등학생으로서 처음 보는 물리 문제를 접하였는데 반백 년이 거의 지난 지금도 잊지 않고 나의 뇌리에 깊숙이 박혀있다. 대략 기억을 떠올리면 다음과 같은 문제이다.

> [문제] 원판이 비탈길을 내려간다. 가장 빨리 내려가는 순서를 언급하라.
>
> 1. 비탈길을 구르지 않고 미끄러지면서 내려간다.
> 2. 비탈길을 미끄럼 없이 구르면서 내려간다.
> 3. 비탈길을 구르면서 미끄러져 내려간다.

그 당시 고등학교 예비졸업생이었던 나는 이 문제의 답을 당연히 알지 못하였고 생각해본 적도 없었다. 고교 물리에서 취급하는 물체는 절대로 회전하지 않으며 미끄러져 내려가는 경우만 배웠다. 그러나 나는 왜 지금까지 물체가 회전한다는 것을 배운 적이 없는지? 고교에서 배우는 $F=ma$는 무엇이고, 에너지 보존법칙인 $½mv^2=mgh$는 무엇인지? 나는 물리를 좋아한다고 하면서 왜 회전하는 물체에 대한 궁금증을 갖지 않았는지? 원판은 비탈길을 구르지 않고 미끄러져 내려갈 수 있는지? 어떤 경우에 구르고 어떤 경우에 미끄러지는지? 궁금증이 증폭되어 갔다. 시험을 떠나서 이 문제의 답이 정말 궁금하였다. 나는 언제 이 문제의 답을 명확하게 이해할 수 있을까? 이 궁금증은 대학 시절 내내 나의 뇌리에서 떠나지 않았다. 이런 생각이 잠재적으로 내가 동역학과 진동을 전공하는 계기가 되었을지도 모른다는 생각이 든다.

동역학을 배우면서 물체에 모멘트가 작용하면 회전가속도가 발생하고, 에너지 계산식도 회전 운동에너지를 추가해야 한다는 사실을 한참 후에 비로소 알게 되었다. 대학에서 동역학 과목을 가르치면서 내가 겪었던 황당한 이 입학 시험문제를 가끔 동역학 기말고사 문제로 출제하거나 기계과 대학원 입시 문제로 출제하곤 하였다. 물론 대학 동역학에서는 구르거나 미끄러지는지를 판단할 수 있어야 하고, 걸리는 시간과 회전속도도 구할 수 있어야 한다.

장담컨대 전국 수석이라도 고교를 졸업하면서 이 문제의 답의 원리를 정확히 이해하지는 못할 것이라고 단언한다. 하여튼 이 문제는 대학 입학시험 문제로는 전혀 적합하지 않은 것은 확실하다. 그러나 나의 뇌리에 평생 기억으로 남아서 나의 연구 분야 선택에도 얼마만큼의 영향을 준 것도 사실이다.

독일어 수업의 극복

...

내가 대학에 들어가는 1974년도에 서울대는 본고사를 실시하였다. 모든 과목의 시험문제는 어렵게 출제되었으며, 총점의 약 50% 정도의 점수로 합격할 수 있었다. 예능과목을 제외한 모든 과목을 공부해야 했다. 국어, 영어, 수학, 과학(물리, 화학, 생물, 지학), 사회(정치, 경제, 국사, 세계사, 일반사회, 지리) 그리고 제2외국어가 있었다. 서울대를 제외하면, 연세대나 고려대를 포함하여 어떤 대학에서도 제2외국어 시험이 없었다. 따라서 고교에서 독일어를 공부한다는 것은 서울대 진학을 목표로 한다는 것을 의미한다. 강릉고등학교에서는 한 학년이 300명 정도였는데 한 해에 서울대 입학은 서너 명에 불과하므로 최상위권을 제외한 학생이 교실에서 독일어 공부를 하면 친구들에게 핀잔을 듣곤 하였다. 따라서 독일어 수업시간에 학생 대부분은 아예 다른 책을 펴놓고 공부하곤 하였으므로 수업이 제대로 될 리가 없었고, 선생님도 가르칠 의욕이 전혀 없었을 것이다. 독일어가 필요한 불과 몇몇 학생의 독일어 성적은 나를 포함하여 거의 바닥에 가까웠다. 서울대 본고사에서 독일어 점수의 비중이 50점이었는데, 국·영·수 과목이 각각 100점 만점이었으니 1-2점에서 커트라인이 정해지는 대학 입시에서 독일어의 영향은 어마어마하게 느껴졌다. 서울대 입시에서 나와 같이 응시했다가 아깝게 탈락했던 친구는 서울에 있는 재수 전문 학원에 다닌 지 한두 달 만에 독일어 점수가 많이 올라서 학원 배치고사에서 서울대 안정권이 되었다고 하였다.

그런데 나는 대학 1학년 교양 과목에서 독일어를 반드시 수강해야 했다. 나는 독일어를 제대로 배운 다른 고교 출신 친구들과 경쟁해서 학점을 제대로 받을 자신이 없었고 너무 걱정이 앞섰다. 수업 시간에 교수님이 번역하고 설명하는 내용을 한마디도 빼놓지 않고 교과서에 받아 적었다. 필기라는 표현보다는 속기록이라는 표현이 맞을 것이다. 지금 같으면 스마트폰이나 휴대용 기기에 있는 녹음 기능을 이용하겠지만, 당시에는 녹음기가 있었는지 모르겠고 당연히 생각하지도 못하였다. 수업이 끝나면 내용을 잊기 전에 알아보기 힘든 나의 글씨를 바로 다른 노트에 옮겨 적었다. 그리고 시험 기간에는 교과서를 통째로 외웠던 것 같다. 중간시험과 기말시험 모두 독일어를 거의 만점을 받았다. 대학 1학년 시절이라서 다른 친구들이 공부를 열심히 하지 않았겠지만, 나의 독일어 실력과 무관하게 노력만으로 A+ 학점을 받았다. 지금 생각하면 별로 중요하지도 않은 과목을 왜 이렇게 무지막지하게 공부했는지 모르겠다. 그리고 끝이었다. 나는 지금도 여전히 독일어를 잘 모른다.

그러나 이렇게 전심전력으로 공부하면 어떤 시험도 패스할 수 있겠다는 확신이 들었고, 이런 경험은 앞으로 나에게 있을 여러 중요한 시험에서 합격하는 밑거름이 되었다.

교양 과목의 단상

...

대학에서 자신의 전공 외에 넓은 교양과 인격을 갖춘 전인교육을 목표로 교양 과목을 반드시 수강해야 한다. 교양 과목의 취지에는 동의하지만, 대학의 현실은 인격 양성과 거리가 먼 것 같다. 고등학교를 갓 졸업한 나는 대학 교육에 대한 기대감과 설렘을 가득 안고 대학 첫 수업으로 교양 필수인 한국사를 수강했었다. 그런데 첫 시간부터 담당 교수는 아무런 연락도 없이 나타나지 않았으며 무작정 기다리던 우리는 허탈하게 휴강을 당했

대학 입학

다. 이후에도 수업 반 휴강 반으로 수업을 하는 둥 마는 둥 하면서 대학에 대한 실망과 허탈감이 크게 다가왔었다. 그러지 않아도 실망을 하고 있는데 마지막 시간 교수의 농담이 너무 어이없어 지금도 기억한다. 한 학기 동안 고조선부터 통일 신라까지 배우다 끝났는데, 5천 년 역사에서 보면 이번 교양 과목에서 우리 역사 대부분을 다뤘다고

하였다. 농담인 건 알지만 이렇게 부실한 교양 과목 운영에 너무나 어이가 없었다.

내가 대학 다닐 때 졸업학점이 160학점이었는데 언젠가부터 140학점으로 줄었다. 교양 학점보다 전공학점이 대폭 줄었다. 부득이 많은 전공필수과목이 선택과목으로 변경되었다. 대학 졸업한 지 오래된 산업체 임원을 만나면 기계공학의 3역학이라 불리는 고체, 유체, 열역학을 제대로 듣지 않고 졸업할 수 있다는 얘기를 듣고 깜짝 놀란다. 나는 대학 교양 과목이 나의 인격이나 교양에 조금이라도 보탬이 되었다는 생각은 들지 않는다. 부실한 교양 과목을 최소화하고 전공과목을 하나라도 더 배웠다면 더 도움이 됐을 것 같다.

물리학! 너는 나의 꿈

. . .

서울대는 계열별 입학이라 아직 학과가 없어서 1학년은 교양과정부에 속하였고 고등학교처럼 여러 반으로 나누어 배정하였다. 내가 입학한 자연계열(공대, 자연대, 약대)과 사범대 자연계열을 합하여 한 반에 50명씩 26개 반으로 나누었다. 수업시간표는 1~13반의 시간표와 14~26반의 시간표로 나누어져 있었다. 강릉고등학교에서 3명이 같이 입학하였는데 내가 1반, 다른 두 친구는 14~26반에 속하여 시간표가 어긋나서 서로 만나기가 쉽지 않았고 당분간 같이 어울릴 친구가 별로 없었다. 그런데 예비고사 전국 수석 학생이 나와 같은 반에 있었다. 당시 예비고사 수석을 하면 뉴스에 나오므로 이름을 알고 있었지만 연예인을 만난 듯 신기했다. 수석을 한 학생의 인터뷰를 보면 사전에 누가 시킨 것처럼 "교과서만 공부했고 예습 복습을 철저히 했어요."라고 매년 똑같은 대답을 했었다. 지금도 마찬가지이지만 개인 과외에 대한 사회적 문제점이 대두되던 시절이라 이해가 된다.

고등학교 시절에 배우던 물리는 너무 단순해서 별로 깊이를 느끼지 못했는데 대학 물리학은 고교 물리의 심화과정으로 나의 호기심을 약간 더 채워줄 수 있어서 재밌게 수업을 들었던 기억이 있다. 지금은 모두가 들어본 용어이겠지만 상대성이론의 소개를 들으면서 신세계를 느꼈었다. 물체는 아무리 빨리 달려도 빛의 속도를 넘을 수 없고, 속도를 가지면 물체는 무거워지고 시간은 천천히 지나간다고 한다. 지금은 정보의 홍수 속에서 누구나 들어본 적이 있는 내용이지만 그 당시는 처음 접하는 내용으로 정말 신기하였고 이게 정말일까 싶었다. 그러나 나는 지금도 상대성이론을 여전히 잘 모르고 신기하게 여기기는 예전과 마찬가지이다. 현대 물리학에서 다루는 양자역학은 호기심만 있을 뿐 더더욱 모른다. 전공과 호기심은 다르니까.

하여튼 교양 물리학이 너무 재미있어서 누구보다도 열심히 공부했던 것 같다. 중간고사를 쳤는데 교수님이 웬일인지 수업 시간에 시험점수를 발표하였다. 그런데 점수들이 대부분 비슷했지만 그래도 뜻밖에 나의 점수가 아주 상위권이었다. 대학 1학년은 모두 공부를 열심히 하지 않는 면도 있겠지만 내가 넘볼 수 없다고 여겨지는 전국 수석도 우리 반에 같이 있는데, 시골에서 올라온 내가 물리시험을 이렇게 잘 봤다고 하니 공부에 대한 자신감이 많이 생겼다. 전국 수석을 했던 학생은 물리학과로 진학하였는데 그 후의 소식은 알지 못한다. 나는 조선공학과로 진학하면서 더 이상 물리학을 깊이 배우지는 못했지만, 이때의 기억이 지금까지 나의 머릿속에 항상 물리학에 대한 호기심을 갖게 하였을 수도 있겠다.

나는 기계공학 교수로 40여 년을 연구와 강의하면서 지냈지만, 기왕 교수를 할 바에는 물리학과 교수였으면 더 좋았을 거라고 가끔 엉뚱한 상상을 한다.

조선공학과 진학

· · ·

　　내가 입학할 당시의 1974년 서울대 자연계열 모집은 1,120명으로 공대, 자연대, 약대를 포함한 초대형 계열이었다. 1학년을 마치고 2학년으로 진학하는 겨울방학 기간에 학과를 배정하였다. 입학성적과 대학 1년 동안의 학점을 가중치 합산하여 선발 기준으로 삼았다. 그러나 학생 각각이 자신의 상대적인 석차를 알지 못하고 또한 학과의 커트라인도 예상하기 어려웠다. 학생이 진학하고 싶은 학과는 대부분 비슷할 것이고 당연히 경쟁률이 높을 것이다. 경쟁률이 높은 학과에서 탈락한 성적 우수자들은 정원 미달된 학과로 갈 수밖에 없는 문제점이 발생하였다. 그래서 정식으로 지원하기 전에 2번의 모의 지원을 실시하였다. 먼저 1차로 각자 자신이 원하는 학과를 모의 지원하면 며칠 후에 학과별 커트라인을 발표하였다. 대략적인 학과별 커트라인을 예상한 상태로 두 번째 모의 지원을 실시하여 학과별 합격 점수의 윤곽이 거의 확실하게 드러났다. 그리고 세 번째 정식으로 학과 지원을 하였으며 대부분이 자신의 점수에 맞추어서 자발적으로 학과를 지원하게 되었다.

　　수학과 물리를 좋아하는 나는 물리학과로 진학하고 싶었다. 그리고 아버지와 상의하였더니 미래가 불확실한 물리학에 대한 염려를 많이 하셨다. 그 당시는 우리나라 공업이 막 팽창하기 시작하는 시기라서 공대를 나오면 취업이 보장된다는 분위기가 있었다. 그러던 중 뉴스에서 현대조선(지금은 현대중공업)이 국내 처음으로 26만 톤 유조선을 건조하게 되었다고 대서특필하였다. 유조선의 길이가 1,000피트이고 갑판에 축구장 여러 개를 동시에 올려놓을 수 있는 크기라고 하는데 나에게는 그 크기가 짐작되지 않았다. TV에서는 박정희 대통령이 나와서 우리나라는 앞으로 조선 산업으로 국민소득이 올라가고 경제가 활성화될 것이라고 희망찬 연설을 하고 있었고, 조선입국造船立國이라는 글자가 클로즈업되어 나의 가슴에 다가왔다. 나는 "그래, 이거야!" 하면서 망설임 없이 조선공학과에 진학하기로 결심했다. 선박을 건조하려면 어떤 공부가 필요한지도 전혀 모른 채. 진학 후 알게 되었지만 운 좋게도 조선공학의 전공과목들은 물리와 수학의 연장선인 것은 나에게는 천만다행이었다.

1978년 조선공학과를 졸업한 동기 모임을 '78진수회'라고 부른다. 세월이 흘러 대학을 졸업한 지 30주년인 2008년에 78진수회 동기들은 대학 은사님을 모시고 경주 현대호텔에서 1박 2일 기념행사를 가졌다.

고체역학은 내 스타일

...

　　대학교 1학년의 교과목들은 대부분 고등학교 과목의 연장선이다. 따라서 대학교 1학년이라기보다는 고등학교 4학년이 더 적합할 것 같다. 또 아직 학과가 없었으므로 같은 반 친구들도 곧 헤어질 처지여서 소속감이 별로 없었다. 그런데 2학년부터는 모처럼 학과에 소속되어 앞으로 계속 같이 지낼 친구들끼리 소속감이 생겼고, 전공에 대한 의욕이 불타올랐다. 2학년 전공과목 중에 특히 기억에 남는 과목은 전공필수인 고체역학이었다. 고체역학은 고등학교 물리에서 배우던 힘의 평형에 관하여 좀 더 깊게 다루는 내용으로 고등학교 시절에는 한 번도 생각해보지도 못했던 내용이었다. 참고로 힘의 평형이란 정지된 물체에 작용하는 모든 힘의 합은 '0'이라는 의미이다. 어떤 탄성체에 외부 힘이 작용하면 변형을 하면서 외부 힘을 버티기 위한 내력$^{internal\ force}$이 발생하게 되는데, 이때 단위 면적당 내력을 응력^{stress}이라 한다. 그리고 응력이 허용응력$^{allowable\ stress}$이라고 불리는 한계값을 넘으면 구조물은 더 이상 버티지 못하고 파괴된다는 내용이다. 응력이 가장 큰 부분부터 파단이 발생하므로 구조물의 어디가 취약한지도 예측할 수 있게 된다. 동일한 구조물이라도 구속조건에 따라 변형과 응력이 달라지므로 구조물을 가장 가볍고 튼튼하게 만들 수 있도록 배우는 과목이기도 하다. 이런 고체역학을 배우면서 새로운 분야에 대한 신세계를 보게 되었고, 나의 적성에 맞는 분야를 너무 쉽게 찾은 것 같아서 가슴이 막 두근거렸던 기억이 있다. 학점을 잘 받기 위한 공부가 아니고 어떠한 게임보다도 더 재미있고 신기해서 한 학기 내내 정말 열심히 공부했었다. 참고로 고체역학과 함께 기계공학 3대 역학이라고 불리는 유체역학과 열역학에서는 별로 흥미를 느끼지 못하였다.

누구든지 어떤 일이나 분야에 자발적으로 열심히 노력하게 하는 동기는 궁금하고 재미가 있어야 함을 확인할 수 있었다. 지금은 고체역학보다 더 재미있는 동역학 진동학을 전공하고 있지만, 동역학 진동학 역시 고체역학을 기반으로 하는 응용 학문이다. 지금의 나의 전공은 대학 시절 처음 접했던 고체역학을 배우면서 느꼈던 감정으로부터 시작되었다고 할 수 있다.

격동기와 함께한 학창 시절

...

　　나의 학창 시절은 1962년 3월 초등학교 입학을 시작으로 1974년 대학 입학 그리고 1980년 2월 대학원 석사과정을 졸업하였으므로 총 18년간의 정규 교육을 받았다. 그런데 이 기간이 공교롭게도 박정희 대통령의 재임 기간과 일치한다. 1960년 3·15 부정선거로 4·19 혁명이 일어나고 이승만 대통령이 하야했다. 나라가 떠들썩한 큰 사건이지만 나는 아직 초등학교에 입학하기 전 어린 나이라서 전혀 기억에 없다. 박정희 대통령은 1961년 5·16 군사정변으로 실질적 군사 통치를 시작하여 1963년 스스로 대통령이 되었고, 1979년 10·26사태까지 18년간 정권을 유지한다. 그러므로 나의 재학 기간과 박 대통령의 통치 기간은 거의 일치한다. 내가 석사과정 2학년이 되어 석사 논문 작성에 막바지 노력을 한창 기울이고 있을 때 발생한 10·26 사태와 졸업 직후 부산에서 맞이한 5·18 광주민주화운동 당시의 살벌했던 분위기를 생생히 기억한다.

　　내가 고등학교 2학년 시절인 1972년에 박정희 대통령의 종신 집권을 위하여 유신헌법을 통과시켰다. 지금도 기억나는 당시 상황은 국민을 설득시키기 위한 TV 광고에서 서양 사람은 서양 옷을 입고 우리는 한복을 입는다. 따라서 서양에서 비판 없이 받아들인 민주주의를 개선하여 우리나라에 맞는 한국적 민주주의를 만들어야 하는데 그것이 유신헌법이라고 하면서 국민을 호도했다.

　　고교 사회과목 수업 시간이었다. 당시 정치는 잘 모르지만, 정의감에 불탔던 고등학생들은 사회 선생님에게 대통령의 권한에 국회 해산권이 없는데 어떻게 국회를 해산시킬 수 있냐고 분노에 찬 질문들을 쏟아냈던 것 같다. 선생님은 땀을 뻘뻘 흘리시며 대통령에게는 초헌법적 권한이 있다고 열심히 설명했던 것 같다. 그러나 지금 돌이켜 보면 대통령의 초헌법적 권한은 합법적이라고 열심히 설명하는 선생님인들 본인의 설명에 동의할 수 없는 내용이었을 것임을 생각하면 당시의 선생님이 안쓰럽게 느껴진다. 당시 학생들의 질문에 동조하는 답변을 했다면 선생님은 어쩌면 직장을 잃을 수도 있고 소문도 없이 남산에 있는 중앙정보부에 끌려갈 수도 있는 억압된 사회적 분위기였다.

대학 졸업

대학 그리고 데모

· · ·

1972년 정부는 국회를 강제 해산시키고 모든 정치인(김영삼, 김대중 등)의 정치 활동을 금지하는 비상계엄을 선포하여 공포 분위기 아래에서 역대 최다 투표율(91.9%)과 압도적 찬성(91.5%)으로 유신헌법을 통과시켰다. 유신헌법의 골자는 대통령을 무제한으로 할 수 있고, 국민의 직접선거가 아닌 통일주체국민회의라는 허수아비 기관에서 대통령을 선출하는 간선제를 택했으며 대통령이 국회의원의 1/3을 임명하여 대통령이 원하면 언제든지 개헌을 할 수 있다는 내용으로 지금은 상상도 할 수 없는 악법이다. 국민 저항을 부르는 것은 너무도 당연하였다. 유신헌법을 반대하는 국민 저항이 전국적으로 일어났다. 당시 모든 국민의 정신적 대통령은 김영삼과 김대중이었다. 이어서 1973년 김대중 납치사건, 1974년 인혁당 간첩 (조작) 사건 등 굵직한 사건이 발생하였고, 1975년 관련자 사형 선고 및 다음 날 즉시 집행하면서 국민을 공포로 몰아넣었다. 그러나 국민의 저항은 갈수록 더욱 거세졌고, 정부는 국민의 인권을 제한하는 비상계엄령을 수시로 선포하였다. 정의감에 불타는 젊은 대학생을 중심으로 유신헌법 철폐를 요구하는 격렬한 데모가 전국적으로 거의 매일같이 발생하였다. 이와 같이 74학번인 나의 대학 생활은 항상 데모와 함께하였다. 나도 최소한의 울분으로 교내 데모에 몇 번 참여했지만, 용기가 없어 경찰과 대치하는 앞쪽에 나서지는 않고 항상 뒤에서 따라가는 소극적 참여를 할 뿐이었다. 서울대에 나와 같이 합격한 고교 친구 3명 중 한 친구는 대학 1학년 때 반정부 운동에 깊이 빠져 수배되고 결국 학교에서 제적당하는 안타까운 일도 있었다. 1979년 박 대통령 서거 이후 민주화를 맞는 듯했지만 1979년 12·12 사태로 전두환 군사 정권이 지속되는 국가의 불운을 맞는다. 결국, 1987년 6·29 선언과 김영삼 김대중 대통령으로 이어지는 문민 정권이 들어서면서 데모는 대학교에서 점차 사라지게 되었다.

    내가 부산대에서 1980년부터 근무하다가 일본 유학을 떠나는 1986년까지 학기 중에 많은 데모가 있었지만, 귀국하여 복직한 1990년부터 데모가 거의 없어졌다. 자신의 취업에만 관심이 있는 지금의 대학생에게는 까마득한 먼 옛날얘기가 되었다.

휴교령과 지방 출신 대학생의 고민

• • •

　　　　　　나의 대학 시절에는 전국 대학에서 독재 타도를 외치는 데모가 거의 매일같이 있었다. 경찰에 의한 데모 진압에 한계를 느낀 정부는 대학생 데모를 원천적으로 차단하기 위하여 긴급조치를 발동하였다. 긴급조치는 유신헌법에 새롭게 규정된 내용으로 단순한 행정명령만으로 국민의 자유와 권리를 제한할 수 있다는 초헌법적 조항이었다. 사실상 유신헌법에 반대하는 세력에 대한 탄압 도구였다. 이 긴급조치로 대학교에 대한 휴교령이 수시로 내려졌다. 휴교령이 내려지면 학교 정문을 군인이 통제하고 학교의 모든 시설은 폐쇄된다. 대학생들이 학교에 아예 모이지 못하게 하였고 일시적으로 데모가 사그라졌다.

　나는 대학 2학년부터 공릉동에 있는 서울공대 기숙사에서 거주하였다. 그런데 휴교령이 발동되면 개인적으로 가장 큰 애로점은 대학교 폐쇄와 함께 기숙사도 함께 폐쇄되는 것이었다. 서울에서 기숙사 말고는 거주할 곳이 없는 지방 출신 대학생에게는 갑자기 노숙자 신세가 될 판이었다. 하는 수 없이 부모님이 계신 시골로 내려가는 수밖에 도리가 없었다.

　내가 어릴 적 아버지께서 수학 교사로 재직하시면서 강릉에서 오랫동안 생활했지만, 중2 시절에 교감(그 후 교장으로 정년퇴직)으로 발령이 나면서 시골에서 근무하게 되었다. 막내인 내가 아직 중학생이었으므로 어머니는 나와 함께 강릉에서 지내고 아버지는 주말에 집으로 오셨다. 내가 대학에 들어가면서 강릉에서 살던 집을 처분하고 어머니도 아버지와 함께 강원도 어딘가에 있는 학교 관사에서 생활하셨다. 전근 발령에 따라 거주지는 북평(지금의 동해), 쌍용, 옥계, 황지(지금의 태백), 간성, 대진 그리고 양양 등이었다. 휴교령이 내려지면 학기 중이지만 기숙사에서 쫓겨나 어쩔 수 없이 시골에 내려가서 보냈다. 그 당시에는 휴대폰이나 인터넷이 없던 시절이라 뉴스는 TV나 신문에 의존해야 했는데, 혹시 대학이 다시 개강했는데 나 혼자 무단결석하고 있는 건 아닌지 매우 불안했었다. 그래서 신문을 볼 때 대학 휴교 상황에 관한 뉴스를 특별히 꼼꼼히 확인하였고, 아직 휴교 중이라는 기사를 찾으면 안도하곤 하였다.

기숙사 방 배정의 비밀

· · · ·

대학 2학년 2학기부터 나의 기숙사 생활이 시작되었다. 기숙사 입사가 확정되고 방 배정 추첨이 있었다. 기숙사 방은 2인 1실로 모든 방의 크기와 구조는 같았지만, 위치에 따라 선호도가 있었다. 햇빛이 잘 드는 인기 있는 남향과 덜 선호하는 북향이 있었고, 특히 다른 방에 가려서 어두운, 가장 싫어하는 골방이 있었다. 방 추첨 결과 나는 골방으로 배정되었고, 운이 정말 없었다고 생각하였다. 그러나 지나서 보면 운이 나쁜 것이 아닐 수도 있다는 사실을 알게 되었다. 당시 기숙사 운영은 기숙사생들이 직접선거로 뽑은 자치위원회가 운영하였다. 기숙사는 주로 지방 고교 출신으로 이루어져 있으므로 가장 큰 집단은 지방 명문고이다. 참고로 고교 평준화는 75년 입학생부터 서울과 부산에서 실시되기 시작하여 몇 년간에 걸쳐 대도시와 중소도시로 확대되었다. 74학번인 나는 고교 비평준화의 거의 마지막 세대로, 당시에는 전국에 명문고가 많이 있었다. 경기고, 서울고, 경복고 등 서울지역 고교 출신은 기숙사에 거의 들어오지 않았고, 지방에서 서울대에 가장 많은 입학생을 보내는 고교는 부산의 부산고와 경남고, 대구의 경북고, 광주의 광주일고 그 외에 마산고, 진주고, 전주고 등이 있었다. 무슨 이유인지는 모르겠지만 기숙사 자치위원장 선거에서 지역 간 세력 다툼이 있었던 것 같다. 물론 입학생이 소수에 불과한 강원도 출신은 아무런 세력이라 할 집단도 없었고, 서로 챙겨줄 선후배도 거의 없었다. 기숙사 방 배정 시 추첨하기 전에 자치위원회에서 동문의 선후배들에게 사전 배정을 한다는 얘기를 우연히 들었다. 기숙사 방 배정 과정을 직접 확인하지는 못하였지만, 그것에 대하여 왠지 씁쓸한 기억이 남아있다. 하여튼 아무런 세력에 속하지 않는 시골 고교 출신인 나는 기숙사 생활 3년 동안 우연일 수도 있지만 한 번도 남쪽 방을 배정받지 못했다. 그나마 4학년이 되어서야 골방이 아닌 북쪽 방을 배정받은 것만으로 다행으로 여겼다.

기숙사 식당의 보이지 않는 지정석

⋯

　　대학 기숙사는 공릉동에 있는 서울대 공대 캠퍼스 내에 있어서 생활이 아주 편리하였다. 하루 세 끼 식사를 기숙사 식당에서 제공하였다. 아침 식사 시간은 7~9시였는데 대부분 기숙사생이 늦잠을 자는 편이라 식당은 텅 비어있다가 8시 50분부터 붐비기 시작해서 금방 긴 줄이 생겼으며, 보통 9시 반까지는 배식이 이루어졌다. 점심 식사는 12시 '땡' 하면 먹었고, 저녁 식사 시간은 5~7시였는데 가장 붐비는 시간은 5시였다. 특히 특식이 나오는 금요일 석식은 5시 훨씬 전부터 긴 줄이 형성되었다. 아침과 점심시간 간격이 좁아서 아침을 거르는 학생도 많았다. 주로 야행성 활동을 하는 학생들은 이른 저녁 식사로 배고파지므로 밤 10시경부터 학교 앞 식당과 술집이 붐비기 시작하였다.

　　기숙사 식당은 꽤 넓었다. 그런데 편하게 앉아서 식사할 자리가 별로 없었다. 언제부터인지 모르지만 대부분 좌석이 암묵적으로 고등학교 동문별로 지정석처럼 되어있었다. 학생 수에 비례하는 좌석의 넓이가 정해져 있었고, 자연스럽게 고등학교 동문별로 모여서 식사하는 분위기였다. 나와 같은 무소속이 편안하게 식사할 수 있는 장소는 구석에 있는 일부 좌석뿐이었다. 나의 기숙사 룸메이트가 부산의 경남고 출신이라서 나는 자연스럽게 룸메이트의 친구들을 여럿 알게 되었고, 가끔 룸메이트나 알고 지내는 친구들과 같이 식사할 때는 그들의 동문 테이블에서 식사하면서 자연스럽게 대화를 나누곤 하였다. 그 테이블에 모인 학생들은 서로 같은 동문의 동기 또는 선후배 관계이므로 서로 인사하였다. 그러나 그 테이블에는 나를 잘 알지 못하는 학생들도 당연히 있게 마련이었고, 나도 굳이 잘 모르는 사람이었으므로 매번 인사하지는 않았다. 나와 초면인 학생은 내가 누군지 궁금해하면서 힐끗힐끗 나를 보았고, '저 사람이 왜 여기 앉아있지?' 하는 눈총을 주는 것 같았다.

기숙사 생활에서 방 배정과 식당 좌석 등을 통해서 소속이 없는 소외된 자의 보이지 않는 서러움과 다수 세력의 불합리한 부당성을 느끼곤 하였다.

몰두의 추억

. . .

바둑 마니아인 아버지는 나와의 바둑대국을 학수고대하셨다. 시골에는 아버지와 대적할 만한 바둑 상대가 없어서 늘 하수들과 대국하지만 내가 집에 내려가면 오랜만에 바둑다운 바둑을 둘 수 있기 때문이다. 어느 오후 아버지와 나는 바둑을 두고 있었다. 아니, 우리 두 사람은 바둑에 몰두하고 있었다. 불현듯 어머니의 외침 소리가 들렸고, 아버지와 나는 동시에 꿈에서 깬 듯 정신을 차리고 주변을 둘러보았다. 갑자기 주변에 매캐한 냄새가 코를 자극했다. 믿기 어렵겠지만 아버지와 나는 자욱한 연기 속에서 태연히 바둑을 두고 있었던 것이다. 어머니에게 자초지종을 들어보니 점심 식사 준비로 석쇠에 생선을 굽고 있었는데 필요한 물품이 있어서 잠깐 시장에 다녀오셨단다. 시장에 가실 때 "생선을 굽고 있으니 타는 냄새가 나면 불을 끄세요"라고 얘기했고, 바둑을 두고 있던 아버지와 나 모두 동시에 "예" 하고 대답하였으므로 안심하고 시장에 다녀왔단다. 그런데 시장에서 집으로 돌아와 보니 생선이 숯처럼 새까맣게 타버렸고 집 안은 연기가 자욱했는데, 그 연기 속에서 두 사람은 태연히 바둑을 두고 있었다며 어이없어하셨다. 사람이 어떤 일에 몰두하면 주변 상황의 변화를 전혀 느끼지 못하게 되는 신기한 경험을 하였다. 나는 중요하지 않은 일은 그다지 시작하려고 하지 않지만, 일단 시작하기로 작정하면 정말 열심히 집중하여 파고드는 경향이 있다. 그래서 잘 시작하지 않으려고 한다.

교내 바둑대회 우승

・・・

　　　　　　70년대 대학 캠퍼스의 분위기는 수업이 없는 여가 시간에 바둑, 당구 그리고 카드 게임을 많이 하였다. 학교 앞에는 여러 곳의 당구장이 있었고, 캠퍼스 잔디밭에는 항상 4~5명이 둘러앉아서 카드 게임인 마이티를 하는 모습이 자연스러운 풍경이었다. 학생 휴게실 테이블에는 바둑판이 여러 개 놓여있었고, 누군가는 항상 바둑 대국을 하고 있었다. 물론 디지털 시대로 바뀐 지금의 대학생에게는 상상하기 어려운 풍경일 것이다. 나는 어릴 적부터 아버지로부터 바둑을 배워서 아마추어로는 상당히 잘 두는 편이었으므로 호적수를 만나기 쉽지 않았다. 지금의 대학생들이 대부분 컴퓨터 게임을 할 줄 알듯이 당시의 대학생들은 대부분 바둑을 둘 줄 알았다. 그러나 나와 바둑 실력 차이가 너무 커서 같이 두면서 즐기기가 어려웠다. 운동을 예로 들면 학교 대표와 초보자의 시합과 비슷한 느낌일 것이다. 서울대 공대 기숙사에서는 매년 기숙사 축제인 open house 행사가 있었다. 축제 행사의 일환으로 바둑대회가 열렸고, 나는 바둑대회에서 최상위 그룹인 A조에 참가하였다. 대회는 토너먼트였는데 아마도 32명 이상이 출전했던 것 같다. 나는 피곤하지 않고 맑은 정신으로 시합에 임할 수 있도록 시합 전에 컨디션 조절을 하려고 노력하였다.

　우리가 월드컵 같은 국가 대항전에서 맹목적으로 우리나라 대표 팀을 응원하듯이 바둑 시합도 각자 자신의 고교 동문 출신을 맹목적으로 응원하였다. 나의 응원팀은 강릉고 동기 1명과 룸메이트뿐이었다.

그러나 나는 바둑 시합에서 계속 이겼고 결국 우승했다. 결승전에서 나의 우승이 결정되는 순간 바둑판을 둘러싸고 일방적으로 응원하던 상대방 동문들의 안타까운 탄식의 소리가 지금도 나에게 들리는 것 같다. 나는 다음 해 열린 바둑대회에서도 연이어 우승하였다. 결승에서 만난 상대는 모두가 당연히 우승할 것이라고 예상하는 자타가 인정하는 최강자였다. 한 치 앞을 알 수 없는 어려운 난전 속에서 불현듯 절묘한 묘수가 떠올랐고 결국 나의 승리로 끝났다. 수십 년이 지났지만, 이 묘수의 장면은 지금까지도 나의 기억에 남아있다. 어쨌든, 내가 보기에 소위 최강자가 패배한 가장 큰 이유는 자신의 실력을 과신하고 상대를 얕잡아 보는 교만함 때문이었을 것이다. 사자는 토끼를 잡을 때도 최선을 다해야 한다는 것을 다시 한 번 상기했다.

나는 기숙사로 돌아오자마자 결승전 대국을 처음부터 끝까지 복기하면서 극적인 승리의 기쁨을 혼자서 만끽하고 있었다. 좀처럼 감정을 내보이지 않는 나의 성격을 잘 아는 룸메이트가 "그 한 판의 승리가 그렇게 기쁘냐?"고 신기한 듯 물어봤고, 나는 가만히 고개를 끄떡였다. 나의 룸메이트와 나의 고교 동기의 바둑 실력은 나와는 비교가 되지 않았지만 둘은 막상막하였고, 서로 자기가 더 잘 둔다고 우겼다. 바둑대회의 우승 상품은 라이터였다. 담배를 피우지 않았던 나에게 별로 필요 없는 상품이었고, 그 사실을 아는 둘은 서로 자기에게 달라고 했다. 난처한 나는 둘이 바둑 내기를 해서 이긴 사람에게 라이터를 주겠다고 제안했다. 당시의 결과는 기억나지 않지만 둘은 자존심을 걸고 몇 시간에 걸쳐 정말 진지하게 대국했던 것으로 기억한다. 바둑에 진 친구는 아마도 그 라이터를 볼 때마다 아쉬워했을 것 같다.

진로를 바꾼 현장 실습

　　조선공학과 3학년을 마치고 울산에 있는 현대조선(지금은 현대중공업)으로 약 한 달간의 현장 실습을 나갔다. 회사의 배려로 우리 모두 회사 근처에 있는 숙박시설에 숙박하였다. 다음 날 우리는 아침 느지막이 모두 모여서 회사로 출근하였다. 그런데 회사 정문을 지키는 경비의 권력이 막강하였다. 출근하는 직원의 출근 시간 체크는 물론이고 복장과 두발 검사도 하였으며, 지적을 받은 직원은 정문을 통과하지 못하고 출근할 수도 없었다. 회사의 분위기가 군대 문화라는 것이 확연히 느껴졌다. 당시의 대학 문화는 장발이 유행하던 시절이라서 대부분 대학생의 머리는 길었다. 우리 실습생도 정문에서 경비의 제지를 받았다. 머리를 스포츠형으로 자르고 오지 않으면 회사로 들어갈 수 없다는 것이다. 조금 심한 표현일 수도 있지만 마치 직원은 교도소에 수감된 죄수이고, 경비는 죄수를 통제하는 교도관처럼 느껴졌다. 우리 실습생들은 모두 흥분해서 출근을 거부하고 숙소로 돌아갔다. 한참 후에 회사 고위직의 지시가 있었는지 담당 직원이 숙소로 찾아와서 머리를 깎지 않아도 된다고 하여서 비로소 회사로 출근하여 실습을 할 수 있었다. 현장 실습은 그럭저럭 재미가 있었지만, 근무 중에 회사 밖으로 나가려면 외출증이 있어야 했고, 우리는 정문의 경비와 또 한바탕 다툼이 일어나곤 하였다. 며칠 후 회사와의 갈등을 무마하기 위한 것인지는 몰라도 서울에서 학과 교수님이 일부러 내려오셔서 우리를 격려하여 주셨고, 우리는 보호자를 만난 것처럼 기뻐했다.

조선소는 생각했던 것보다 훨씬 넓어서 마치 하나의 도시 같았고, 회사 내 이동은 도보로는 불가능했다. 그러나 이렇게 드넓은 조선소에는 나무 한 그루 찾을 수 없는 삭막한 분위기였다. 선박을 건조하기 위한 철제 구조물만 보였고, 상상한 적도 없는 어마어마하게 큰 골리앗 크레인과 엄청난 크기의 트레일러들이 집보다도 큰 대형 블록을 운반하고 있었다. 조선소의 외부 견학만으로는 선박 건조의 모든 과정은 마치 용접이 전부인 것처럼 보였다.

　실습을 마치고 서울로 돌아와서 나는 고민에 빠졌다. 이제 불과 1년 후에 나는 대학을 졸업할 것이고, 조선공학을 전공한 나에게 조선소는 어쩌면 내가 평생 근무할지도 모르는 미래의 직장일 수 있다. 내가 그렇게 꿈꾸던 선박 건조로 대한민국을 세우겠다는 조선입국造船立國의 종착지가 여기였단 말인가? 조선소 실습을 마치고 나는 장래에 대한 회의에 빠졌다. 사회에서 직장에서 돈을 버는 것이 얼마나 힘든지 모르고 온실 속에서만 자란 나의 환상이 깨지면서, 이제 야생으로 나가야 하는 시기에 겪은 이 경험은 1년 후 나의 미래를 바꾸는 계기가 되었다.

조선공학에서 기계공학으로

. . .

조선공학 전공은 매우 흥미로웠지만, 대학 3학년을 마치고 겨울방학 기간 중 한 달간 다녀온 조선소의 현장 실습은 나로 하여금 많은 회의가 들게 하였다. 또 하나의 문제점은 아직 병역 의무를 완수하지 않았다. 지금은 병역특례제도가 있지만, 당시에는 학과 친구들 모두 졸업 후 군 입대를 생각하고 있었다. 조선소에 취업하지 않으면서 군 문제도 해결할 수 있으면 좋겠다고 막연히 생각하는 중에 우연히 한국과학원(KAIS, 지금의 KAIST)을 알게 되었다. 1973년에 한국과학원 석사과정 입학이 시작되었고, 1974년 내가 대학 입학할 당시 이미 한국과학원이 있었지만, 시골 출신에 정보력이 부족한 나는 그 존재를 전혀 알지 못했었다. 대학 1학년을 마치고 전공 학과를 결정할 때 공대 학과 중에서 조선공학과와 기계설계공학과를 놓고 마지막까지 진로를 저울질했던 아쉬운 기억이 떠올랐다. 그 당시의 내 점수로 기계설계공학과도 갈 수 있었으니, 바로 기계설계공학과로 진학했으면 그때의 그런 고민은 없었을 텐데 말이다. 며칠간 고민 끝에 나는 한국과학원 진학에 '올인'을 결심하면서 내 인생에서 중요한 전환점을 맞이하게 되었다. 조선공학과 4학년 수업은 졸업에 문제가 없을 만큼 최소한의 노력만 하였으며, 대신 기계공학 수업을 청강하였다. 한국과학원 입시에 필요한 서울대 기계공학 전공과목의 교재를 전부 새로 구입하였다.

KAIS 입시 공부

・・・

대학 3학년을 마친 겨울방학 때 나는 KAIS 진학을 결심했다. 먼저 어떤 공부를 해야 하는지 조사를 하였다. 기계공학 전공 모든 과목과 영어 시험으로 선발하였다. 합격자의 대부분을 차지하는 서울대 기계공학과에서 사용하는 교재로 공부하기로 했다. 고체역학은 Crandal의 『Mechanics of Material』, 유체역학은 Sabersky의 『Fluid Flow』, 열역학은 Sontag의 『Thermodynamics』, 열전달은 Holman의 『Heat Transfer』, 동역학은 Higdon의 『Engineering Mechanics』와 Housner의 『Applied Mechanics』 등이며, 지금의 나를 있게 한 고마운 책들이다. 고체역학과 동역학 수업은 기계과 수업을 청강하였다. 입시 준비를 시작하면서 수업과 식사 시간 그리고 수면 시간을 제외하고는 역학 과목 공부를 하였다. 아마도 하루에 10시간 이상은 공부했을 것이고 다른 어떤 활동도 거의 하지 않았다. 1년 가까이 준비했으니까 시간으로 환산하면 3,000시간은 족히 될 것이다. 밤샘 공부도 부지기수였다. 오히려 낮보다 밤에 상념이 없어지고 공부가 더 잘 됐던 것 같다. 내가 밤새도록 책상에 등을 켜놓고 있으니까 기숙사 룸메이트가 밤잠을 제대로 자지 못한다고 불평했던 기억이 난다. 그러나 공부가 힘들었던 것만은 아니었다. 풀어지지 않는 문제를 고민에 고민을 거듭하여 풀어냈을 때의 성취감과 희열은 경험해본 사람만이 이해할 수 있을 것이다. 이 경험은 내가 연구자의 길로 나아가는 데 큰 밑거름이 되었다.

역학(力學) 과목을 공부하는 방법

　　　　　　　　　　・・・

　　　　　　　　기계공학에는 수많은 역학$^{力學, Mechanics}$ 과목을 배우게 된다. 역학은 힘[力]을 다루는 과목이지만, 처음 배울 때 생소하고 어려워서 힘[力]든 과목이라고 농담하기도 하였다. 역학 과목의 특징은 수업을 듣거나 본문을 읽고 이해했다고 생각되지만, 연습문제가 좀처럼 풀리지 않는다. 풀이를 보면 쉽게 이해가 되지만 다른 유사 문제를 보면 역시 잘 풀리지 않는다. 처음에는 좌절하기도 했지만, 그 이유가 원리를 완벽히 이해한 것이 아니기 때문이라는 것을 한참 나중에야 알게 되었다. 못 풀었던 문제를 이해하기 위해서는 본문을 다시 읽어보고 잘못 이해한 부분을 수정하는 정반합^{正反合}의 과정을 반복하면서 이해도를 높여가야 했다. 교재를 처음 공부할 때는 연습문제의 20%만 풀렸다면 두 번째 공부할 때는 50%, 세 번째는 80%가 풀어진다. 그러다 어느 순간 모든 연습문제가 서로 유사한 문제라는 것을 깨닫게 된다. 비로소 100%에 가깝게 이해하게 된 것이다. 결국에는 모든 역학 과목 교재의 연습문제 중에서 어떤 문제를 갑자기 제시해도 완벽히 풀 수 있다는 자신감이 충만해졌다. 이런 성취감은 고3 때도 느끼지 못했던 감정이었다.

　　어느덧 대학교에서 역학 과목을 가르치면서 학생들이 기계공학 공부의 어려움을 호소할 때 내가 느꼈던 감정을 학생들에게 얘기해주곤 하였다. 부산대 기계공학부의 학생들은 고교 시절 반에서 2~3등 정도의 상위권을 유지했었고, 특히 수학을 가장 자신 있어 하는 학생들이다. 그러나 대학 공부에서는 고교 시절처럼 쉽게 이해가 되지 않으면서 좌절을 느끼게 된다.

 기계공학에서 배우는 역학은 고등학교 수학처럼 쉽게 풀어지지 않는 것은 당연하다고 말해준다. 서울대 학생이라도 쉽게 이해되지 않는 것은 당연하고, 지금 여러분을 가르치고 있는 교수도 학생 시절에 비슷한 과정을 겪었다고 얘기해준다. 고교 수학 물리 내용보다 대학 역학은 월등히 어렵고 배워야 할 양도 훨씬 많다. 그런데 고교 때는 쉬운 내용을 반복해서 오랜 시간을 투자해서 공부했지만, 대학에서는 10배 어려운 내용을 공부하는데 10분의 1도 들이지 않으니 이해하지 못하는 것이 지극히 정상이라고 얘기해준다. 질문하는 학생에게 공부 외에 잘하는 취미를 물어본다. 그러면 게임이거나 스포츠 등을 얘기한다. 컴퓨터 게임을 예로 들어 게임 실력이 느는 과정을 생각해보라고 한다. 처음에는 서툴지만, 꾸준하게 연습을 하다 보면 어느 순간 실력이 느는 것을 느끼게 되고 재밌어진다. 그러나 좀 더 욕심을 내거나 시간이 지나면 자신의 실력에 갑갑함을 느끼게 된다. 갑갑함을 참고 이겨내면 다시 실력이 늘게 된다. 이런 실력 향상의 과정을 수학 용어인 계단함수 step function 로 표현할 수 있다. 자신의 능력에 좌절하고 있을 때가 바로 한 계단 올라가기 직전의 상태이므로 조금만 더 노력하면 다음 계단을 밟을 수 있는데 포기하면 너무 아깝지 않겠냐고 북돋워 주었다. 나는 학생들이 컴퓨터 게임만이 재밌는 것이 아니고, 공부가 더 재밌을 수도 있다는 것을 그들 중에 누군가가 느끼기를 간절히 고대하곤 했다.

갑자기 알게 된 아버지의 자식 사랑

...

1978년 1월에 KAIS 입학시험이 있었다. 1977년 3월 대학 4학년이 되면서 조선공학에서 기계공학으로 진로변경을 결심하고, 10개월간 정말 최선을 다하여 공부하였고 드디어 그 평가를 받는 날이 되었다. 기숙사가 문을 닫는 방학 기간에 보통 나는 부모님이 계신 시골에서 보냈지만, 대학 4학년 여름 방학과 겨울방학 기간에는 대학교 근처에 하숙집을 구해서 서울에 머물면서 쉬지 않고 시험공부를 하였다. KAIS 입학시험을 모두 마치고 나 혼자 터덜터덜 건물 밖으로 걸어 나오는데 예고도 없이 아버지가 기다리고 계셨다. 아버지에게 별도로 입시 날짜도 알려주지 않았는데 어찌 아셨는지 강릉에서 멀리 서울까지 찾아오신 것이다. 평소에 워낙 무뚝뚝하고 표현이 없으시고 자식에게 감정을 드러내지 않는 냉정하기만 하신 분인데 뜻밖이었다. 나 역시 아버지를 닮아서 속마음을 잘 드러내지 않고 "뭐하러 힘들게 올라오셨어요?"라면서 시큰둥하게 맞이했지만, 당시에 아버지의 자식에 대한 마음속 사랑을 직접 느끼면서 가슴이 뭉클해졌다. 그때의 장면은 지금도 뚜렷이 기억난다. 아버지는 "고생했다. 시험 잘 쳤나?"라고 물으셨다. 의례적인 질문이지만 지난 1년 동안 힘들게 지내왔던 기억이 주마등처럼 지나가면서 약간 울컥하였다. 그리고 나는 1년 동안 내가 할 수 있는 최선을 다했고, 시험 결과에 상관없이 나의 모든 것을 쏟아부었으므로 그 경험만으로도 앞으로 살아가는데 충분한 가치가 있을 것이라고 대답했다.

어머니와의 영원한 이별

･･･

　　　　　나의 어머니는 너무나 후덕하신 분으로, 당신을 위해서 보다 뭐든지 남에게 베풀려고 하셨다. 내가 어릴 적엔 동네 사람들끼리 서로 왕래하고 가깝게 지냈는데, 어머니의 신망이 아주 두터워서 많은 동네 분들이 어머니에게 의지하였고 어려운 일이 있으면 상담하곤 하였다. 어머니는 본인의 일인 것처럼 공감하고 발 벗고 나서서 도와주셨다. 자연스럽게 동네 사람들의 중심 역할을 하였다. 주변 사람들에게도 이럴진대 하물며 자식들에게야 말할 필요도 없을 것이다. 어머니는 당신을 평생 희생하면서 당신을 위한 일에는 무척 아끼셨지만, 자식들에게 무조건 사랑을 베푸셨다. 어릴 적엔 어머니에게서 이런 사랑을 받는 건 당연하다고 여겼지만, 철들어서 다른 집과 비교해 보면 너무나 큰 사랑을 받고 자랐음을 알게 되었다. 그러나 아버지를 닮아서 무뚝뚝하고 감정을 잘 표현하지 않는 나는 어머니에게 한 번도 재롱을 부리거나 감사하다는 표현을 한 적이 없는 것 같다. 오죽 심했으면 언젠가 어머니가 나에게 나무토막에 대고 얘기하는 것 같다고 하셨던 기억이 난다. 그 이후에도 나의 성격은 변하지는 않았지만 되돌아보면 자식으로서 어머니에게 조그마한 고마움이라도 표현을 했다면 어머니가 열 배, 백 배 기뻐하셨을 것을 알게 되면서 제대로 즐거움을 드리지 못했다는 죄송한 생각이 든다. 내가 느끼기에 4남매의 막내인 내가 특히 많은 사랑을 받은 것 같다. 어머니의 사랑을 듬뿍 받으면서 자라서인지 나의 미래의 이상형은 언제나 어머니 같은 여성이었다. 반면에 아버지는 조선 시대의 봉건적 남존여비의 사상이 강하고 수학적인 두뇌를 갖고 있으며 감성보다는 이성으로 가득한 분이셨다. 아버지는 마음속으로는 어머니를 분명히 사랑하셨지만 절대 감정을 드러내지 않는 분이셨다. 어머니는 평생 아버지 성격을 맞추느라 마음고생이 많았을 것이다. 어머니가 갑자기 병원에 입원하셨을 때 침대에 누워만 계신 어머니가 너무 갑갑할 것 같아 내가 어머니 등을 한참 안마해 드린 적이 있는데 어머니가 시원하다면서 "막내가 최고야!"라고 했던 말씀이 잠시나마 어머니를 즐겁게 해드린 것 같아 무척 기뻤던 기억이 있다.

어머니가 급성 췌장염으로 서울 세브란스병원에 입원했던 기간은 1977년 8월 말에서 9월 중순까지 총 16일간이었다. 대학 4학년으로 서울에 거주했던 나에게는 생각지도 못했던 청천벽력 같은 소식이었고, 만사를 제치고 병원에서 지냈다. 당시 나는 KAIS 대학원 진학을 목표로 입시 공부가 막바지였던 시절이었다. 입시 공부도 포기할 수 없었으므로 어머니 간병 중에도 전공 서적을 옆에서 놓지 않았다. 이런 나의 공부벌레의 모습에 대해 일부 간호사들이 수군거리더라는 얘기를 아버지에게 들은 적도 있지만 개의치 않았다. 하여튼 나는 어머니의 완치와 KAIS 입학이라는 두 희망을 모두 놓을 수가 없었다. 그러나 둘 중 하나를 선택하라면 KAIS는 떨어져도 좋으니 어머니가 완치되어 퇴원할 수 있기를 하늘에 기도했었다. 어쩌면 이 기도가 하늘을 통해서 어머니에게 전달되었는지 모른다. 어머니는 막내아들이 공부에 전념할 수 있도록 당신을 빨리 하늘나라로 데려가 달라고 기도했을 수도 있겠다는 상상도 해본다. 왜냐면 단지 16일이라는 너무나 짧은 입원 기간으로 세상을 떠나셨기 때문이다. 만일 내 기도를 들으셨다면 어머니는 당신을 스스로 희생할 분이라는 것을 알고 있기 때문이다. 나는 어머니의 크나큰 희생에 보답하기 위해서라도 더욱 공부에 매진하였다.

어머니의 네 자식 중에서 세 명은 결혼했고 막내인 나도 대학 졸업을 앞두고 있었다. 앞으로 어머니에게 자식들이 효도로 돌려드릴 일만 남았는데 갑작스럽게 돌아가셨으니 너무 슬펐다. 어머니는 언제까지나 내 곁에서 나를 돌봐줄 것 같았지만 어머니와 함께하는 삶은 절대로 영원하지 않으며, 이렇게 갑자기 끝났는데 나는 왜 효도를 뒤로 미루고 미리 해드리지 못했는지 한스럽다. 어머니가 돌아가신 지 오랜 세월이 지났지만 지금도 어머니를 떠올리면 너무 그리워서 울컥 눈물이 난다.

어머니 이 정字 옥字 님은 1925년 음력 9월 7일 강원도 평창군 봉평면에서 출생하여 1945년 해방을 맞이할 때까지 그곳에서 성장하셨다. 1946년 아버지와 결혼하면서 고향을 떠나셨고, 1948년 3월까지 삼척읍에 있는 삼척공업학교 관사에서 생활하는 동안 첫째 의현義賢이 태어났다. 1948년 4월부터 1950년 5월까지 강릉시 강릉농업학교의 옥천동 관사에서 거주하면서 둘째 의선義仙이 태어났다. 둘째인 큰누나가 태어나서 100일도 되기 전에 6·25 전쟁으로 2년간 울산에서 피난 생활을 겪으셨다. 1950년 6월부터 1962년 2월까지 강릉시 강릉사범학교의 옥천동 관사에서 생활하면서 셋째 의홍義紅과 넷째인 내義峰가 태어났다. 1962년 3월 결혼생활 처음으로 자가주택을 마련하면서 강릉시 홍제동 80-3으로 이사하였다. 강릉사범학교가 강릉고등학교로 바뀌면서 아버지의 직장도 강릉고등학교가 되었고, 내가 초등학교에 입학하던 해이기도 하다. 내가 중학교 2학년이 되던 1970년 3월 아버지는 교감 발령으로 강릉을 떠나셨지만, 어머니는 나의 뒷바라지를 위해 강릉 집에 머물렀고, 내가 대학에 진학한 이후인 1975년 3월 강릉 집을 정리하고 아버지가 근무하시는 북평읍 효가리에 있는 북평여중 관사로 이사하셨다. 그리고 아버지의 전근 발령에 따라 1977년 3월 양양읍에 있는 양양여고 관사로 이사하셨다. 내가 대학 4학년인 그해 여름인 1977년 8월 31일 청천벽력같이 급성 췌장염으로 서울 세브란스병원에 입원하셨고, 입원 16일 만인 1977년 9월 16일 신림동에 있는 형님 집에서 모든 가족이 지켜보는 가운데 향년 52세의 너무나 젊은 나이에 우리 곁을 떠나셨다. 아버지와 함께 당신이 직접 일구고 가꾸신 강릉시 금산리에 있는 가족묘지에 묻히셨다. 2011년 6월 아버지가 돌아가신 후 두 분은 바로 옆에 영원히 나란히 누워계신다.

03

한국과학원(KAIS) 시절의 추억

KAIS라 불리는 대학원

...

우리나라는 1960년대에 '한강의 기적'이라 불리는 산업 발전을 이루면서 과학 기술 인재의 확보가 절실히 필요했다. 박정희 대통령은 대한민국의 발전을 이끌 과학 기술 인재를 양성하는 특수대학원 설립을 지시하였다. 지금도 마찬가지이지만 우수 인재 유치를 위한 가장 파격적인 방안은 병역 특례였다. 3년간의 군 복무 대신 3주간의 기초 군사훈련만으로 병역을 마치고, 졸업 후 연구소나 산업 현장 등에 일정 기간 근무하게 하자는 「병역특례법」이 이때 처음으로 생겼다. 병역특례뿐만 아니라 모든 학생에게 기숙사와 식사를 무료로 제공하고 등록금을 면제하였으며, 매월 생활비로 쓸 장학금까지 지급하였다. 당시로선 정말 상상하기 어려운 놀라운 조건이었다. 서울시 동대문구에 있는 홍릉 과학단지에 한국과학원$^{Korea\ Advanced\ Institute\ of\ Science}$을 설립하였고, 1973년 3월 석사과정 첫 신입생이 입학하였다. 이후 전두환 정권의 통폐합 정책에 따라 내가 졸업한 직후인 1981년 한국과학기술연구원^{KIST}과 통합하여 한국과학기술원^{KAIST}으로 이름을 변경하였다. 1989년 특수 대학인 한국과학기술대와 통합하면서 대전 캠퍼스로 이전하였다. 참고로 KIST는 전두환 정권이 종료되자마자 본래의 이름으로 독립하였다. 설립 초창기의 KAIS는 이공계의 고등고시라 불리는 국내 원톱$^{one\ top}$ 대학원으로 지금의 KAIST와는 레벨을 달리했다. 당시 서울대 대부분의 상위권 학생들은 당연히 KAIS로 진학하였다.

한국과학원(KAIS) 입학

· · ·

대학 4학년 1년간 모든 것을 쏟아부었던 한국과학원^{KAIS} 입학시험을 마치고 합격자 발표 기간까지 갑자기 목적지를 잃은 것처럼 허탈감에 빠졌다. 입시에서 떨어지면 바로 입대를 해야 했다. 이미 대학 4학년 때 군 입대를 위한 신체검사를 받았었고, 현역 입영 통지도 받은 상태이다. 만일 떨어졌을 때 KAIS에 재도전하려면 입대를 연기해야 하는데 어떻게 해야 할까? 어딘가 다른 대학원에 임시로 진학해두면 가능은 하겠지? 그렇지만 그것은 새로운 지도교수를 속이는 건데 곤란하지 않을까? 등등 텅 빈 머릿속에 별의별 상념이 다 떠올랐다. 1차 합격자 발표까지 1~2주 소요된 것 같다. 나는 시골에 내려가는 대신 신림동에 있는 형 집에 머물렀고, 하루 종일 방에서 두문불출하였다. 지금 생각해보면 갑자기 방문하여 방에서 나오지도 않는 만만치 않은 시동생을 위하여 하루 세 끼 식사를 준비해야 했던 형수에게 미안한 마음이 든다. 나는 가능한 잡생각을 하지 않기 위하여 시간 때우기 용으로 만화방에서 무협 소설을 잔뜩 빌려 독파했다.

당시에는 인터넷이 없던 시절이라서 합격자 발표를 보기 위해서는 직접 학교에 가서 벽에 붙어있는 대자보를 확인해야 했다. 합격자 발표를 보러 신림동에서 동대문구에 있는 홍릉까지 대중교통을 이용해 가면서 그동안 고생했던 기억이 다시금 주마등처럼 스쳐 지나갔다. 대자보 앞에서 가슴을 졸이며 나의 이름을 찾던 순간의 조마조마한 기억은 아직도 생생하다. 대자보에서 겨우 나의 이름을 확인하는 순간은 정말 감격이었다. 그런데 1차 필기시험 합격은 큰 고비를 넘은 것에 불과하고 2차 면접에서 추가 탈락이 있다고 하여 불안감은 여전하였다. 면접시험에서 전공 질문은 무난히 대답한 것 같은데 면접관이 조선공학과에서 왜 지원했느냐는 질문을 하였다. 나는 예상했던 질문이라 준비된 대답을 했지만, 왠지 합격시킬 생각이 없을 수 있다는 불안이 다시 엄습해왔다. 다른 면접관은 전공시험 점수는 좋은데 영어 점수가 별로라면서 뉴스위크지를 내밀면서 번역해보라고 했다. 면접을 마치고 집으로 돌아오면서 전공 점수는 괜찮은 편이라는 안도감과 기계과 출신이 아니라는 불안감이 교차했다.

며칠 후 최종 합격자 발표에서 나의 이름을 확인하고 안도의 한숨과 함께 앞날에 대한 모든 불안이 눈 녹듯이 사라지면서 그동안의 노력에 대한 보람을 만끽하였다. 그리고 3월 입학까지의 방학 기간은 세상 모든 것을 가진 것 같은 마음이었다. 나는 서울대 조선공학과에서 KAIS에 처음으로 합격하는 학생이 되었다. 나는 대학 4학년 때 조선공학과 전공 수업을 소홀히 했고, 졸업하면서 조선공학을 떠났지만, 교수님들은 감사하게도 나를 기억하셨던 것 같다. 그 후 서울대 조선공학과 후배들이 소식을 듣고 KAIS 진학 준비를 하면서 나에게 찾아오기도 하였다. 그리고 나는 특이하게 조선공학과 동기와 기계공학과 동기들을 동시에 알고 지내게 되었다.

KAIS 모집 분야는 자연대의 수학, 물리, 화학, 생물, 전산학이 있었고, 공대에서 기계, 전기전자, 화공, 재료공학이 있었다. 입학정원은 약 300명 정도였다. 입학생의 출신 학교는 서울대가 80% 이상을 차지하였고, 타 대학들이 나머지를 나눠 가졌다. KAIS 기계공학(생산공학 포함) 입학 동기는 60명이었는데 연세대 2명, 아주대 2명, 한양대 1명, 항공대 1명, 영남대 1명 그리고 부산대 1명이었고 나머지는 서울대 출신이었다. 졸업 후 동기들의 직업 현황을 보면 해외에 거주하거나 세상을 떠난 경우를 제외하면 약 50여 명이 국내에 있는데 교수 30명, 국가연구소 7명, 기업 운영 10명, 회사 4명이다. 당시의 KAIS 출신이 우리나라 산업에 미친 영향을 짐작할 수 있다.

KAIS 입학 직전 예비 입학생들은 단체로 경기도 어딘가에 있던 가나안농군학교에 입소하였다. 지금으로 치면 예비 학교이겠지만, 단체 생활을 위한 정신교육이 목적이었다. 가나안농군학교는 기독교 정신에 바탕을 둔 협동마을로 일하지 않으면 먹지도 말라는 기치 아래 공동체 교육을 하는 정신 교육기관이다. 아침 일찍 기상하면 단체 구보를 시작으로 정신교육 훈화를 듣는 등 하루 종일 강행군이었다. 마치 군사훈련을 받는 느낌이었다. 그래도 내가 우리나라 과학계의 미래 엘리트들과 함께 있다는 사실만으로 감격하였고 자부심을 느꼈다.

한국과학원(KAIS) 기숙사 생활

...

　　　　　　KAIS 입학생은 산학 장학생과 국비 장학생이 있다. 나는 국비 장학생인데 국가로부터 장학금을 받고 졸업 후 국가가 지정하는 직장에서 3년간 근무하는 것으로 군 복무를 대체한다. 산학 장학생은 이미 회사에 입사하여 월급을 받으면서 위탁교육생 신분으로 다니고, 졸업 후 군 복무 대신 3년간 회사에서 근무해야 하는 의무가 있다. 산학 장학생은 장학금이 풍족했고, 국비 장학생은 기숙사와 식사를 제공받았다. 기숙사는 2개 동으로 소정사와 파정사라고 불리었다. 지난해까지 2인 1실이었으나 올해 신입생이 증가하여 3인 1실로 변경되었고 2층 침대를 새로 들여놓았다. 나의 룸메이트는 전산학과와 전기전자공학과 학생이었고, 파정사에서 2년간 같이 생활하였다. 당시 우리나라는 12시 통행금지가 시행 중이었는데 기숙사는 교내에 있으므로 학교 밖으로 나가지만 않으면 통행금지의 제한 없이 기숙사와 실험실을 다닐 수 있었다. 교내에 기숙사와 식당이 있었고, 등록금뿐만 아니라 숙식을 모두 무료로 지원해주었다. 게다가 매달 생활비에 해당하는 장학금도 받았으므로 별도로 부모님에게 생활비를 요청하거나 아르바이트를 할 필요가 없었다. 교내에서 모든 생활이 가능하였다. 밤에는 인접해 있는 경희대 정문 근처에 걸어가서 가볍게 놀기도 하였다.

한국과학원(KAIS) 석사과정

· · ·

KAIS 입시를 준비하면서 전공 공부를 너무 열심히 한 덕택에 역학^{力學} 교재 내용을 모두 이해했고 못 푸는 연습문제가 없다고 자만하였다. 아마도 우물 안에서만 사는 개구리가 바깥세상을 알지 못하고 자신만의 세상에 빠져있듯이, 대학 때 공부한 얄팍한 역학 지식으로 역학의 깊이를 착각하고 있었다. 그것은 얕은 나의 지식으로 인하여 인류가 일구어 놓은 학문의 깊이를 헤아리지 못하는 교만의 극치였음을 당시에는 알지 못했다. 하여튼 나의 자신감은 하늘을 찔렀고, 대학원에 진학하면 수업에서 배우는 모든 내용을 당연히 쉽게 이해할 거라고 자신했었다. 그러나 강의 첫 시간부터 전혀 생각해본 적도 없고 이해도 되지 않는 내용을 접하면서 이것이 내가 알고 있던 역학 내용이 맞는지 착각이 들었다. 역학에 대한 자신감이 좌절로 바뀌는 순간이었다. 어쩌면 KAIS에 진학한 이유가 학문에 대한 열정보다는 취업이나 병역 문제 해결을 위한 방편이었기에 입학하는 순간, 모든 문제가 해결되었고 목표가 없어지면서 공부에 대한 열의가 감소한 것도 잘 이해하지 못했던 원인의 일부였을 것이다.

그러나 KAIS를 졸업하고 부산대에서 고체역학, 동역학, 진동, 자동제어 등 전공과목을 가르치면서 역학을 더욱 깊게 이해하게 되었고, 전공 내용을 좀 더 깊게 알고 싶은 욕구가 생겼다. 우리 모두 게임이나 스포츠를 배우면서 재미를 느끼기 시작하면 스스로 레벨 업을 위하여 노력했던 경험이 있을 것이다. 마찬가지로 전공 공부도 점점 재미있어지면서 나의 전공 레벨 업을 위하여 스스로 공부하면서 연구에 빠져들게 되었다.

내가 입학할 때는 KAIS가 개교한 지 얼마 지나지 않아서 아직 교수진이 완전히 충원되기 전이었다. 당시 교수님들의 전공 분야는 유체 분야에 김문언, 정명균, 이정오 교수님, 열 분야에 장근식 교수님, 고체 분야에 곽병만 교수님, 동역학 분야에 이병호 교수님, 제어 분야에 조형석 교수님이 계셨던 것으로 기억한다. 나는 처음부터 고체역학에 흥미가 있었으므로 아무런 망설임 없이 지도교수를 정할 수 있었다.

나의 지도교수이신 곽병만 교수님은 고향은 대구이고, 서울대 63학번으로 나의 11년 선배이시다. 서울대 기계공학과에서 학부와 석사를 마치고 1974년에 미국 Iowa 대학에서 유한요소법과 최적설계를 전공하고 박사학위를 받으셨다. Iowa대 조교수를 하시다가 1977년 8월 KAIS 기계공학과 교수로 임용되었고, 2010년 2월 정년퇴직하셨다. 재직 중에 수많은 제자와 연구업적을 이루어 우리나라 기계공학 발전에 크게 기여하신 분이다.

나는 플라이휠 형상의 최적설계에 대한 내용으로 석사 논문을 진행하였다. 플라이휠에 작용하는 응력이 허용 조건을 만족하면서 무게를 최소화하는 형상 설계에 관한 연구를 하면서 최적설계라는 분야를 알게 되었다. 나는 석사과정에서 고체역학을 전공했지만 몇 년 후 박사과정에서 진동^{vibration} 분야를 전공했다. 석사과정 때 공부한 최적설계가 박사과정의 진동모드해석이라는 연구 분야에서 큰 도움이 될지는 이때는 꿈에도 알지 못하였다.

당시는 퍼스널 컴퓨터가 없던 시절이라서 KAIS 옆에 있던 KIST(한국과학기술연구원)의 슈퍼컴을 이용하였다. 당시의 슈퍼컴이라고 해봐야

1978~1979년 시절이므로 지금의 PC 성능과 비교하면 어떨지 모르겠다. 슈퍼컴의 단말기 개수의 제한으로 동시에 접속할 수 있는 인원의 제한이 있었다. 단말기 사용에 대한 안배가 필요했는데 아무래도 수요가 많은 낮보다 한가한 밤에 사용하는 것이 유리하였다. 나도 낮에는 기숙사에서 보내고 밤에 학교에 나가는 경우가 잦아졌다. 당시 통행금지가 있었지만, 기숙사가 학교 내에 있었으므로 통행에 아무런 문제가 없었다. 지금 되돌아보면 남에게 보여주기 창피할 정도로 보잘것없는 석사 논문이지만, 당시에는 밤도 여러 번 샜고 생각했던 결과가 나오지 않아서 제대로 졸업할 수 있을까 하는 걱정에 좌절도 많이 했던 것 같다. 다행히 무사히 졸업을 할 수 있었다. 지도교수님은 졸업 후에도 내가 어려움이 있을 때 찾아뵈면 항상 도움을 주셨다. 자주 뵙지는 못했지만 항상 마음속으로 존경과 감사하는 마음을 갖고 있다.

지도교수로서의 마음

...

나는 KAIS에서 석사과정 동안 지도교수님이 시키신 연구내용에 대하여 처음에는 완벽한 결과를 내어 자랑스럽게 찾아뵈려는 욕심이 있었다. 그러나 현실은 그다지 성공적이지 못했다. 시간이 지나면서 숙제를 안 한 학생이 학교에 가기 싫어지듯이, 지도교수와 마주칠까 봐 점점 부담감으로 바뀌었다. 그러다가 숙제를 더 이상 미룰 수 없어서 지도교수님을 뵙고 나면 숙제를 제출했을 때의 기분처럼 마음이 홀가분해졌다. 석사과정 내내 이런 기분의 반복이었던 것 같다. 우연히 친구들과 이런 얘기를 했을 때 대부분이 공감하였다. 특히 나처럼 약간 내성적인 성격을 가진 사람일수록 더 공감했을 것 같다.

이제는 입장이 바뀌어서, 내가 교수로서 대학원생을 지도할 때 그때의 기억을 되살려서 학생에게 마음의 부담을 덜어주려고 나름 노력하곤 하였다. 특별한 일이 없어도 하루에 한 번 정도는 대학원생이 있는 방에 들러서 실없는 농담도 하면서 얼굴을 자주 마주치려고 노력했다. 아직 숙제를 마치지 못한 대학원생이 지도교수와 자주 마주치고 홀가분한 기분으로 지낼 수 있도록 하는 내 나름의 배려였다. 내가 학생에게 지시한 연구내용을 제때 완수하지 못한다고 느껴지면 내가 일부러 대학원생을 찾아가서 웃으면서 어려움을 물어보고 어려워하는 부분을 해결해주거나 할 일을 조정해주어서 학생과 교수의 편안한 관계가 유지되도록 나름 노력하였다.

열공의 동기 부여는 간절함

...

'열공'은 '열심히 공부하다'를 줄임말로 젊은 세대에서 주로 사용하는 신조어이다. 사람들에게 "공부를 가장 열심히 한 시절이 언제냐?"고 물으면 대부분 고3 시절이라고 대답하겠지만, 나의 경우는 고3 시절과 비교할 수 없을 만큼 나의 모든 것을 쏟아부었던 시험이 두 번이나 더 있었다. 그렇게 전력을 다할 수 있었던 동기 부여는 무엇일까를 곰곰이 생각해보면 간절함이라고 여겨진다. 간절함의 사전적 의미는 느낌이나 생각이 뼈저리게 강렬한 상태에 있거나 매우 시급하고도 긴요한 상태에 있음을 의미한다.

고3 시절을 되돌아보면 서울대를 가지 않으면 큰일이 난다기보다 '이왕이면 다홍치마'라는 비교적 여유로운 마음으로 공부했던 것 같다. 당시 나는 학교 수업 외에 학원에 다니거나 과외를 받은 적도 없었고 밤새워 공부한 기억도 별로 없다. 다행히 성적이 괜찮아서 원하는 대학에 진학했을 뿐이다.

그러나 대학 4학년 때의 1년간의 KAIS 입시 준비는 군 입대와 취업이라는 당면 문제를 해결하기 위하여 반드시 합격해야 하는 간절함이 있었다. 입영통지서를 이미 받은 상태였기에 시험에 실패하면 바로 입대해야 하는 절박한 마음이었다. 이런 간절한 마음이 내 평생 가장 열심히 공부했던 1년간의 원동력이 되었다고 생각한다. 이 절실함이 운 좋게 합격으로 이어지고 평생 연구자의 삶을 살게 되는 인생의 전환점이 되었다.

또 다른 공부의 기억은 일본 문부성 시험을 위한 일본어 공부이다. 나는 일본 유학을 결심했는데 부산대학교 내부 사정으로 일본 문부성 장학생이 아닌 개인 유학인 경우는 사표를 내야 했다. 나는 오랫동안 고민 끝에 파트타임 박사과정을 포기하고 일본 문부성 장학생 선발 시험에 도전하기로 결심했다. 관건은 어렵게 출제되는 일본어 시험이었는데, 나는 일본어 글자인 히라가나도 제대로 알지 못했다. 그래서 1년 동안 미친 듯이 일본어 공부를 했다. 학교에 출근해서도 강의 시간과 식사 시간을 제외하고는 일본어 공부를 했고, 퇴근해서도 일본어 공부를 했다. 그리고 어느 순간 머리에서 번역 과정을 거치지 않고 저절로 일본어가 말로 나오는 순간을 느꼈다. 나중에 문부성시험 합격자들을 만났을 때 내가 일본어 공부를 지나치게 많이 했다는 것을 깨달았다.

나는 한 번 마음먹으면 만사를 제치고 미친 듯이 공부하는 기질이 있는가 보다. 나의 그런 기질 덕택인지 인생에서 중요한 세 번의 시험을 운 좋게 모두 패스하였다. 무엇이 나에게 이토록 집념을 갖고 공부하게 했을까를 돌이켜 보면 역시 목적 달성을 바라는 간절한 마음이라고 생각한다. 세 번의 시험에서 간절한 마음을 크기로 비교한다면, KAIS 입학의 간절함이 가장 컸었고, 그다음이 문부성 시험, 마지막이 대학 입시의 순서였다. 그리고 그 간절함의 크기에 비례하는 만큼의 노력을 들였다고 생각한다.

바둑 프로기사와 만남

...

  KAIS 대학원에서 1년에 한 번 있는 축제 행사에서 바둑대회가 개최되었다. 대학 시절에도 기숙사 바둑대회에서 우승한 적이 있으므로 당연히 참가하였다. 대회 준결승에서 강자를 만났는데 반집을 이기는 행운이 있었고, 결승에서는 무난히 승리하여 우승을 차지했다. 당시 대회에서 바둑 프로기사를 초빙하여 우승자와 기념 대국을 갖는 행사를 진행하였다. 대강당에서 바둑에 관심 있는 백여 명의 재학생이 참관하고 있었고, 대회를 주최한 학생이 벽에 걸어놓은 대형 바둑판으로 중계 및 해설을 진행하였다. KAIS 재학생도 공부만 하는 것이 아니고 많은 학생이 바둑에 관심이 있었다. 내 평생 처음으로 바둑 프로기사와 대국하는 것이기도 하고 게다가 내가 두는 바둑을 재학생들에게 생중계하는 상황은 나를 긴장하게 했던 것 같다. 프로기사는 이상철 사범(2013년 은퇴, 8단)이었다. 나는 지금까지 나보다 월등히 바둑을 잘 두는 사람을 만난 적이 없는데 그 날 임자를 제대로 만나서 난생처음 3점을 놓는 접바둑을 두었다. 처음에는 도저히 질 것 같지가 않았지만, 바둑이 진행될수록 뜻대로 진행되지 않았고 점점 내가 불리해지는 것을 느낄 수 있었다. 바둑이 끝나고 계가를 하였더니 내가 반집을 이겼고, 구경하던 재학생들은 환호했다.

  그러나 나는 내가 이겼다고 생각하지 않았다. 과연 상대는 프로였다. 프로기사는 굳이 이길 필요가 없는 승부이고 관중을 즐겁게 해주는 것이 팬에 대한 서비스였을 것이다. 바둑이 후반으로 가면서 내가 불리해지자 관중들이 눈치채지 못할 만큼 약간 느슨하게 두면서 내가 반 집을 이길 수 있도록 페이스를 조절하는 것을 나는 느낄 수 있었다. 바둑을 모르는 사람도 스포츠나 컴퓨터 게임을 보면서 프로의 기술에 감탄하듯이 나도 바둑 프로의 진정한 실력을 절감하는 순간이었고, 마음속으로 감탄했다.

대국이 끝나자 프로기사는 방금 두었던 바둑을 처음부터 끝까지 복기하면서 나의 실수를 상세히 지적해주었는데, 나는 감탄을 금치 못했다. 나는 생각하지도 못했던 깊은 변화를 모두 읽고 있었고, 나와 같은 아마추어는 도저히 근접할 수 없는 실력의 차이를 느꼈다. 석사과정 2년 차인 다음 해의 축제 행사에서는 나는 시합에 출전하는 대신 바둑 대회를 주최하는 역할을 맡았다.

현장 실습으로 맺은 첫 인연 부산

...

KAIS 1학년을 마치고 방학 기간 중 현장실습이 있었다. 실습 장소는 부산 철마에 있는 조병창이었다. 조병창은 무기를 만드는 공장으로 당시 우리 국군의 주력 소총이었던 M16을 제작 생산하는 곳이었다. M16 소총의 모든 부품을 가공하고 조립하는데, 신뢰성 높은 완성품을 생산하기 위해 각각의 부품마다 품질 관리$^{quality\ control}$를 다른 어떤 생산업체보다 철저히 하는 것이 인상적이었다. 예를 들어 원통형 실린더의 치수에 대한 품질 관리는 자로 측정하는 것이 아니고 가공 허용 범위를 갖는 가장 큰 구멍과 작은 구멍의 통과 여부로 합격을 판정하는 방법이었다. 모든 부품에 대하여 빠르고 효율적으로 품질을 관리하기 위한 다양한 아이디어가 도입되어있었다. 재료부터 제품이 완성되기까지 제조 과정에서 효율적인 작업 순서를 정하고 작업 중간에 부품이 남거나 모자라지 않도록 교과서에서만 봤던 just in time 생산방식을 도입하고 있었다. 생산 공정설계가 현장에서 어떻게 활용되는지 알 수 있었다. 무엇보다 우리나라 국군의 무기 생산 과정을 직접 내 눈으로 확인할 수 있다는 것이 신기하고 자랑스러웠다. 국방부 산하였던 당시의 조병창은 민영화 과정을 거치면서 1981년 대우그룹에 흡수되어 대우정밀로 변경되었다가 현재는 S&T 모터스가 되었다.

현장 실습을 같이 온 KAIS 기계과 동기들은 실습하는 동안 부산 동래구 온천장에 있는 어느 숙소에 머물면서 같이 지냈다. 우리는 현장 실습을 위하여 매일 출퇴근했지만, 마음만은 마치 학생끼리 수학여행을 온 것 같은 기분이었다. 현장 실습으로 난생처음 부산을 방문한 나에게는 더욱 그럴 만했다. 온천장에서 철마로 출근하는 도중에 부산대학이 있었으므로 매일 지나가면서 부산대학교를 바라볼 수 있었다. 그러나 이때만 해도 1년 후 부산대학교가 나의 평생직장이 되고, 나와 내 가족이 부산에서 살게 될 줄은 꿈에도 생각하지 못했다.

한국과학원(KAIS) 졸업

...

　　1980년 2월 KAIS 대학원 생활을 무사히 마치고 졸업식을 맞이했다. 2년 전 부푼 꿈을 안고 들뜬 마음으로 입학식을 거행하던 기억이 떠올랐다. 대학원 과정에서 공부의 어려움도 느꼈고, 지식의 겸손함도 배웠다. 논문이라는 것도 처음 작성해봤다. 석사 논문은 처음 시작할 때만큼 만족스러운 연구 결과를 얻은 것은 아니지만, 결과 도출을 위해서 여러 밤을 지새우고 졸업할 수 있을까 걱정도 많이 했었다. 나름 얻은 것도 많고 새로운 지식도 많이 알게 됐다. 무엇보다 국내 과학의 미래를 짊어질 똑똑하고 훌륭한 친구들도 많이 만났고, 나의 인생에서 충분한 가치가 있는 2년이었다고 생각한다.

04
부산 초창기 시절의 추억

국가가 정해준 첫 직장 부산대

...

　　부산대학교는 1946년 5월에 설립되었다. 기계공학과는 공과대학과 함께 신설되었으며, 1954년 3월 첫 신입생이 입학했다. 부산대 기계공학과 1회 졸업생은 54학번으로 나보다 20년 선배이다. 부산대에 기계공학과 원로 교수 중에 1회 졸업생이 2분 계셨다. 1973년 부산대가 기계계열 특성화대학으로 지정되면서 내가 부산대에 내려오는 계기가 되었다. 내가 고교를 졸업하고 대학 진학하던 1970년대 부산대는 국립대와 사립대를 합쳐서 서울대 다음으로 우수한 대학이었다. 국민소득이 높지 않았던 당시에는 많은 사람이 사립대 등록금을 부담스러워했고, 등록금이 비교적 저렴한 국립대의 인기가 높았다. 부산 지역에서는 서울대에 진학할 수 있으면 서울에 올라갔지만, 그렇지 않으면 연세대나 고려대를 가지 않고 부산대로 진학하는 분위기였다고 한다. 지금은 서울 집중화의 부작용으로 명성이 예전 같지 않지만 그래도 서울대 다음으로 국내 최고의 국립대학교이다. 나는 내 평생을 부산대학교 교수로 지낸 것이 무엇보다 자랑스럽다.

　　나는 KAIS 국비 장학생이었고 국가에서 직장을 알선해주었다. 당시 기계 특성화 대학인 부산대에 6명이 배정되었고, 그 외 몇몇 대학과 정부연구소 등에 배정되었다. 우리는 자체적으로 진로를 조율했으며, 나는 생애 첫 직장으로 부산대 발령을 받게 되었다. 부산대학교는 나의 탁월한 선택이었고, 나의 평생직장이 되었다.

부산대학교 조교 근무

. . .

1980년 3월 KAIS 졸업과 동시에 나는 국가로부터 부산대학교 근무를 명받았고, 동기 6명이 같이 부산으로 내려왔다. 부산에 연고가 없었던 우리를 위해서 학교 부설 외국인 숙소(현재는 부산대 어린이집)를 1년간 제공해주었다. 지금까지 부산대에서 어떠한 전임 교수에게도 제공한 적이 없는 전무후무한 혜택이 아니었을까 생각한다. 대학원 석사과정을 갓 졸업한 우리는 공무원 규정에 의하면 경력 미달로 1년간 조교로 근무한 후에 전임강사로 임용되는 조건이었다. 전임 교수의 직급은 교수, 부교수, 조교수, 전임강사로 구성되어 있다. 지금은 박사학위를 받은 사람을 교수로 뽑기 때문에 바로 조교수로 임용된다. 우리에게 주어진 조교의 역할은 실험 교육을 담당하는 것이었다. 나는 재료시험실에 배정되었으며, 학부 3학년의 기계공학실험의 일부를 담당하였다. 재료시험은 재료의 인장강도, 표면의 경도 등을 측정하는 것으로 내가 이론적인 내용을 설명하고 실습은 별도의 기사가 담당했으므로 큰 부담은 없었다.

당시 부산대학교는 기계 특성화 대학으로 지정되어 입학정원이 약 1,000명 정도로 지금은 상상하기 어려울 정도로 학생이 많았다. 우리 중에서 기계제도를 담당했던 조교가 가장 업무가 많았다. 지금은 기계제도를 CAD 프로그램을 이용하지만, 컴퓨터가 없던 당시에는 큰 켄트지를 제도판 위에 올려놓고 제도용 자^{ruler}를 이용하여 도면을 그리는 실습을 했다. 많은 학생의 동시 수용을 위해서 독립적인 제도관

건물(지금의 컴퓨터 공학관)이 있었고, 많은 학생이 동시에 수업하기 위하여 당시로써는 첨단장비인 동영상을 촬영하여 틀어주면 여러 교실에 있는 학생들이 동시에 비디오를 시청하면서 강의를 듣고 그날의 숙제를 부여받았다. 문제는 매주 학생들이 제출한 수백 장의 제도 도면을 채점해야 하는데 한 사람의 조교가 감당하기는 어려웠다. 우리 동기 6명은 제도관에 다 같이 모여서 제도 도면 채점을 도와주곤 하였다.

당시 KAIS 출신이 부산대학교에 젊은 교수로 대거 내려오면서 학생들에게 큰 동기 부여가 되었던 것 같다. 상위권 학생들을 중심으로 KAIS 진학을 목표로 우리에게 궁금했던 정보를 물어봤고, 공부방을 만들어 정말 열심히 공부했었다. 몇 년 지나지 않아서 부산대 기계공학과는 서울대에 이어 KAIS에 두 번째로 많은 합격생을 배출하는 학과가 되었다.

재료시험실에서 조교로 근무할 당시였다. 어느 학생이 무작정 나에게 찾아와서 유체역학 문제가 이해되지 않는다고 풀어달라고 하였다. 나는 고체역학 전공이므로 유체 전공 교수에게 문의하라고 했지만, 막무가내로 설명해달라고 하였다. 아마도 당시 학생들은 KAIS 출신이면 학부 수준의 문제는 전공에 상관없이 모두 풀 수 있다고 생각했던 것 같다. 나는 하는 수 없이 문제를 보여달라고 했고 그다지 어려운 문제가 아니었으므로 그 자리에서 문제를 풀어주고 그 이유를 설명해줬다. 그 학생은 고개를 끄덕이며 '과연'이라는 한마디와 함께 고맙다고 하면서 돌아갔다. 왠지 모르게 나도 자부심이 상승하는 것 같았다.

남자 6명의 식사

....

　　　우리 동기 6명은 2인 1실로 숙소에서 같이 생활하면서 숙식을 거의 같이하였고 서로 많은 의지를 하였다. 우리의 가장 큰 문제는 식사였으며 매일 외식을 하면서 먹는 식사에는 한계가 있고 점점 질리기 시작했다. 그래서 학교 근처에서 상식常食, 식당에서 가정식을 제공했는데 학생을 상대로 하는 곳이라 식사가 부실하였다. 우리는 학생이 아닌 직장인이므로 비싸더라도 제대로 된 식사를 원했다. 지금 식당 이름은 기억나지 않지만, 주변 식당보다 비싸더라도 괜찮은 식사를 할 수 있는 식당을 찾았다. 찾았다기보다는 우리의 입장을 충분히 이해시키고 메뉴에 없지만, 우리만을 위한 식사를 요청하였다. 식당 아주머니는 기분파여서 기분이 내키면 오늘은 "특식을 만들어 줄게!" 하면서 정말 고급 식사를 만들어 주었다. 아주머니는 "특식은 가격이 더블이야!"라고 했고, 우리 모두 동의했다. 우리는 또 특식을 먹자고 가끔 아주머니에게 재촉하기도 하였다. 우리 모두 객지에서 아주머니에게 의지했고, 아주머니도 우리를 식당 손님으로 대하지 않고 가족처럼 아껴주었던 것 같다. 가끔은 식사를 끝내고 우리는 식당 주인아주머니와 다 같이 둘러앉아 맥주를 마시면서 이런저런 얘기를 나누었고, 게임을 하면서 시간을 보내기도 했다. 지금 생각해보면 동기 6명이 아무런 연고가 없던 부산에서 큰 고민거리 없이 거의 24시간 같이 어울리면서 숙식과 직장을 함께했던 20대의 그 시절이 아주 즐거웠던 추억으로 다가온다.

부산의 첫인상

...

부산에 첫 발령을 받고 서울에서 새마을 열차를 타고 초량동에 있는 부산역에 도착했다. 부산 지리를 알지 못하는 나는 택시를 타고 부산대학교로 가자고 했다. 그리고 부산대에 도착할 때까지 약 30분 동안 롤러코스터를 탔을 때 느낄만한 아찔한 경험을 했다. 롤러코스터는 안전할 것이라는 신뢰가 있지만, 택시는 안전을 보장하지 않았다. 물론 택시 대부분은 그렇지 않겠지만 내가 탔던 택시는 유난히 난폭하게 운전했으며, 교통질서를 무시하기도 했다. 나는 택시가 달리는 동안 손잡이를 꽉 잡고 무사히 목적지에 도착하기를 간절히 바랐다. 무사히 부산대에 도착했을 때 아찔한 놀이기구를 내렸을 때처럼 안도감이 들었다. 나의 등에서는 식은땀이 흘러내렸다. 그러나 사람은 간사한가 보다. 부산 생활에 익숙해지면서 부산 택시의 거친 운전도 점점 익숙해졌고, 심지어는 얌전하게 운전하는 택시를 타면 갑갑해지는 것을 느끼게 되는 나의 모습을 보면서 깜짝 놀라곤 했다. 어느 날은 시내버스를 탔는데 뒤에서 두 사람이 큰 소리로 싸우고 있었다. 화를 내며 주위를 아랑곳하지 않았으며 주변 사람들도 전혀 개의치 않았다. 분위기가 이상해서 한참을 쳐다보니 둘이서 대화를 나누는 중이었고 나는 어이가 없어서 피식 웃었다.

나에게 이렇게 거칠게 다가온 도시, 부산은 어느덧 40여 년을 살면서 나의 제2의 고향이 되었고, 우리 아이들의 제1의 고향이 되었다. 지금은 어디보다 살기 좋은 도시이고, 정년퇴직한 지금도 부산을 떠날 생각이 전혀 없다.

조교 시절의 사회상

• • • •

　내가 부산대에서 조교로 1년을 근무하던 시절은 1980년이다. 이때는 누구나 기억하고 있고 아직도 많은 사람에게 상처로 남아 있는 우리나라의 격동기 시대였다.

　내가 석사 졸업을 걱정하면서 논문 결과 도출을 위해 기숙사와 실험실만 쳇바퀴 돌듯 왔다 갔다 하던 시절인 1979년 10월에 중앙정보부장에 의한 박 대통령 저격 사건인 10·26사태가 발생하면서 대통령 부재라는 대혼란에 빠졌다. 그리고 두 달도 채 되기 전에 발생한 12·12 군사반란은 민주화를 향한 국민의 열망을 급속히 사그라지게 했다. 한 치 앞을 내다볼 수 없는 살벌한 사회 분위기 속에서 나는 석사과정을 무사히 마치고 1980년 3월부터 부산대에서 근무를 시작하였다. 부산대에서 조교로 근무를 시작하자마자 5·18 광주 항쟁을 맞았다. 민주화 운동에 대한 군부의 학살 사건이 발생했지만 TV나 신문에는 일절 뉴스가 나오지 않았고, 뒤숭숭한 분위기 속에서 소문으로만 짐작했다. 우리는 나라에 어떤 더 큰 일이 발생할까 봐 모두가 불안한 마음으로 숨죽이고 있었다. 5월 어느 날 나는 평소와 같이 학교에 출근하는데 정문이 폐쇄되었고, 탱크와 함께 군인이 지키고 있었다. 출입을 위하여 신분증을 보여줬지만, 조교 신분은 출입할 수 없다고 하여 숙소로 되돌아왔다. 정문에서 가장 가깝게 위치한 기계관(지금의 융합기계관)은 군인들이 내무반으로 사용하였다고 들었다. 학교뿐만 아니라 부산 시내 곳곳에 군인이 진주해 있어서 불안한 마음에 우리는 함부로 길거리를 나다니지도 못했다.

부산대는 기계공학 특성화 대학

....

1970년대 우리나라는 산업 발전과 함께 공과대학 인재의 확보가 절실해지면서 박정희 대통령은 전국 국립대의 공과대학에 대하여 전공별로 특성화 정책을 시행하였다. 특성화 대학이란 공학 인재를 집중적으로 잘 교육시켜서 산업체에 배출하도록 하는 정부의 정책이다. 정부는 부산대는 기계 특성화, 경북대는 전자 특성화, 전남대는 화공 특성화, 충남대는 공업교육 특성화 대학으로 일방적으로 지정하였다. 그리고 부산대 공대의 대부분 학과는 이름을 전기기계, 화학기계, 재료기계 등으로 강제로 변경하고 모든 학생은 2학년까지 필수적으로 기계공학을 배우도록 교과과정을 변경하라는 지시가 내려왔다고 한다. 당시 근무했던 선배 교수에게 들은 얘기로는 청와대 교육수석의 명의로 일방적으로 공문이 내려왔으며 이의가 있는 대학은 언제까지 청와대로 직접 찾아오라고 하였고, 서슬이 시퍼런 당시 사회 분위기로는 어느 누구도 이의를 제기할 수 없었다고 한다. 최근 부산대에서 나보다 몇 년 젊은 전자공학과 교수가 전기기계공학과 재학 당시 나에게 고체역학 수업을 들은 적이 있다고 했다. 또 재료기계공학과를 졸업한 재료공학과 교수도 마찬가지의 얘기를 했다. 당시 특성화 대학의 역사를 알고 나서 현재 전국 국립대 공과대학 학과 상황을 보면 특성화 당시의 상흔이 아직 남아있는 것을 느낄 수 있을 것이다.

26세 교수 임용

...

나는 1980년 3월 조교로 임용되고 1년 후 전임강사로 임용 예정이었다. 그러나 1979년 10·26 사태와 더불어 박정희 대통령이 강력하게 추진하던 특성화 대학 정책이 갑자기 힘을 잃게 되었고, 급기야 다음 해인 1980년 특성화 정책이 폐지되기에 이르렀다. 부산대 기계공학과 입학정원도 급격하게 감소하면서 교수 숫자는 갑자기 넘치게 되었다.

이런 상황 속에서 기존 교수들의 의사와 상관없이 외부에서 유입된 신임 교수들을 탐탁지 않게 생각하고 있던 특성화 이전의 기존 교수들은 우리의 새로운 임용을 반기지 않았던 것 같다. 그리고 전임강사 임용을 위한 새로운 조건을 갑자기 추가했는데, 몇 달 내에 논문 한 편을 게재해야 했다. 아마도 임용 약속을 깨기 위한 명분을 고안해냈을 것이다. 갑작스러운 날벼락에 KAIS 동기 6명은 각자 논문 작성에 돌입하였고, 짧은 기간에도 불구하고 모두 순발력 있게 논문 게재를 완수하여 임용에서 탈락시키려는 핑곗거리를 원천적으로 없애버렸다. 대신 우리 외에 부산대 출신 임용 예정자도 있었는데 우리를 향한 유탄을 엉뚱하게 맞고 임용에 탈락되었다가 1년 후에서야 가까스로 임용되는 해프닝도 있었다. 그 당시 탈락했었던 교수는 나보다 나이가 몇 살 위인데 그때 느꼈던 원로 교수들에 대한 서운함을 퇴직할 때까지 두고두고 얘기하곤 하였다. 그렇게 우리는 우여곡절 끝에 전임강사로 임용될 수 있었다.

첫 대학 강의

...

　　나는 1981년 3월 부산대학교 전임강사로 발령받았다. 기계공학과 교수 숫자가 많아지면서 기계관에 교수 연구실이 모자랐고, 나는 제도관(현재 6공학관)에 있는 한적한 방을 교수 연구실로 배정받았다. 이때 나의 나이는 만 26세였고, 지금이라면 이루기 어려운 나이였다. 연구실 문에는 전임강사 ***이라고 명패가 붙어있었는데 가끔 교수 직급 체계를 알지 못하는 외판원이 들어와서 강사님으로 부르는 해프닝도 있었다. 그리고 외판원이 교수님이라고 부르도록 빨리 조교수로 승진해야 한다는 엉뚱한 명분을 찾았었다.

　교수로서 첫 담당 과목은 전기기계공학과에서 고체역학을 맡았다. 특성화 대학의 시행으로 부산대 공대에서 대부분의 학과명에는 기계라는 이름이 붙었는데 이는 2학년까지 기계공학 전공을 수강해야 했기 때문이다. 첫 수업에서 출석부를 보고 출석을 부르는데 나보다 고학번이 여러 명 있었다. 당시 군 복무 기간은 33개월 정도였으므로 4학년 복학생은 나와 동갑이거나 나이가 더 많았을 것이다. 이름을 부르면 '네'하고 대답을 하는데 속으로 너무 미안했었다. 개인적으로는 오히려 내가 '형'이라고 불러야 할 테니까 말이다. 연구 과제로 나와 자주 만나면서 가깝게 지내게 된 부산대 제자가 있다. 나이는 나보다 3살 아래인데 대학 때 내가 자신의 지도교수였단다. 나는 기억에 없지만, 저녁 모임에서 내가 친근하게 느껴져 나를 형이라고 불렀다가 나에게 야단을 맞았다면서 옛날이야기를 하였고, 지금은 형이라 불러도 된다면서 우리 둘은 서로 크게 웃었다.

드디어 결혼

...

　　　　연애하는 재주가 없어 연애 한 번 제대로 못 해본 사람을 일컬어 '숙맥'이라고 한다. 그런 면에서 나는 여자의 마음을 잘 이해하지 못하고 비위를 맞출 줄도 모르는 숙맥 남자가 맞는 것 같다. 따라서 나에게 연애가 가장 어려웠다. 초중고 시절을 포함하여 대학 시절에도 남과 잘 어울리지 않았고, 연애를 할 줄은 더욱 몰랐다. KAIS에 다니던 어느 날 문득 외로움을 많이 느꼈다. 누나의 고등학교 후배이면서 같은 대학교 같은 학과에 다니는 후배가 있는데 성격이 아주 좋다고 만나보라고 지나가는 말로 했던 기억이 났다. 그리고 한번 만나자고 무작정 연락을 했다. 지금 생각해보면 그 순간 이런 용기가 나에게 어떻게 생겼는지 모르겠다. 내 인생에서 전무후무한 용기였던 것 같다. 다행히 승낙을 얻어서 명동 성당 근처에 있는 'Time'이라는 커피숍에서 첫 만남을 가졌다. 남자 친구가 없다는 말에 참 다행이라고 생각하였다. 그 이후 자연스럽게 지속적인 만남을 이어 갔다. 그동안의 만남에서 긍정적인 사고로 남을 배려하고 여성스러운 마음씨가 아주 마음에 들었다. 내가 갖고 있지 못하고 나의 부족한 부분을 채워줄 수 있을 것 같았다. 그 후 안정된 직장도 갖게 되고 나이도 들면서 점차 결혼을 생각하게 되었고, 나의 결혼 상대에 대한 확신이 들었다.

　나는 항상 내가 결혼하고 싶은 상대가 생기면 나를 가장 사랑해주신 어머니에게 여자 친구를 직접 소개해주고 싶었다. 어머니는 며느리에게 자식처럼 사랑을 베풀어주실 것을 확신하고 있었다. 그리고 어머니로부터 내가 받았던 사랑을 내 아내가 될 사람에게도 느끼게 하고 싶었다. 그러나 내가 대학 4학년 시절인 1977년 가을에 갑자기 어머니가 급성 췌장염으로 돌아가셨다. 내가 아내와 사귀기 전 일이긴 하지만, 어머니가 세브란스병원에 입원해 계실 때 아내가 누나의 후배로서 병문안하러 다녀갔다고 하였다. 어머니가 당시에는 그 후배가 몇 년 후에 당신의 며느리임을 전혀 모르셨겠지만, 살아계실 적에 며느리를 한 번이라도 만난 인연이 있다는 것도 나에게 크게 다가왔다. 이런 인연은 결혼에 대한 나의 확신을 더욱 단단히 해주는 동기가 되었다. 지금도 내 아내가 내 어머니와 같이 지내면서 시어머니의 사랑을 제대로 받지 못한 것이 너무 아쉽다. 나와 아내는 양가 부모님을 찾아뵙고 결혼 승낙을 받았다. 그리고 나는 부산대학교 근무를 위하여 부산으로 떠났고, 아내는 직장생활을 하며 서울에 거주하였다. 결혼까지 약 1년의 기간 동안 주말에는 내가 서울에 올라가서 데이트를 즐겼고, 올라가지 못할 때는 편지를 서로 주고받으며 보고 싶은 마음을 달랬다. 그리고 다음 해인 1981년 봄에 서울에서 결혼식을 올렸다. 주례 선생님은 서울대학교 조선공학과 은사이신 김극천 교수님을 모셨다. 결혼 후 아내는 다니던 회사를 사직하고 나를 따라 부산에 내려오면서 지금까지 부산에 살고 있다. 부산은 우리의 제2의 고향이 되었고, 아이들에게는 태어나고 자란 고향이 되었다.

우리나라는 1987년 민주화 선언과 함께 1988년 올림픽을 개최하면서 국제화에 대한 자신감이 생겼고, 경제 발전을 통한 생활 수준의 향상으로 1989년 해외여행에 대한 전면 자유화가 이루어졌다. 그러나 내가 결혼할 당시인 1981년에는 광주 항쟁 등으로 사회가 어수선했고, 해외여행이 불가능하였다. 가장 인기 있는 신혼여행지는 그나마 비행기를 타고 바다를 건너가는 제주도였다. 우리는 신혼여행지로 당연히 제주도를 택했고, 첫 숙박지는 제주시에 있는 KAL호텔이었다. 나도 제주도는 처음이었다. 아니 비행기도 처음 타는 경험이었다. 택시를 대절하여 제주도를 여행했는데, 택시기사가 운전과 관광 가이드를 겸했고 사진사 역할도 했다. 며칠간 제주와 서귀포 근처를 둘러본 것 같다.

아내의 표현에 의하면 나에게는 수학적 사고만 가득하고 상대적으로 감성은 많이 메말라 있는 것 같단다. 나도 이런 지적에 전적으로 동의하지만 이건 타고나는 것이라서 고치기가 어려운 것 같다. 다윈의 진화론에 의하면 자주 사용하는 기관은 점점 발달하고 그렇지 않은 기관은 점점 퇴화하는 용불용설이 있다. 평생을 공학적 사고로 살아왔기에 이성적 사고는 더욱 발달했지만 조금밖에 없었던 감성적 사고는 극도로 퇴화했는가 보다.

되돌아보면 나는 내가 맡은 본분에 최선을 다하면서 학자로서 열심히 살아왔지만, 내가 가장 감사하고 가장 사랑하는 아내에게 마음고생을 시키면서 많이 힘들게 했다는 생각이 든다. 그래도 참고 평생을 옆에서 지켜준 아내에게 마음속으로 항상 고맙게 생각한다. 이제 별로 필요가 없어진 공학적 사고를 줄이도록 노력해야겠다.

동역학에서 얻은 닉네임 '칼봉'

나는 20대의 젊은 나이에 교수가 되고 처음 강의를 하면서 의욕이 넘쳤다. 나도 교과서를 새롭게 공부하면서 이해했고, 내가 알고 있는 모든 내용을 가르쳐주고 싶었다. 학생들이 따라오지 못하는 것은 열심히 하지 않기 때문이라고 생각했다. 학부 2학년 필수과목인 동역학을 가르치게 되었다. 내가 보기에 동역학은 기계공학 필수과목 중에서도 가장 중요한 과목이므로 학생들이 정말 열심히 공부하면 좋겠다고 생각했다. 학생들을 공부시키는 방안을 고민했는데 매주 수업 시작 전, 지난 주 배운 내용에 대하여 퀴즈를 실시하면 학생들이 어쩔 수 없이 열심히 공부할 수밖에 없을 것이라는 좋은 아이디어를 생각해냈다. 나도 매주 많은 학생의 답안지를 채점해야 하므로 부담이 많았지만 잘 가르치려는 열정이 더 컸다. 매주 시험점수를 등수와 함께 공지하였고 총점의 50% 이하 득점자는 인원수에 상관없이 F 학점을 받을 것이라는 공지도 곁들였으며, 각자의 점수 옆에 현재의 예상 학점도 실시간으로 공지했다. 나는 모든 학생이 학점을 받기 위해서라도 열심히 할 것이라는 확신으로 시행했다. 그러나 되돌아보면 이것은 혈기 왕성한 젊은 시절의 나의 착각이었다. 퀴즈가 여러 번 진행되면서 F 학점 대상자가 점점 늘어만 갔고 중도에 포기하고 수업에 들어오지 않는 학생이 속출하였다. 학기 초에 공지한 학점 기준을 번복할 수는 없으므로 결국 전체 수강생의 60-70%에게 F 학점을 부여하기도 했다. 그 이후 나는 학생들에게 학점 공포의 대상이 되었고, '칼^{knife}봉'이라는 별명을 얻게 되었다.

연구실에 침입한 도둑

••••

　　동역학을 강의하던 어느 날, 평소와 마찬가지로 학교에 출근하였다. 그런데 내 연구실이 물바다가 되어있었고, 세면대가 부서져 있었다. 경비에게 확인하니 지난밤에 누군가 창문을 넘어 연구실에 잠입하였는데 창문에서 깜깜한 연구실 바닥으로 뛰어내리다가 창문 바로 아래에 있던 세면대를 밟았고 세면대가 부서지면서 연결된 배관에서 물이 쏟아졌다고 하였다. 밤새 건물 전체에 물난리가 났고, 당직자가 급하게 밸브를 잠가서 임시로 해결했다고 하였다.

　　연구실에 있던 약간의 돈과 물건들은 모두 그대로 있었지만, 전날 실시했던 동역학 퀴즈의 답안지만 없어졌다. 도둑(?)은 나한테 동역학 수업을 듣고 있는 학생 중 F 학점을 벗어나기 어려운 학생 중 한 명일 거라는 짐작을 할 수 있었고, 채점한 답안지를 모두 가져가면 점수 근거가 없어지리라 여겼던 것 같다. 다행히 그 전날 실시했던 시험점수를 제외한 나머지 점수의 근거를 보관하고 있었다. 학생들에게 상황을 설명하고 어제 시험은 무효로 하고 재시험을 쳤다. 다시 공부해야 하는 학생들은 누군지 모르는 교실에 같이 앉아있을 친구를 원망하는 소리가 들렸다. 하여튼 모든 강의는 나의 학기 초 계획대로 무사히 마무리되었다.

　　그러나 이 사건 직후 나는 많은 생각을 하게 되었다. 용의자는 F 학점 가능성이 큰 학생들로 범위를 좁히고 굳이 찾으려면 찾을 수 있을 텐데 정식으로 조사 의뢰를 해서 일벌백계를 해야 할까? 아니면 답안지를 가져간 학생은 그동안 이해하기 어려운 수업을 들으면서 매주 시험을 보면서 얼마나 스트레스를 받았기에 이런 행동까지 저질렀을까? 그냥 대충 강의하고 학점만 후하게 주면 나도 편하고 학생들에게 인기도 많을 텐데 등 여러 가지 상념이 떠올랐다. 부산대 기계과에 입학하려면 고등학교 반에서 최소 2~3등을 해야 했고 부모와 친구로부터 공부 잘한다는 얘기를 들었을 텐데, 대학에 진학해서 어쩌다 이렇게 공부 못하는 신세가 되어서 좌절하고 있을 수도 있겠다는 안타까운 생각도 들었다. 그 학생에 대한 괘씸한 생각보다는 안타깝다는 생각이 훨씬 강하게 들었고, 이 사건은 불문에 부치기로 하였다. 나는 그 학생이 누구인지 알지 못하고 동역학에서 어떤 학점을 받았는지도 모른다. 사건 당사자만이 지금도 그 사건을 기억하고 있을 것이다.

이 사건을 계기로 나는 수업 방식에 대하여 많은 생각을 하게 되었다. 학생들을 열심히 가르쳐서 교수의 수준까지 끌어올리려는 나의 지나친 열정이 초래한 사건이었다. 입장 바꿔, 내가 대학 다닐 때 전공 수업을 들으면서 교수의 기대에 한참 못 미쳤을 것을 생각하면 지나친 나의 욕심이었다. 전공 실력은 절대 하루아침에 이루어지는 것이 아닌데 개구리가 올챙이 시절을 잊어버리듯이 그 당시 나는 사려가 깊지 못했던 것은 확실하다.

그 이후 나의 수업 방식이 갑자기 달라지지는 않았지만, 학생의 어려움이 있을 때마다 이 사건이 떠올랐으며 교수의 시각보다 학생의 시각에서 이해하려고 노력하게 되었다. 하여튼 세월이 지나면서 나의 강의 방식을 변화시키고 학생들 사이에서 나름 명강의로 인정받게 되는 시발점이 된 사건인 것은 틀림없다.

강의 전달률

나의 강의를 되돌아보면 갓 임용된 교수 초창기의 강의 특징은 첫째 교재에 있는 모든 내용을 빠짐없이 설명하려 했다는 것이고, 둘째 교수가 설명하면 학생이 당연히 이해할 것으로 생각했다는 것이다. 그러나 현실은 전혀 그렇지 않고 내용을 선별해서 강의해야 최대의 강의 효과를 얻게 된다. 내가 전공하는 진동 분야에 전달률^{Transmissibility}이라는 개념이 있다. 기계에서 발생한 진동의 몇 퍼센트가 다른 곳에 전달되는지를 나타내는 진동저감 설계의 지표로 사용되며 작은 값을 가질수록 좋은 진동설계가 된다.

$$진동\ 전달률 = \frac{전달된\ 진동의\ 크기}{발생한\ 진동의\ 크기}$$

마찬가지로 강의에도 교수가 설명한 내용과 학생이 이해한 내용을 비율로 나타내어 '강의 전달률'이라는 새로운 지표를 도입할 수 있을 것이다.

$$강의\ 전달률 = \frac{학생이\ 이해한\ 내용}{교수가\ 가르친\ 내용}$$

그리고 학생이 이해한 강의 내용을 '강의 평가지표'로 정의하고 최댓값을 갖도록 강의해야 함을 알 수 있다.

$$강의\ 평가지표 = 가르친\ 내용 \times 강의\ 전달률$$

나도 초창기의 교수 시절에는 의욕이 넘쳐서 열심히 많은 내용을 가르치는 것이 좋은 강의라고 착각했지만, 강의 평가지표를 높이기 위해서는 가르치는 내용의 양보다 강의 전달률이 훨씬 더 중요한 인자라는 것을 깨닫게 되었다. 이런 착각은 학기의 모든 강의를 마치고 기말시험 답안지를 채점하면서 분노와 좌절을 느끼게 한다. 교수는 내가 그렇게 열과 성을 다하여 가르쳤는데 이 정도밖에 따라오지 못하는 것은 학생이 전혀 노력하지 않았기 때문이라고 생각하며 일정 수준에 이르지 못한 학생은 학점을 받을 자격이 없다고 분노하게 된다. 젊은 교수일수록 학점을 짜게 주는 경향이 있는 것은 이런 이유일 것이다.

내가 오랫동안 강의하면서 느꼈던 시행착오를 가끔 젊은 교수들에게 농담 반 진담 반 해주는 얘기가 있다. 신임 교수 시절에는 본인이 몰랐던 내용까지 공부해서라도 책에 있는 모든 내용을 가르치려 했다. 강의 시간이 항상 빠듯해서 빨리 설명해야 했고, 가끔 강의 시간을 넘기면서까지 열심히 가르쳤다. 그리고 학생들이 따라오지 못하는 것은 교수의 탓이 아니고 학생들이 노력하지 않기 때문이라고 생각했다. 중견 교수 시절에는 전체 내용 중에서 덜 중요한 내용을 배제하고 중요하다고 판단되는 내용 위주로 가르쳤다. 설명할 내용이 줄어든 만큼 좀 더 여유 있게 설명할 수 있었다. 그러나 내가 중요하다고 선별한 강의 내용이 학생들에게 별로 관심을 받지 못했던 것 같다. 원로 교수 시절에는 중요 내용 중에서 너무 어려운 내용을 배제하고 학생 수준에서 이해할 수 있는 내용만 가르쳤다. 학생이 전공 내용을 이해하여 전공에 자신감을 갖게 하고 흥미를 느끼도록 하였다. 설명하지 않은 내용은 나중에 관심이 있거나 필요하게 되면 그때 공부해도 늦지 않다고 얘기해주었다.

학생이 전공을 이해하는 과정

．．．

　　　　　전공 내용을 가장 깊고 확실하게 이해하는 방법은 다른 사람에게 가르치는 것이다. 처음 내용을 배우고 나름 이해했다고 생각되지만, 자신이 알고 있던 내용을 남에게 설명하다 보면 스스로 모순에 빠지는 경우가 생기며 다시 고민을 통하여 본인의 잘못된 개념을 수정하게 된다. 이런 과정을 반복해서 시행하면서 전공 내용에 대한 개념이 한층 더 깊고 명확해진다. 가끔 어린아이가 단어를 어떻게 배웠을까를 생각한다. 쟁반 위에 놓인 빨간 사과를 가리키며 엄마가 "사과"라고 하면 아기도 사과라고 따라 한다. 엄마는 오늘도 우리 아이가 새로운 단어를 하나 배웠다고 뿌듯해 할 것이다. 그런데 그 아기는 과연 엄마가 갖고 있는 사과의 의미와 동등하게 이해했을까? 동그란 모양이 사과라고 또는 빨간색이 사과라고 받아들였을 수도 있고 또는 엄마가 깎아준 사과의 맛으로 판단했을 수도 있을 것이다. 물론 종합적으로 판단하겠지만 과연 사과라는 단어의 의미를 정확히 이해했으리라고는 생각되지 않는다. 동그란 형태로 인식한 아기에게 복숭아를 보여주고 사과가 아니라고 하면 당황하고 고민을 통해 본인이 갖고 있던 사과의 의미를 수정하게 될 것이다. 이런 과정을 수없이 되풀이하면서 점점 거의 모순이 없는 사과의 개념을 이해하게 될 것이다. 우리 모두 자란 환경에 따라 서로 다른 시행착오 과정으로 사과라는 단어를 인식했지만, 어른이 된 후 사과의 개념은 서로 완전히 일치하지는 않겠지만 거의 비슷하게 수렴하여 오해 없이 소통하게 되었을 것이다.

기계공학에서 배우는 전공용어도 마찬가지라고 생각한다. 교수가 자신의 분야에서 수많은 경험과 시행착오를 거치면서 수렴한 전공용어의 개념을 한마디로 정의하여 학생에게 설명했다고 그 용어를 처음 접하는 학생이 정말로 이해할 수 있을까? 어린아이가 사과라는 단어를 이해하는 과정이 필요하듯이 학생도 전공용어를 이해하기 위해서는 많은 시간이 필요할 것이다.

교수는 자신의 전공 분야만 생각하면서 오랫동안 전공 개념을 다져 왔기 때문에 우리가 사과라는 단어를 받아들이듯이 당연하게 여기지만, 대학에서 배우는 전공 분야의 개념은 고등학교 시절까지 한 번도 생각해 본 적이 없는 새로운 개념이다. 고등학교 때 수학과 물리를 잘했던 학생은 전공 개념을 좀 더 빨리 이해할 수는 있겠지만, 여전히 한 번도 생각해본 적이 없는 처음 접하는 개념이라는 것이다.

대학입시 면접에서 지원한 고등학생에게 나는 가끔 "기계공학에서 어떤 내용의 공부를 하게 되는지 알고 있냐?"고 질문하곤 하였다. 내가 대학 진학할 때 학과의 특성을 잘 몰랐던 것에 비하면, 대부분 학생은 학과 홈페이지에서 미리 확인했는지 배우는 과목명을 나열하면서 비교적 잘 대답하였다. 나는 고등학생을 상대로 더 이상의 심도 있는 질문을 하지는 않았지만, 고등학생이 나열한 과목명은 단지 어린아이가 "사과"라고 대답한 것에 불과하다. 고등학생은 대학에서 배우는 기계공학의 내용을 절대로 이해할 수 없을 것이다. 마찬가지로 전공과목에서 A+를 받은 학생이라도 교수가 갖고 있는 전공지식의 깊이를 절대로 헤아리지 못할 것이다.

내가 대신 이룬 아버지의 꿈

....

수학 교사였던 아버지는 매사를 수학적으로 사고하고 판단하셨다. 대화 도중에 의견을 제시하면 증명하라고 하셔서 난감했던 적도 있었다. 어릴 적 내가 본 아버지의 모습은 수학 천재였다. 아버지는 중학교 시절에 지구에서 달까지 거리를 직접 계산했는데 나중에 다른 책을 보니까 누군가가 먼저 구해놨더라고 말씀하셨던 기억이 난다. 지금도 아버지의 수학적 재능은 나보다 월등하다고 인정한다. 내가 대학에 합격하자 나만을 위한 교재를 만들어서 미분방정식을 알려 주셨고, 내가 진동을 전공하는 것을 아시고, 독학으로 진동을 공부하셔서 나에게 설명해 주셨던 기억도 있다. 그만큼 학구적이셨다. 박사학위를 받은 후 아버지에게 박사논문 내용을 설명해야 했다. 아버지는 항상 수학에 관한 대화를 나누고 싶어 하셨고 평생 연구의 꿈을 갖고 있었지만 이루지는 못했다. 나는 아버지의 수학 재능뿐만 아니라 바둑, 외모, 성격까지 빼닮아서 모두가 나를 아버지의 분신과도 같다고 하였고, 나와 아버지 모두 그것을 인정하였다. 그런 내가 교수로 임용되었을 때 아버지는 당신이 못 이룬 연구자의 꿈을 분신인 내가 대신 이루게 되었다며 만족해하셨다. 아버지의 재능과 꿈을 물려받은 자식이 되어서 대리 만족을 드릴 수 있게 되어 큰 효도를 하게 되었다고 생각한다. 집에 가면 아버지는 새롭게 터득하신 수학을 공대 교수인 나에게 설명하고 싶어 하셨고 나는 알고 있는 내용이라도 잠자코 설명을 들었다. 내가 작성한 새로운 논문을 보면 어떤 수학을 사용하였는지 궁금해서 나에게 설명하라고 하셨다.

알지 못했던 아버지의 슬픈 기억들

...

아버지는 1924년생으로 일제 강점기에 태어나서 20대에 해방을 맞이했다. 제2차 세계대전 막바지인 해방 직전에 강제 징병을 위한 신체검사에서 장신인 아버지를 보고 판정관이 기마병으로 판정하였단다. 보병으로 판정받은 대부분의 사람들은 동남아 전투에 끌려가서 무수한 사상자를 냈지만, 천만다행으로 기마병만은 차출되지 않았고 해방이 되어서 살아났다고 하였다. 해방 직후 결혼을 하셨는데 어머니 말씀을 인용하면 그 당시 중등교사의 월급이 쌀 한 가마니만 되면 굶는 걱정이 없겠다고 했단다. 그런데 해방도 잠시, 1950년 6·25 전쟁이 발발했고 북한군이 남침하여 강릉에서 살고 있던 부모님은 남쪽으로 피난을 떠났다고 하였다. 3살짜리 형은 걸리고, 100일 된 누나를 업고 남쪽으로 몇 날 며칠을 무작정 걸었다고 하였다. 이동하면서 무거운 짐은 거의 다 버리고 우여곡절 끝에 배를 얻어 타고 울산에 와서 2년간 집도 없는 피난 생활을 하면서 엄청난 고생을 했다고 하였다. 중등교사에게 지급되는 정부 보조금과 행상으로 겨우 살아갈 수 있었다고 하면서 당시의 상황을 나에게 웃으면서 얘기해주셨지만, 아마도 이때의 비참했던 기억은 아버지의 뇌리에 평생의 트라우마로 남았을 것이라는 짐작이 간다.

아버지는 우리나라에서 최북단에 있는 중학교인 강원도 고성군 대진중학교에 교장으로 근무하신 적이 있다. 우리나라 지도를 보면 휴전선의 동해안 끝이 유난히 북쪽으로 올라간 것을 알 수 있고 그곳에 대진중학교가 있다. 처음 대진을 방문했을 때 버스에서 내린 순간 TV에서나 듣던 북한 말투와 똑같은 이곳 주민들을 보고 깜짝 놀랐고, 북한에 온 것 같은 착각이 들면서 잔뜩 긴장했던 기억이 있다.

대진에 며칠간 머물면서 아버지와 근처 지역을 관광했다. 그런데 특이한 점은 북쪽으로 이어지는 좁은 2차선 도로의 양쪽 벽 위에 많은 돌이 쌓여있었다. 북한군이 쳐들어와서 후퇴해야 할 일이 발생하면 폭파시켜 탱크의 통과를 몇 시간 지연시키기 위한 것이라고 했다. 아버지는 국도가 아닌 시골 논두렁으로 나를 안내했다. 그리고 아버지의 말씀은 나를 경악하게 했다. 만일 또다시 전쟁이 발발하여 국도가 폭파되어 지나갈 수 없게 되더라도 이 논두렁길을 따라가면 남쪽으로 피난 갈 수 있다고 말씀하셨다. 아버지가 비상 상황을 대비하여 미리 조사해놓은 우회 길이었다. 나는 그런 말도 안 되는 일은 절대로 일어날 리가 없고 쓸데없는 걱정이라고 대답했다. 그러나 내가 생각지도 못한 아버지의 걱정을 듣는 순간 나는 너무나 놀랐고, 아버지가 평생 마음속에 묻어둔 트라우마를 느끼면서 나의 마음도 아팠다.

내가 부산대 교수로 임용된 소식을 처음 접한 아버지의 행복해하시던 표정은 지금도 잊히지 않는다. 그러나 아버지의 첫 반응은 뜻밖이었다. 아버지는 "그래, 잘 됐구나. 무엇보다 우리 식구 중 한 명은 꼭 부산에 살고 있어야 한다."라고 말씀하셨다. 나는 아버지의 이 말씀의 뜻을 충분히 알고 있었다. 부산은 휴전선에서 가장 멀리 떨어져 있는 곳으로 6·25 전쟁 당시 유일하게 북한에 점령당하지 않았던 곳이다. 나는 "부산 외에도 우리나라에 살기 좋은 곳은 많아요."라고 대답했지만, 아버지 말씀의 사연을 충분히 알기에 내 마음도 슬펐다.

부산대 교직원 바둑대회

• • •

　　　　　　부산대에 부임한 지 얼마 되지 않아서 교직원 바둑대회가 있었다. 시합이라기보다는 친선 경기라서 신청할 때 자신의 급수를 정하면 거기에 따라 접바둑으로 진행하였다. 즉, 잘 두는 사람은 핸디를 안고 시합하는 것이다. 신청 가능한 최고의 급수가 1급이었으므로 나는 1급으로 신청하였다. 다른 교직원들이 신청하는 급수를 보니 대부분 자신의 급수보다 높게 신청하였다. 즉, 5급 실력인 사람은 3-4급으로 신청하였다. 나는 강한 1급으로 교내에서 5급이면 평소에 6점 접바둑을 두어야 가능하지만 4급으로 출전하면 3점으로 두어야 하므로 상대가 되지 않았다. 대부분의 시합에서는 본인이 이기기 위하여 급수를 낮추어 신청하는 것이 보통인데 교내 시합에서는 반대로 자신의 급수를 올려서 출전하는 이상한 현상이 나타났다. 나중에 알게 되었지만 승리하는 것보다 자신이 시합에 몇 급으로 출전했다는 것을 주변에 알리고 싶어 했다. 나는 당연히 승승장구했고 우승을 했다. 그러나 우승했다는 기쁨보다 나와 같은 강자가 출전하면 안 되는 시합이었던 것 같고 다른 누군가의 우승을 빼앗은 것 같아 같이 시합했던 동료들에게 미안한 마음이 더 컸다. 그 이후에는 퇴직할 때까지 교직원 바둑대회에 출전하지 않았다.

　　그 후 부산 시장기배 직장 바둑대회가 있어서 부산대학교 3명의 대표 중 1명으로 출전한 적이 있었다. 첫 시합에서 나의 상대는 꽤 강자였던 것 같다. 나는 누군지 몰랐지만 다른 사람들이 사범님이라고 불렀다. 우여곡절 끝에 내가 반집을 이겼는데 주변 사람들이 모두 의아해했던 기억이 있다. 그러나 우리 팀은 본선에서 아쉽게 탈락했었다.

그 후 부산에서 개최되는 전국대회 개인전에도 몇 번 출전했지만, 전국 아마 강자들이 출전하는 대회라서 조기에 탈락했고, 내 실력의 한계를 인정해야 했다. 내 짐작에 별도의 직업 없이 프로기사가 되려는 사람을 제외하고 취미로 바둑을 두는 사람 중에는 나의 바둑 수준이 한계인 것 같다. 직장인 중에서 나보다 바둑이 월등히 세다고 인정할 만한 상대를 아직 만난 적이 없기 때문이다.

KAIS 박사과정 진학

...

1970년대 국가의 특성화공과대학 추진으로 운 좋게 석사 학위 자격으로 부산대학교 교수가 되었다. 몇 년간 근무하면서 교수라는 직업이 나의 적성과 잘 맞고 계속 근무할 가치가 있다고 생각되었다. 그러나 교수를 평생 직업으로 하려면 박사학위가 반드시 있어야 했다. 마침 KAIS 석사 졸업생들이 전국 여러 대학에 교수로 많이 진출하면서 박사과정의 수요가 갑자기 많아졌다. 그리고 졸업생들에 대한 애프터서비스 차원에서 KAIS는 졸업생을 대상으로 파트타임 박사과정을 모집하는 제도를 신설했다. 정부 장학금 지원으로 박사과정 등록금을 전액 면제해 주었고, 주말에 강의를 개설하여 직장 근무에 불편이 없도록 하였으며, 심지어 일부 과목은 교수가 지방으로 내려와 강의하는 등 졸업생의 박사과정 진학에 불편이 없도록 배려해주었다. 대부분 해외 유학을 당연시하던 시절이었지만 상당히 솔깃한 좋은 제안이었다. 부산대로 대거 내려온 KAIS 졸업생 중에서 상당수는 해외 유학을 선택했고, 일부는 KAIS 박사과정을 선택했다. 나도 여러 날 고민 끝에 해외 유학이라는 어려운 길보다 직장을 다니면서 박사과정을 할 수 있는 안전한 길을 선택했다. 그리고 석사 지도교수님을 찾아가서 박사진학 의사를 밝혔고 승낙을 받았다. 평일에는 부산대에서 근무하고 주말에는 서울에 올라가서 하루 종일 수업을 듣고 내려오는 생활이 반복되었다. 마침 부산대 교수 여러 명이 박사과정에 같이 입학하게 되어 같이 오르내리며 수업을 듣고 숙제도 했기에 별로 외롭지는 않았다.

국내 박사? 해외 박사? 선택의 기로

◦ ◦ ◦

　　　　　　KAIS 박사과정에 파트타임으로 입학하여 몇 년간 주말에 서울과 부산을 왕복하면서 졸업에 필요한 학점을 모두 이수하였다. 이제 연구만 열심히 해서 해외 논문집에 논문을 게재하면 박사학위 청구 자격이 주어진다. 그러나 이때부터 새로운 고민이 시작되었다.

　교수의 생활은 대학원생과 매일 만나서 함께 연구하고 논문을 작성하고 연구 과제를 수행한다. 따라서 교수는 실험실에 있는 전일제 대학원생을 지도하기에도 바쁘다. 파트타임 대학원생은 교수에게 그다지 도움이 되지 않으며 오히려 마음의 짐이 되는 경우가 많다. 지도교수는 파트타임 학생이 찾아오면 논문연구에 대하여 잠깐 이야기를 나누지만 헤어지면 다시 잊게 된다. 그러므로 파트타임 학생은 지도교수에게 직접 지도를 받는 기회가 그다지 많지 않고 본인이 알아서 논문을 작성해야 한다. 특히 지도교수를 잠깐 만나려면 평일에 가야 하기 때문에 부산처럼 서울에서 거리가 먼 경우는 자주 찾아가기도 만만치 않았다.

　나는 아직 연구 주제를 정하지도 못했다. 부산에서 혼자 고체역학 분야의 여러 주제를 떠올리고 지우기를 수없이 반복하기만 했다. 지도교수님과 상담도 해봤지만 나 혼자 연구를 진행할 수 있는 마땅한 방안이 떠오르지 않았다. 지도교수의 특별한 지도 없이 내가 연구 주제를 정해서 어찌어찌 논문을 작성하고 학위를 받는다고 한들 나의 마음에서 진정으로 실력을 충분히 갖춘 교수라고 자신할 수 있을지 의구

심이 들었다. 다른 한편으로는 박사학위는 교수에게 필요한 단순한 간판에 불과하므로 일단 가장 편한 방법으로 박사학위를 받고, 실력은 그 후에 키워가는 것이 유리하다는 생각도 들었다. 어느 길이 올바른 길인지에 대한 나의 선택은 매일 바뀌었고 결정하기 어려웠다.

그리고 오랫동안 고민 끝에 나는 결단을 내렸다. 안정된 길인 국내 박사과정을 포기하고 유학을 가서 제대로 된 전공 실력을 갖춘 당당한 교수가 되기로 마음먹었다. KAIS의 지도교수님을 다시 찾아뵙고 국내 박사과정을 포기하고 유학 준비를 하겠다고 말씀드렸더니 지도교수님은 흔쾌히 허락해주셨다. 게다가 일단 휴학 신청을 해두고 유학 갔다가 혹시 다른 사정으로 국내에서 박사학위를 계속해야 할 상황이 생기면 다시 복학해서 그동안의 연구내용으로 박사학위를 마쳐도 된다고 용기를 주셨다. 내가 지도교수님을 진심으로 존경하고 고맙게 생각하는 이유의 하나이기도 하다.

결국, 나는 일본 유학을 무사히 마치고 부산대에 복직하였다. 그리고 남에게 자랑스럽게 얘기할 수 있는 나만의 전공 분야를 갖추고 교육자로서, 연구자로서의 길을 만족스럽게 걷게 되었다.

미국 아닌 일본 유학의 이유

...

　　국내 박사를 포기하고 해외 유학을 결심했지만, 부산대 내부 사정은 녹록하지 않았다. 부산대 기계과에는 KAIS 석사 졸업생으로 3기 2명, 4기 4명, 5기가 무려 12명이 교수로 임용되었고, 나를 포함하여 6기 6명이 추가되면서 단기간에 무려 24명의 교수가 충원된 것이다. 부산대에 임용된 KAIS 출신은 3년간의 의무 복무 기간을 마치면서 박사학위를 위하여 해외 유학을 떠나기 시작하였다. 초창기 유학은 학과에서 잘 다녀오라는 훈훈한 분위기였지만 점점 많은 교수가 유학을 희망하면서 학과 교과 운영에 문제가 발생하기 시작하였다. 그리고 해외 유학을 금지하기 시작했고 꼭 유학 가려면 사표를 내야 했다. 단 예외가 있었는데 우리나라 정부가 지원하는 국비 장학생과 일본 정부가 지원하는 문부성 장학생으로 선발되는 경우에만 유학을 승인해주기로 결정되었다. 지금과 마찬가지이지만 당시에도 미국 유학이 대세였으므로 나도 미국 유학을 생각하고 TOEFL 시험에 응시하는 등 해외 유학을 준비하고 있었다. 그러나 다시 갈등에 빠졌다. 박사학위를 받으려고 미국으로 가는 유학생들의 최종 목적은 결국 교수가 되기 위한 것 아닐까? 그렇다면 나는 이미 교수가 되어 목적을 이루었는데 이제 교수직을 사표 내고 떠나는 것은 무모한 선택이 아닐까? 나는 지난 3년간 대학교수로서의 직업에 만족했고 버리고 싶지는 않았다. 여러 생각 끝에 나는 분명한 결론을 내렸다. 그것은 유학을 가려면 일본 문부성 장학생에 도전하는 것이 최선이라는 것이었다.

일본 문부성 장학생 시험 도전

....

나는 일본 문부성 장학생 시험에 도전하기로 결심했다. 선발 절차를 알아보니 국내 위탁기관에서 일본어만으로 1차 선발을 하고 일본 대사관에서 면접으로 최종 선발을 하였다. 1차 필기시험은 TOEIC처럼 독해와 듣기시험이 있었다. 기출제 시험문제를 구할 수 있었는데 한국인이 틀리기 쉬운 문제 위주로 매우 까다롭게 출제되었고, 합격자를 선발하는 시험이라기보다는 탈락자를 제거해버리는 시험이라는 느낌이 들었다. 서울에는 문부성 시험을 대비한 족집게 과외가 있다고도 하였다. 쉽지 않은 문부성 시험을 위해서는 최소 1년 이상의 일본어 공부 기간이 필요했고, KAIS 박사 논문 연구를 중도에 포기할 수밖에 없었다.

그렇게 나는 문부성 시험에 상당히 무모한 도전을 결심했고, 일본어 공부에 몰두하기 시작했다. 대학에 출근해서는 강의 시간을 제외하고 연구실에서 일본어를 공부했고, 집에 돌아와서는 저녁 식사를 마치고 일본어 공부를 했다. 대학 4학년 때 KAIS 시험공부를 했던 1년간의 집념이 다시 작동하기 시작했고, 일본어 외에는 어떤 것도 관심을 두지 않았다. 먼저 우리의 '가나다라'에 해당하는 'あいうえお'^{아이우에오} 글자를 외우고 일본어 학원 초급반에 등록했다. 내가 처음 접했던 교재는 『표준일본어교본』인데 옛 기억과 함께 너무 정들어서 30년도 더 지난 지금도 버리지 못하고 서재에 아직도 꽂혀있다. 학원에서 초급반은 3개월 과정이지만 나는 그렇게 한가하게 배울 시간이 없었다. 일본어를 전혀 모르

는 채 입문 반을 건너뛰고 무작정 2개월째 반에 등록했다. 처음 며칠간은 따라가기 힘들었지만, 공부 강도가 전혀 달랐으므로 나는 금방 다른 학생들의 수준을 넘어섰다. 다음 달은 3개월째 반을 생략하고 중급반에 등록했다. 이렇게 나는 학원에서 개설하는 일본어 회화 9개월 코스를 단 3개월 만에 끝냈다. 그 이상의 고급반은 학원에서 수강 인원 부족으로 좀처럼 개설되지 않았고 나는 학교 근처에 고급반이 개설되는 학원을 수소문하여 찾아다녔다. 한편으로는 『시사 일본어』라는 잡지를 구하여 혼자서 읽으면서 어휘력을 넓혀 갔다. 일본어 회화 테이프도 이것저것 열심히 들으면서 듣기 능력을 키워갔다. 우연히 어떤 학원에 프리토킹 반이 있어서 찾아갔는데 마침 재일교포였던 나이 드신 선생님이었다. 역시 일본에서 오랫동안 살다 온 선생님이라서 원어민처럼 느껴졌고 같이 회화를 하면서 일본어에 점점 자신이 생겼다.

　이렇게 나는 일본 문부성 시험에 합격하여 장학생으로 선발되었다. 일본어를 처음 접하고 집념으로 공부를 시작한 지 약 1년 후 당초 목적을 이루게 되었다. 나중에 일본 대사관에서 합격자들의 소집이 있었는데 그들이 내가 생각했던 만큼 일본어를 잘하지는 못했던 것 같다. 아마도 내가 일본어 공부를 너무 많이 했었나 보다. 일본 문부성 장학생은 박사과정 등록금 전액 지원과 4년간 매달 약 18만 일본 엔 정도의 생활비를 받았던 것 같다. 가족과 함께 생활한 나의 경우는 장학금만으로는 생활비가 약간 모자라서 가져갔던 돈으로 일부 충당했었지만, 매우 큰 도움이 되었다.

문부성 시험 합격? 여전히 어려운 유학의 길

...

　　　　　　부산대학교에서는 일본 문부성 장학생 유학의 경우 2년 간 출장과 이후 2년간의 휴직을 보장하는 것이 관례였으며, 지금까지 이런 조건으로 여러 교수가 일본으로 유학을 다녀왔다. 그러나 전국 특성화 대학이 폐지되는 혼란기에 공대 학장은 나에게 유학 신청 서류를 본부에 제출할 수 없다고 버텼다. 그러나 부산대는 내가 문부성 시험에 응시하는 것을 이미 승인했었고, 문부성 장학생 제도는 한국과 일본 정부 간 협약에 의한 제도일 뿐만 아니라 총장의 권한이므로 학장의 월권이었다. 본래 문부성 장학생의 규정에는 처음 2년간의 장학생으로 계약을 하고, 2년 이내에 박사과정에 합격하면 추가로 장학생 기간을 2년 연장해준다는 규정이 있었다. 학장은 다시 이 규정을 들어 나에게 2년을 마친 후 반드시 귀국해야 하며, 계속 유학을 하려면 사표를 내야 한다고 우겼다. 게다가 학장은 2년간 출장이라는 부산대 관례를 무시하고 휴직으로 처리하겠다고 버텼다. 막무가내인 학장을 설득할 방법이 없었던 나는 2년 휴직을 받아들였고, 일단 유학을 떠나기로 했다. 2년 후의 일은 아무도 알 수 없는 일이고, 정치적 사회적으로 어수선한 국내 정세가 어떻게 변할지도 알 수 없는 상황이었으므로 2년 후 그때 다시 고민하기로 마음먹었다. 약간의 믿는 구석도 있었다. KAIS 박사과정 지도교수님에게 찾아가 이런 유학의 어려움을 말씀드렸더니, 지도교수님은 일단 해외 유학을 가고 2년 후 박사과정을 마치지 못하고 국내로 돌아와야 한다면 다시 KAIS에 복학해서 그동안 일본에서 연구했던 내용으로 박사논문을 작성하자고 나를 격려해주셨다. 만일의 경우에 대비한 안전장치도 마련하게 되어 나는 어느 정도 안심이 됐다. 학장의 횡포로 나는 억울하게 출장 대신 휴직을 감수해야 했고 개운치 않은 상태로 1986년 3월 일본 유학을 떠났다.

　어느덧 1년 후, 1987년 6월 국민의 민주화 운동으로 더 버티기 어려웠던 군사 정권이 대통령 직선제를 약속하는 6·29 민주화 선언이 이루어졌고, 우리나라의 민주화가 급속히 진전되었다. 이 선언은 해외에 있는 나에게도 개인적으로 희소식이 되었다. 민주화의 물결은 관료적이고 권위적이던 대학에도 다가왔고, 학장의 권한도 축소되어 갔다. 유학 2년이 다 되어가는 1988년 초 부산대학교에 조심스럽게 문의한 결과 너무나 당연히 아무런 어려움 없이 나의 휴직 연장을 승인받았다. 그렇게 일본에서 박사학위를 무사히 마치고 부산대에 복직할 수 있었다.

　세월이 흘러서 그 당시의 학장이 부산대 총장선거에 출마하였다. 자신에게 주어진 약간의 권력을 마구 휘두르면서 힘을 과시하는 사람은 더 큰 권력을 얻고 싶어지는가 보다. 나와 상관없는 일이므로 나는 선거에 별로 관심 갖지 않았다. 그러나 선거란 상대 진영을 끌어내리기 위해 상대방의 사소한 문제점도 들춰내는 법이다. 옛날 나에 대한 불합리한 횡포를 기억하는 상대 진영의 공대 교수 누군가가 이슈화한 것 같았다. 어느 날 그 학장이 나의 연구실에 찾아와서 그 당시는 독재 시대라 자신도 어쩔 수 없었다며 이해가 안 되는 해명을 했다. 그 학장은 총장 1차 선거에서 득표율 꼴찌로 탈락하는 수모를 당했다. 결과에는 그만한 원인이 반드시 있는 법이다.

순간의 선택이 30년을 좌우한다!

⋯

　　　　　　일본 문부성 장학생 시험에서 1차는 서류전형과 일본어 필기시험이고 2차 일본 대사관 면접을 통과한 후, 유학 갈 대학 지도교수의 동의서를 첨부해서 마감 기한까지 일본 대사관에 제출해야 최종 합격이 확정되었다.

　나는 일본의 대학에 관해서는 동경대 정도만 들어봤을 뿐 알고 있는 정보가 전혀 없었다. 일본 교수와 교류도 전혀 없었고, 알고 지내는 일본인도 없었다. 그래서 생각해낸 방법이 일단 도서관에서 일본 기계학회 논문집에 게재된 논문 제목과 저자를 조사하였다. 내가 관심 있는 분야를 연구하는 교수를 파악하기 위해서였다. 여러 논문 저자 중 유난히 많은 논문을 게재하는 저자가 눈에 띄었는데 동경공업대 교수였다. 일본 대학에 대해서 잘 모르기도 했지만 약간 생소한 대학 이름이었다.

　우리나라에서 많은 사람은 내가 동경공업대를 졸업했다고 하면 당연히 동경대학 내에 있는 공과대학을 졸업한 것으로 짐작하는 경우가 많다. 왜냐면, 우리는 서울공대라고 하면 당연히 서울대학교 공과대학으로 인식하기 때문이다. 그러나 동경공업대는 엄연히 다른 4년제 국립대학이고, 오해하기 쉬운 2년제 전문대도 아니다. 동경대는 University of Tokyo이고 동경공업대는 Tokyo Institute of Technology[TIT]이다. 줄여서 동공대[東工大]라고 썼고 일본발음으로 '토코다이'라고 불렀다. 일본에 유학 가서 알았지만, 동경공업대를 우리나라의 대학 커트라인으로 굳이 비교하면 연세대나 고려대 정도 레벨의 국립공과대학이다. 그러므로 오히려 KAIST나 포항공대 정도의 위상이라는 표현이 더 맞을 것 같다.

나는 이왕이면 누구나 아는 유명한 동경대의 한 교수와 논문 활동이 활발해서 연구하기에 좋을 것 같은 동경공업대에 편지를 보냈고 2곳 모두 승낙의 회신을 받았다. 동경대는 로봇제어 전공이었고 동경공업대는 진동 전공이었다. 그래서 일본에서 박사학위를 받은 선배 교수에게 추천서를 부탁하면서 전공 분야에 대하여 상의를 하였다. 선배 교수는 어차피 부산대에서 계속 근무할 것이라면 현재 로봇제어 전공 교수는 이미 여러 명 있지만, 진동 분야의 전공 교수가 없으므로 학과를 위해서 진동 전공을 추천하였다. 내 생각도 그랬다. 박사학위 취득 후에 다른 대학에 지원할 것도 아니므로 굳이 대학 이름에 현혹될 필요가 없었고, 연구 활동이 활발한 실험실에서 나의 연구 역량을 키우는 것이 무엇보다도 중요하다고 생각되었다. 그리고 나는 확신을 가지고 동경공업대 기계공학과 나가마츠^{長松} 교수 연구실로 진학을 결심했다.

지나서 보면 그때 그 순간 내가 진동을 전공하기로 결심한 것은 그야말로 탁월한 선택이었다. 남에게 자신 있게 내세울 수 있는 나만의 전공 분야를 갖게 되었고, 부산대에 돌아와서 진동 전공으로 30여 년간 근무하면서 교수로서 자긍심을 느끼면서 재미있고 가치 있는 생활을 이루게 만든 한순간의 선택이었다. 예전 어느 전자 회사의 광고 카피에 "순간의 선택이 10년을 좌우한다!"라고 했던 기억이 있는데 나의 경우 순간의 전공 선택이 나의 연구 활동 30여 년을 좌우하였다

출국을 하려면 안기부 교육은 필수

...

냉전 시대였던 1986년에는 관광 목적의 해외여행이 금지되었고, 해외로 출국하려면 비즈니스나 유학 등 특별한 사유가 있어야 했다. 대부분 일반인은 해외에 나간다는 것은 꿈도 꿀 수 없었다. 해외 유학을 기회로 난생처음 해외를 나갈 수 있게 되었다. 출국에 필요한 절차를 밟는 과정에서 생각지도 못했던 안기부 교육을 받아야 했다. 안기부 교육은 짐작했던 대로 반공교육이었다. 일본에서 북한 사람을 만나면 반공법 위반이라는 것과 조총련이라는 단체에 포섭되지 않도록 조심해야 한다는 내용이 대부분이었다. 예를 들어 조총련계 사람을 만나서 식사를 같이하면 갑자기 벽에 있는 커튼이 젖혀지면서 김일성 초상화가 나타나고, 누군가 사진을 찍어서 협박을 당하게 된다고 황당한 겁을 주었다. 일본 유학 초창기에는 혹시나 조총련계 사람을 만날까 조심스러웠는데, 일본에 체류했던 4년간 조총련 그림자도 만나지 못했다.

우리가 북한 사람을 피해야 한다면 우리가 북한에 자신 없을 때 얘기고, 지금은 북한 사람이 우리를 피해야 할 것이다. 인터넷에서 자료를 찾아보면 해방 이후 1960년대까지는 우리가 북한보다 GDP가 낮았지만 1970년대부터 우리가 북한보다 더 잘살게 된 것 같다. 그러나 나는 초등학교 시절인 1960년대에도 북한이 헐벗고 못산다고 배웠었다. 내가 유학 가는 1986년에는 우리가 월등히 잘 살았을 텐데 왜 이런 걱정을 했는지 지금도 의아하게 생각한다.

05

일본 유학 시절의 추억

드디어 일본 유학을 떠나다

...

　　　　　　일본 정부는 문부성 장학생에게 숙소를 알선해준다고 하였다. 그러나 일본이 처음이고 현지 상황을 잘 알지 못하므로 일단 나 혼자 먼저 일본에 가서 자리를 잡은 후 가족이 오기로 하였다. 부산에서 일본 도쿄까지의 항공권은 일본 정부에서 발권해 주었다. 그뿐만 아니라 나리타공항에 도착하니 문부성 장학생을 마중 나온 전담 직원이 기다리고 있었고, 친절하게 숙소까지의 택시비도 미리 지급해 주었다. 거리가 상당히 멀어 환율을 고려하면 택시비가 몇십만 원은 족히 되어 깜짝 놀랐던 기억이 있다. 숙소에 도착하니 가족이 거주할 수 있는 숙소가 미리 배정되어 있었다. 일본인의 세심함을 느낄 수 있었다. 내가 배정받은 숙소는 요코하마横浜시 아오바다이青葉台에 위치한 동경공업대東京工業大 유학생회관 1층에 있는 가족실이었다. 가족이 거주하는 데 아무런 문제가 없어 보였고, 나는 즉시 아내에게 준비되는 대로 일본으로 들어오라고 연락했다.

　가족이 일본에 오는 날, 도착하는 시간에 맞추어 나리타成田 공항에 마중 나갔다. 이윽고 비행기가 착륙한 후 입국심사를 마친 승객들이 나오기 시작했다. 그러나 다른 모든 승객이 나온 것 같은데 아내와 아이들이 보이지 않았다. 한참 동안 안절부절못하면서 탑승자 명단을 문의하려고 카운터에 가려는데 그제야 아내가 나오는 것이 보였다. 만 4살 딸과 3살 아들을 데리고 어린아이보다 더 큰 이민 가방 2개와 함께 나왔는데 혼자서 감당할 수 있는 상황이 아니었다. 입국장에서 짐이 너무 많아서 세관의 의심을 받았고, 그렇게 큰 가방을 모두 열고 일일이 짐 검사를 받았다고 하였다. 한국에서 마지막 짐을 쌀 때 아버지가 오셨는데 집에 남아있던 쌀까지 가방에 넣으시는 바람에 어쩔 수 없이 가져왔다고 하였다. 그렇지 않아도 무겁고 커서 감당하기 어려운 이민 가방에 쌀까지 넣어 왔다고 핀잔을 주었지만, 아내는 시아버지의 지시에 차마 그것을 뺄 수가 없었다고 하였다. 그렇게 해서 앞으로 2년간 우리의 보금자리가 될 유학생회관으로 무사히 입주하였고, 우리 가족의 일본 생활이 시작되었다.

일본 대학 연구실 생활

• • •

1986년 4월 일본에 도착한 다음 날 나는 동경공업대 지도교수이신 나가마츠 아키오長松昭男 교수님을 찾아가서 인사를 드렸다. 교수님은 나를 대학원생이 있는 연구실로 데려다주었다. 연구실에는 연구를 담당하는 오오쿠마 마사아키大熊政明 조수助手가 있었고 실험실의 행정을 담당하는 야마구찌山口 기관이 있었으며, 2명의 한국 유학생도 있었다. 조수는 우리의 조교와 조교수의 중간쯤 되는 역할이었다. 오오쿠마 조수는 나와 동갑인데 나가마츠 교수님의 신뢰가 아주 깊었고, 대학원생의 모든 연구를 실질적으로 지도하였다. 몇 년 후 내가 학위를 마치고 귀국한 해에 조교수로 승진했다.

일본 대학에 입학하려는 유학생은 1년간의 연구생 과정을 거쳐서 박사과정에 입학하게 된다. 연구생은 행정적으로 정식 대학원생은 아니지만 실제로는 대학원생과 똑같이 생활한다. 나도 연구생 생활을 시작하였다. 지도교수님은 자신이 직접 집필한 『モード解析(모드해석, Modal Analysis)』이라는 책을 직접 사인해서 나에게 읽어보라고 주셨다. 그 책의 내용은 연구실에서 지금까지 수행했던 연구를 총망라해놓은 것이었다. 나는 그 책으로 공부를 시작했는데, 일본어 교재에 익숙하지 않은 점과 처음 접하는 전공 내용의 생소함이 겹쳐서 이중으로 힘들었다. 그러나 이해가 되지 않는 부분은 조수에게 질문하면 바로 해결할 수 있어서 쉽고 빠르게 극복할 수 있었다. 조수는 책 내용의 대부분을 대학원생을 지도하며 직접 연구했던 장본인이었기에 나의 궁금증을 바로 해결해줄 수 있었다. 내가 언제든지 질문할 수 있는 실력자가 옆에 있는 것은 나에게 다행이었다. 또한, 지도교수님이 집필하여 그 무렵에 출판된 교재가 마침 있어서 지도교수의 전공 분야에 쉽게 접근할 수 있었던 것도 나의 행운이었다. 이런 행운과 함께 몇 달간 그 책을 열심히 공부하면서 지도교수가 지금까지 연구해왔던 내용을 대부분 이해할 수 있게 되었고, 실험실에서 현재 수행하고 있는 연구내용도 알 수 있게 되었다.

논문으로 불붙은 한일전

...

지도교수님은 나에게 조수^{助手}가 진행하는 진동시험 분석에 관한 연구를 도와주라고 했다. 그렇게 하는 과정에서 나는 조수가 일본 기계학회에 게재한 논문을 읽으면서 문제점을 발견하였다. 그리고 매주 실시하는 연구실 세미나에서 아직 박사과정에 입학하지도 않은 연구생이 감히 실질적 지도교수(?)인 동갑내기 조수가 작성한 논문에서 제시한 분석법의 허점을 지적하였으며 더 좋은 분석 방법으로 해야 한다고 당돌하게 발표하였다. 조수는 논문에 대한 나의 학문적 판단이 틀렸고 내가 제시한 방법은 불가능하다고 하였다. 조수를 전적으로 신뢰하는 지도교수님은 당연히 그의 판단이 맞다 했고, 내가 제안한 방법이 가능하다면 그것만으로도 박사학위가 가능할 것이라고까지 농담으로 얘기하며 나의 자존심을 긁었다. 오기가 발동한 나는 그 문제를 해결하는 연구를 진행해보고 싶다고 했고, 지도교수님은 허락했다. 그렇게 뜻하지 않게 빠르게 나의 연구가 시작됐다.

문제의 논문은 구조물의 진동특성을 규명하는 방법을 제시하였는데, 논쟁 내용을 간략히 언급하면, 조수의 주장은 진동센서를 부착한 모든 측정점을 가진^{excitation}해야만 진동특성 규명이 가능하다는 것이었다. 그러나 나의 주장은 많은 측정점을 가진하면 센서 잡음의 영향을 줄일 수는 있겠지만, 센서 잡음의 영향을 무시하면 측정점 중에서 한 점만 가진해도 진동특성 규명이 가능하다는 의견이었다. 그 후 나는 약 3개월 정도 집념을 가지고 연구해서 새로운 방법을 완성했고, 내가 제안한 아이디어가 타당하다는 것을 지도교수와 조수에게 증명했다. 지금까지 학문적으로 자신을 꺾은 대학원생을 만난 적이 없었던 조수는 한동안 말을 잇지 못했지만, 본인 논문의 미비점을 흔쾌히 인정했다. 연구실 논문으로 달아오른 한일전에서 한국 대표가 1:0으로 승리하는 순간이었다.

학문적으로 논쟁은 있었지만, 조수와 나는 동갑내기로 평소에는 아주 가깝게 지내는 친구 사이였다. 일본에 있는 동안 우리 가족 모두 조수에게 초대받아 사이타마埼玉에 있는 그의 집에 방문하여 1박을 한 적이 있고, 조수도 그의 어머님과 함께 일부러 한국에 방문하여 우리 집에 머물면서 우리 부부와 함께 경주와 부산을 여행하기도 하였다.

연구실에서 벌어진 이 논쟁은 일본에서 나의 첫 번째 논문이 되었고, 박사과정에 입학하기 전에 논문을 작성한 연구생이 되었다. 이 사건이 있고 나서 지도교수와 조수는 나의 실력을 인정하게 되었고 내가 독자적인 연구를 하도록 거의 간섭하지 않았다.

지도교수님은 지난 세미나에서 농담 반 진담 반으로 나에게 했던 얘기가 마음에 걸렸는지 그래도 박사학위를 받으려면 4년간 연구실에서 연구해야 한다고 웃으면서 얘기했고, 나는 당연히 수긍했다. 나의 연구 테마는 내가 알아서 정했고 박사 졸업에 대한 걱정 없이 비교적 마음 편히 연구할 수 있었다. 그리고 일본에서 습득한 새로운 지식은 한국에서 돌아온 후 나의 연구의 발판이 되었으며, 나의 연구 분야를 지속적으로 확장해갈 수 있게 되었다. 여러 행운이 따라서 국내 박사과정을 포기하고 일본에서 박사학위를 무사히 마치게 된 점을 정말 다행으로 생각한다.

나의 전공에 도움이 되었던 뜻밖의 과목들

· · ·

내가 유학을 한 동경공업대학 나가마츠 연구실에서 연구하는 주요 연구테마는 크게 두 가지이다. 먼저 대형 구조물의 효율적 유한요소 진동해석을 위한 부분구조합성법과 실험모드해석이다.

유학 가기 전에 KAIS 박사과정에 진학하여 졸업에 필요한 학점을 모두 이수하였는데 그중에 '랜덤 데이터'라는 조금 생소한 이름의 과목이 있었다. 당시 수업을 들을 때는 처음 접하는 새로운 내용으로 나와 관련이 별로 없을 것 같았지만 매우 흥미롭게 느껴졌고 열심히 강의를 들었던 기억이 있다. 또 석사과정에서 최적설계라는 과목을 수강했는데, 나의 석사 연구테마였다. 당시에 나는 석사과정에서 고체역학 분야를 전공했고, 나중에 진동을 전공할 것으로 생각하지 못했던 때이다. 그런데 일본에 유학 와서 내가 전공하게 된 실험모드해석이라는 분야가 진동에 대한 기본 지식뿐만 아니라 랜덤 데이터와 최적 설계를 기본적으로 필요로 하는 전공 분야였다. 나는 KAIS 석박사 과정에서 이미 이 두 과목을 배웠었고 내용을 알고 있었기에 일본 유학 과정에서 쉽게 적응할 수 있었다고 생각한다. 꼭 자신의 전공 분야가 아니더라도 다양한 주변 과목에 대한 지식도 넓혀 두면 언젠가 크게 도움이 될 수 있다는 것을 알게 됐다. 특히 다른 전공의 지식을 자신의 주 전공 분야에 응용할 수 있다면 그 자체로 훌륭한 연구가 된다.

전공책보다 어려운 만화책

· · ·

언젠가 TV에서 일본 사람은 지하철에서도 우리보다 독서를 많이 한다는 독서 장려 프로그램을 본 적이 있다. 그 말은 일부는 맞고 일부는 틀린다고 생각한다. 일본 지하철에서 많은 승객이 독서를 하지만, 그 책은 거의 대부분 만화책이다. 일본에는 요일별로 만화 주간지가 발간되고, 마치 신문을 읽듯이 만화책을 읽는다. 학교 실험실에도 대학원생 누군가가 가져온 만화책이 항상 있었다.

일본 문부성 시험 덕택에 일본어 공부를 지나치게 열심히 한 나는 일본에 도착하였을 때 일본어 회화에 아무런 문제가 없었다. 또 전공서적을 읽는 데도 별로 문제가 없었다. 일부 전공에 관한 일본어 용어에 어려움이 약간 있었지만, 용어를 알고 나서 해결되었고, 일본인보다 독해가 조금 느리긴 했지만 공부하는 데 아무런 문제가 없었.

이렇게 일본어에 자신하던 나는 실험실에 놓여있는 만화책을 읽고 이해하는 데 난관에 부딪혔다. 만화의 대화 내용이 내가 알고 있는 문법에 전혀 맞지 않았고 일본어 사전을 찾아도 나오지 않았다. 나는 옆자리 일본인 학생에게 만화책에서 이해되지 않는 대화를 물어봤고, 그 학생은 웃으면서 내가 알고 있는 정상(?)적인 언어로 번역해 줬다. 나는 이 대화는 문법적으로 틀렸다고 열심히 따졌지만, 그냥 그렇게 사용한다고 하였다. 나중에 알았지만, 우리도 중·고등학생이나 어른들이 사적인 자리에서 약간 점잖지 못한 슬랭을 사용하는 것과 같은 것이었다. 나는 만화 일본어를 공부하기 위해서 나의 책상 위 책꽂이에 전공

서적과 함께 만화책을 동등한 자격으로 꽂아놓았고, 틈틈이 물어가면서 공부 아닌 공부를 했다. 일본 학생들은, 자기들도 읽기 어려운 전공서적은 쉽게 읽으면서 일본인 누구나 읽을 수 있는 만화책을 제대로 읽지 못하는 나를 신기해하며 웃었다. 만화책으로 공부 아닌 공부를 하면서 일본어 슬랭을 점차 이해하게 되었고, 공식적인 자리가 아닌 편한 자리에서 일본 학생과 대화할 때 가끔 슬랭을 섞어서 말하면 왠지 사이가 좀 더 가깝게 느껴졌다.

나의 일본어의 또 다른 문제점은 어린아이와 대화가 어렵다는 것이었다. 예를 들어 내가 아이에게 "너 몇 살이니?"라고 질문하면 그 아이는 놀라서 도망을 가곤 했는데 나중에서야 그 이유를 알았다. 우리나라에서 일본어 교재로 배우는 언어는 아주 공손한 언어였다. 나는 어린아이에게 "당신은 몇 살입니까?" 정도로 질문한 것이었다. 그 아이는 아직 어른으로부터 그렇게 공손한 질문을 받아본 적이 없었을 것이다. 대학생 친구끼리도 공손한 말보다 반말과 슬랭을 사용하는 것이 훨씬 자연스러웠다. 나도 시간이 지나면서 점점 친구 사이에 사용하는 언어를 익히게 되었다. 또 논문 발표와 같은 공식적인 자리에서 사용하는 공손한 언어도 알게 되었다. 일본에서 귀국할 때까지 익숙하지 않은 언어가 있었는데 그것은 TV 사극에서 나오는 사무라이들의 언어로, 그건 일본에서 좀 더 오래 살아야 자연스럽게 들릴 것 같다. 우리나라도 외국인이 조선 시대 사극을 보면 알아듣기 어려울 수 있을 것이다. 그리고 나는 오사카 지방의 사투리 역시 익숙하지 않다. 지금도 가끔 해외여행에서 일본 관광객을 만나서 일본어로 대화하다 보면 가끔 나에게 도쿄에서 왔냐고 물어보곤 하였다.

모드해석은 수박 두드리기

· · ·

여름은 수박의 계절이다. 우리는 수박을 자르지 않고, 수박이 잘 익었는지 판단하기 위하여 여러 가지 방법을 동원한다. 수박 꼭지가 싱싱한지 확인하거나 때깔을 보기도 하고, 배꼽 크기로 판별하기도 한다. 그러나 가장 널리 사용하는 방법은 수박을 두드려서 나는 소리로 판단하는 것이다. 잘 익은 수박은 '통통'하는 깨끗하게 울리는 소리가 나지만, 덜 익은 수박은 '탁탁'거리는 딱딱한 소리가 나고 너무 익은 수박은 '퍽'하는 물컹한 느낌의 소리가 난다. 또는 수박을 손바닥에 올려놓고 다른 손으로 수박을 두드려서 손바닥에 느껴지는 진동으로 판별할 수도 있다. 공학적으로 이때 수박을 'system'이라고 하면, 수박을 두드려서 맛을 규명해 내는 과정을 'identification'이라 한다. 좀 더 공학적으로 어렵게 말하면 'system identification'이란 측정 데이터로부터 dynamic system의 수학적 모델을 구축하기 위한 통계적 방법론이다.

그러면 수박을 두드리면 왜 익은 정도에 따라 소리나 진동이 달라질까? 이 세상의 모든 물체는 고유진동수$^{natural\ frequency}$라는 자신만의 고유한 특성이 있다. 그 물체를 두드리면 고유진동수로 진동하면서 고유한 소리를 낸다. 수박을 두드리면 소리나 진동이 달라지는 이유는 수박이 익은 정도에 따라 고유진동수가 달라졌기 때문이다. 우리는 여러 수박을 두드려서, 적당한 고유진동수의 변화를 판단하면서 맛있는 수박을 고르는 것이다. 이런 수박 두드리기를 실제 진동하는 구조물에 적용하는 방법을 실험모드해석experimental modal analysis이라고 한다. 모든 구조물은 고유진동수뿐만 아니라 진동할 때 떠는 모양인 고유모드natural mode도 정해져 있다. 우리가 수박을 두드리듯이 충격해머impact hammer로 구조물structure을 두드리면 구조물은 고유진동수로 진동하게 된다. 측정된 진동 신호에 약간의 수학적 신호처리 과정을 거치면 고유진동수와 고유모드를 규명identification할 수 있는데 이 과정을 모드해석modal analysis이라 한다. 따라서 수박 두드리기는 진동모드해석의 일종이라고 할 수 있다.

 Identification의 사전적 의미는 신분증이지만 공학에서는 규명 또는 동정同正으로 사용한다. 발음은 같지만 다른 뜻을 갖는 동정童貞도 있는데 쑥스러워 잘 사용하지 않는다. 일본어에서도 두 단어 모두 '도-테이'라고 하며 같은 발음으로 사용되고 있다. 우리가 가장 먼저 떠올리는 동정同情은 '도-죠우'로 일본어에서는 발음이 다르다. 모드해석을 전공하는 나의 실험실에서는 동정同正이라는 단어를 아주 빈번히 사용한다. 그러나 일반인이 들으면 어쩌면 동정童貞을 떠올릴 것이다. 어느 날 나는 지도교수와 조수와 함께 출장을 가면서 같이 전철을 탔었다. 그리고 우리는 평소와 같이 전공에 관한 열띤 토론을 하면서 '동정'이라는 단어를 남발했고, 주변에 있던 사람들이 의아하게 쳐다봤던 기억이 있다.

후지산(富士山) 정상에 오르다

• • •

실험실에서 대학원생끼리 후지산 등반의 기회가 있었다. 일본에 있는 동안 최고봉인 후지산에 한 번쯤 올라가 보고 싶은 생각이 있었기에 절호의 기회를 놓칠세라 나도 따라나섰다. 후지산은 높이 3,776m로 날씨가 맑은 날은 동경공업대에서도 멀리 보인다. 후지산은 높이에 따라 고메合目라는 표현을 썼는데 정상이 10고메이다. 후지산 등산을 위한 가장 쉬운 방법은 자동차로 갈 수 있는 가장 높은 2,300m 위치인 5고메에 주차하고 등산을 시작하는 것이다. 초여름이었지만 주차장에 아직 눈이 남아있었고, 바로 눈앞에 후지산 정상이 빤히 보여서 뛰어 올라가면 금방 다다를 것처럼 가깝게 느껴졌다. 몸도 가벼웠고 즐거운 마음으로 오르기 시작했다. 잠시 후 나에게 고산병이 닥쳐오리라고는 상상도 하지 못한 채.

후지산은 화산의 영향으로 나무가 거의 없는 길을 따라 올라가는데 가끔 내려다볼 수 있는 전망을 제외하면 그다지 재미있는 등산길은 아니었다. 말로만 듣던 후지산을 오른다는 들뜬 마음 때문인지 잘 못 느꼈지만 아주 천천히 몸이 무거워지고 있었다. 우리나라는 고산이 없으므로 고산 증세라는 것은 꿈에도 생각하지 못한 채 몸이 왜 이렇게 무겁지 의아해하면서 계속 올라갔다. 후지산 정상이 정말 코앞이라고 느껴지는 곳까지 올라간 이후부터는 정말로 발이 땅에 붙어있는 것처럼 내 의지로 발을 들어 올리기가 힘들었다. 가만히 서있으면 아무렇지도 않은데 발을 들어 올리려 하면 마치 발목에 무거운 모래주머니를 차고 있는 것처럼 묵직하게 느껴졌다. 중력이 지구보다 몇 배 더 큰 목성에 갈 수 있다면 혹시 이런 기분일까? 발은 점점 무거워지고 힘은 점점 빠지고 두려워지기도 하였다. 중도에 포기할까도 여러 번 생각했었다. 그러나 지금이 아니면 앞으로 나에게 평생 후지산 정상을 밟을 기회가 더 이상 오지 않을 것 같았기에 기어코 올라가야 했다.

한 걸음 디디고 쉬었다가 또 한 걸음 옮기기를 반복하면서 드디어 정상에 올랐다. 드디어 내가 후지산 정상에 올라섰다는 성취감과 함께 저 멀리 산 아래 중턱에 걸려있는 구름을 내려다보면서 가슴 뭉클한 감동이 다가왔다. 신기하게 정상에서 움직이지 않고 가만히 있으면 몸은 언제 그랬냐는 듯이 가벼워졌다. 한참을 정상에 머물다가 내려왔다. 산 아래로 내려올수록 몸은 가벼워졌고, 올라갈 때의 속도를 보상해야겠다는 기분으로 뛰어서 내려왔다. 고산병은 산소가 희박해져서 나타나는 신체의 변화인데 사람마다 민감한 정도가 달라서 직접 경험하지 않으면 자신에게 언제 고산 증세가 나타날지 가늠하기 어렵다고 한다. 나의 경우 많은 해외여행을 하면서 느꼈던 경험을 종합하면 2,700m 정도에서 미미하게 느끼기 시작하고, 3,000m 이상에서 고산 증세를 확실히 느끼게 된다는 나만의 데이터베이스를 만들 수 있었다. 따라서 해외여행에서 고산 증세가 나타날 수 있는 고지대는 가능한 한 방문하지 않으려고 하였다.

아이들이 언어를 배우는 과정

....

　　　　　일본 유학을 시작한 1986년 봄에 우리 아이들은 만 3살과 4살이었고 우리말로 거의 불편 없이 대화할 수 있는 수준이었다. 그런데 본인 의사와는 전혀 상관없이 어느 날 갑자기 비행기를 타게 되었고, 도착한 곳은 지금까지 멀쩡하게 의사소통이 되었던 언어가 전혀 통하지 않는 환경으로 바뀌어 있었다. 미리 알고 있는 어른들은 마음의 준비라도 하고 왔지만, 영문도 모른 채 따라온 아이들은 갑자기 맞이한 낯선 상황이 엄청 황당했을 것이다. 물론 이 세상에는 여러 언어가 사용되고 있다는 사실은 짐작하지도 못했을 것이다. 그렇게 우리 아이들에게도 갑자기 새로운 환경이 시작되었다.

　일본 생활의 시작은 나는 매일 아침 대학 실험실로 출근하는 상황이라 아무런 불편이 없었지만, 아이들은 갑자기 친구도 없어졌고 언어가 통하지 않아서 하루 종일 엄마와 집에서 보내는 생활이 이어졌다. 아이들의 일본어에 도움을 주려고 비슷한 또래의 동네 아이와 어울리도록 했는데 일본 아이는 일본어로, 우리 아이는 우리말로 말하면서 같이 놀았다. 아이들은 때로는 같이, 때로는 각자 놀면서 언어가 안 통해도 어울릴 수 있는 것이 대화가 꼭 필요한 어른과 다른 점이었다. 일본 친구들과 어울리는 시간이 많아지면서 그만큼 한국어를 말할 기회가 줄어들었다. 신기한 것은 아이들이 일본어를 잘하게 될수록 한국어를 잊어버리게 된다는 점이다. 두 나라의 언어를 모두 원어민처럼 잘하는 것은 쉬운 일이 아니라는 것을 알게 됐다. 나의 영어도 어지간히 노력하지 않고서는 원어민처럼 잘할 수 없을 거라는 것도 깨달았다. 갑작스러운 환경 변화에도 불구하고 잘 적응하면서 건강하게 잘 자라준 아이들에게 무척 다행이고 고마웠다.

    4년간의 유학 생활을 마치고 1990년 2월 말 귀국하였다. 아이들의 나이는 만 7살과 8살이 되었다. 아이들에게는 갑자기 유학을 갈 때와 마찬가지로 어느 날 갑자기 비행기에서 내리니 다시 한국으로 바뀌어 있었다. 어제까지 자유롭게 사용하던 일본어는 갑자기 엄마와 아빠를 제외하고는 아무와도 통하지 않게 되었고, 그동안 까마득하게 잊어버렸던 한국어가 다시 필요해졌다. 개학에 맞추어 2월 말 귀국하였으므로 아무런 준비 기간도 없이 언어가 제대로 통하지 않은 채 초등학교 1학년과 2학년으로 다니게 되었다. 일본으로 갔을 때는 아주 어렸으므로 언어 장벽이 덜 했지만, 초등학교에 다니게 되면서 수업을 듣거나 친구들과 어울리는데 언어 문제로 겪는 어려움이 훨씬 컸을 것이다. 귀국 초창기에 언어 문제에 대한 나의 조급함으로 집에서 일본어 사용을 금지했는데 지금도 잘한 행동이었는지는 아직도 잘 모르겠다. 다행히 아이들은 내 생각보다 빨리 한국 생활에 잘 적응했고, 몇 개월 지나 한국어를 다시 잘하게 되었다. 그런데 아이들의 한국어 능력이 좋아지기 시작하면서 원어민처럼 구사하던 일본어는 점점 잊어버리기 시작하였다. 신기한 점은 나와 아내는 가끔 집에서 일본어로 대화하기도 하는데 일본어를 거의 잊어버린 아이들이 하나하나의 뜻은 잘 모르면서 전체적으로 무슨 내용인지 짐작한다는 것이다.

일본에서 월세 구하기

. . .

　　　　　일본에 처음 유학 갔을 때 동경공업대^{東京工業大} 기숙사 가족실을 배정받았다. 대학교는 도쿄^{東京} 메구로구^{目黑區} 오오오카야마^{大岡山}에 있지만, 기숙사는 요코하마^{橫浜} 아오바다이^{靑葉台}에 있었고 전철로 약 40분 소요되었다. 모든 것이 낯설었던 일본에서의 첫 기숙사 생활은 새로운 환경에 잘 적응할 수 있도록 편안함을 제공하였다. 그러나 기숙사의 입주 기간은 1년 6개월이었고, 그 후 개인적으로 집을 구해 이사를 나가야 했다. 우리는 학교 근처로 이사 갈 수도 있었지만, 아이들이 기숙사 근처의 모미지^{紅葉} 보육원에 다니고 있어서 가능한 보육원 근처가 적당하다고 판단했다. 일본에서 보육원은 우리나라와는 달리 맞벌이 부부의 영유아부터 초등학교 입학 전 어린이들을 대상으로 하는 보육 및 교육기관을 말한다. 우리는 아오바다이역 근처의 부동산을 방문하였고, 마음에 드는 무라타소^{村田莊}를 찾을 수 있었다. 일본의 전형적인 2층 목조건물의 1층으로 아담한 집이었다. 다다미^疊방이어서 일본 느낌이 물씬 났고, 안방과 벽장이 딸린 작은 방이 있었다. 작은 주방이 별도로 있었고, 차를 마시는 곳인 오차노마^{御茶の間} 겸 거실 그리고 욕실로 이루어져 있었다. 안뜰로 나있는 창호의 바깥쪽에는 비바람을 막거나 보온과 방범을 위한 덧문인 아마도^{あまど, 雨戶}가 있었다. 그런데 아마도를 닫으면 안방은 외부와 빛이 차단되어 대낮이라도 암실처럼 깜깜하였다. 일본에서 가구를 새롭게 장만하는 것은 낭비이므로 중고 물품을 구해서 사용하였다. 우리나라 사람들 중 일부는 남이 쓰던 물건을 사용하면 자존심이 상한다고 느낄 수 있지만, 알뜰함이 생활에 배어있는 일본인에게는 버리기 아까운 물품을 지역 바자회 행사에서 헐값으로 거래하는 것은 아주 자연스러웠다. 특히 우리가 바자회에서 직접 구한 코다츠$^{こたつ, 좌식난방테이블}$와 전기 온풍기는 성능이 좋아서 귀국할 때까지 매우 요긴하게 사용했었다. 욕조는 우리와 다르게 깊이가 깊고 길이가 짧았으며 덮개가 있었다. 지진을 대비해서 책장처럼 넘어질 위험이 있는 가구는 벽에 못을 박고 끈으로 묶어두었다.

일본에서 집을 빌릴 때 우리의 전세 제도는 없는 것 같았고 월세 제도였다. 월세 두 달 치의 보증금$^{시키킨, 敷金}$을 맡기고, 집을 비울 때 하자가 있으면 수리비를 제외하고 나머지는 돌려받는다. 그러나 일본 월세 제도의 특이한 점은 집을 빌려줘서 고맙다고 집주인에게 한 달 분의 사례금$^{레이킨, 禮金}$을 내는 것이다. 부동산 중개료는 월세 한 달 분이었다. 따라서 월세를 계약할 때 첫 달에는 월세 5개월분의 금액을 지출해야 했다. 계약은 집주인으로부터 관리를 위탁받은 부동산과 거래했고, 매달 월세도 부동산으로 자동이체 했고 집주인은 만난 적이 없었다.

또 특이한 점은 임차인의 월세 납부를 보증하기 위한 일본인의 보증인이 필요했다. 우리나라에서도 보증인을 찾는 것은 쉬운 일이 아닌데 일본인을 찾는 것은 유학생에게 가장 큰 난관이었다. 한국에서는 교수라는 직업만으로도 최상의 신뢰도를 갖고 있겠지만 외국에서는 아무런 소용이 없었다. 고민하다가 어쩔 수 없이 나와 동갑인 실험실의 조수^{助手}에게 어렵게 사정 얘기를 꺼냈다. 조수는 나의 얘기를 듣고 흔쾌히 보증을 서주겠다고 하였고, 보증을 위한 인감증명서도 떼어주어서 무사히 월세 집을 계약할 수 있었다. 아무런 신용이 없는 유학생의 서러움과 고마움을 동시에 느끼면서 마음속으로 눈물이 핑 돌았다. 당시에는 몰랐지만, 수수료를 내고 보증보험회사를 이용하는 방법이 있는 것 같다.

 십여 년이 지난 2006년 8월 조수가 연세 든 그의 어머님과 함께 한국 여행을 왔고, 부산에도 며칠간 방문하였었다. 그때 우리 집에 초대하여 대접하였고, 하룻밤 숙박도 하였다. 아내는 그의 어머님을 세심하게 보살펴드렸다. 또 나의 차량으로 부산과 경주를 관광하면서 많은 얘기를 나눌 수 있었고, 옛날의 추억을 되새기면서 즐거운 시간을 보냈다. 일본에서 생활할 때 특히 그의 어머님은 우리 아이들을 많이 예뻐해주셨고 신세도 졌었는데 이번 기회에 조금은 갚아드린 것 같아 마음이 어느 정도 홀가분해졌다.

우리 세대는 컴맹 세대

...

나의 세대는 학창 시절에 컴퓨터를 접한 적이 없었다. 디지털 시대인 지금 젊은이들은 어릴 적부터 스마트폰이나 인터넷에 친숙하게 자랐지만, 컴퓨터를 접한 적이 없는 컴맹이 대세인 세대에게는 디지털 기기가 사용하기 힘든 것은 당연한 것 같다. 나는 대학교 1학년 때 컴퓨터 프로그래밍이라는 과목에서 FORTRAN 언어를 처음으로 배웠지만, 컴퓨터를 구경하지도 못하였다. 대학 시절에는 전산소에 슈퍼컴퓨터가 있었지만, 대학생은 출입금지였다. 수업 첫 시간에 코딩 용지와 천공카드를 나눠줬는데 이걸 접어도 되는지 아무도 몰라서 우왕좌왕했던 기억이 난다. 지금 세대는 구시대의 유물이 되어버린 코딩 용지와 천공카드가 무엇인지 어쩌면 모를 수도 있겠다. 컴퓨터 숙제를 하려면 내가 코딩한 프로그램을 코딩 용지의 칸에 맞추어 글로 작성하여 전산소에 제출하면 다음 날 천공카드에 타이프를 쳐서 돌려주었다. 천공카드를 다시 전산소에 제출하면 다음 날 실행 결과를 프린트물로 돌려주었다. 컴퓨터 프로그래밍 숙제가 나오면 내용이 어렵다기보다 혹시나 오타가 없는지 신중에 신중을 기해야 제출 마감 시한을 지킬 수 있었다. 지금이야 PC에서 실시간으로 확인할 수 있으므로 오타는 즉석에서 고치면 되지만, 당시는 전산소에 제출하면 다음 날이 되어야 결과를 볼 수 있었기 때문이다. 또 천공카드 한 장은 지금의 프로그램의 한 줄에 해당하므로 혹시나 들고 다니다 떨어뜨려 순서가 섞이면 정말 큰일이었다.

대학원 시절에는 KIST에 있는 슈퍼컴퓨터를 사용했는데 전산실에 있는 단말기로 접근했으며, 역시 컴퓨터를 구경하지는 못했다. 대한민국 최초의 개인용 컴퓨터는 1983년에 나온 삼보 TriGem 컴퓨터라고 한다.

내가 1980년부터 부산대학교에서 근무하였고 1986년에 일본으로 유학 갈 때까지 우리나라에는 아직 퍼스널 컴퓨터 보급이 활성화되기 전이었다. 부산대 근무 초창기에 학과에 들어온 퍼스널 컴퓨터를 처음 만났는데 저장장치가 카세트테이프인 계산기 수준의 컴퓨터였다. 지금은 상상이 안 되겠지만 저장한 파일을 찾으려면 노래를 듣듯이 카세트의 플레이 버튼을 누르고 테이프를 감으면서 파일 저장 위치를 찾아야 했다. 그래도 KAIS 박사과정 당시 푸리에 변환에 관한 숙제를 위하여 이 컴퓨터를 사용했었는데 프로그램을 실행시키고 강의를 두세 번 마쳐야 겨우 결과가 나왔던 것 같다. 지금 같으면 엔터 누르고 몇 초 이내에 계산이 끝날 것이다.

1986년 일본에 유학 가서 실험실에 퍼스널 컴퓨터가 여러 대 있는 것을 보고 깜짝 놀랐었다. 우리나라에는 아직 대학에 보급되지 않은 컴퓨터를 일본 대학에서는 자연스럽게 사용하고 있었다. 물론 초보적인 컴퓨터이긴 하지만 저장장치가 8인치 플로피 디스켓이었으며, 카세트테이프에 비해서는 어마어마하게 빠르고 편리했다. 플로피 디스켓 크기는 8인치에서 5.25인치를 거쳐 3.5인치로 소형화되었고, 내가 귀국할 때쯤 고속 대용량 하드디스크가 나오면서 소멸했다. 당시 PC는 NEC^{일본전기}에서 만든 PC-9801이라는 모델이었고, 운영체제는 MS-DOS 3.1이었다. 지금의 윈도우 환경에서 실행 창에 'cmd'라고 입력하면 예전의 DOS 창으로 갈 수 있는데, 별로 사용할 일은 없지만 나에게 너무 친숙한 창이라서 가끔 추억용으로 화면에 띄워두기도 한다. 연구를 위한 프로그램은 BASIC 언어를 사용하여 코딩하였다. 학부와 석사과정에서 FORTRAN을 사용했던 경험에서 BASIC 언어는 혼자서 쉽게 습득할 수 있었고 수치 계산이 느리긴 했지만, 화면에 그래픽을 직접 띄울 수 있는 점은 편리했다. 4년간의 유학을 마치고 귀국할 때 그동안 내가 고생해서 코딩하거나 수집했던 프로그램과 데이터를 한국에서 계속 활용할 수 있도록 일본에서 PC 1대를 구입해 가지고 왔다. 물론 저장장치는 3.5인치 플로피 디스켓이었다. 그 후 우리나라에도 PC가 급격히 공급되면서 몇 년 후에는 버렸지만, 일본에서의 나의 연구를 지속시킬 수 있었던 유용한 컴퓨터였다.

일본의 친절 문화

· · ·

　　일본에 입국해서 가장 먼저 해야 하는 일은 쿠야쿠쇼^{區役}
^{所,구청}에 방문하여 외국인 등록을 해야 한다. 처음 방문한 구청 창구 직원은 너무 상냥하고 친절해서 오히려 당황스러웠다. 지금은 많이 나아졌지만, 우리나라 동사무소나 구청에 방문할 때 느끼는 공무원의 사무적이고 고압적인 태도에 익숙해져 있던 나에게는 너무 상냥해서 잘 적응이 되지 않았다. 우리나라에서는 백화점 매장에 가면 직원이 상품을 팔기 위해 그나마 친절했던 것 같다. 일본 구청 직원이 우리 백화점 직원 못지않게 아니 더 친절하다고 느꼈다. 일본 생활에 점점 익숙해지면서 구청뿐만 아니라 거의 모든 사람이 다른 사람을 대할 때 친절이 몸에 배어있다는 것을 알게 되었고 문화의 차이로 다가왔다.

　　우리나라는 식당에서 어린아이가 떠들고 돌아다니며 다른 손님에게 피해를 줘도 그 아이의 부모는 아이를 나무라지 않는 경우가 더 많고 남에게 끼친 불편은 대수롭지 않게 생각한다. 그러나 일본에서 그런 일이 있으면 부모는 반드시 아이를 나무라고 민망할 정도로 대신 사죄를 한다. 또한, 5살 정도 이상의 아이라면 그 아이로 하여금 직접 사죄하도록 한다. 우리나라는 부모가 자식에게 가장 많이 하는 말이 '공부하라'는 것이라고 한다. 그러나 일본에서 부모가 자식에게 가장 많이 하는 말은 '남에게 폐를 끼치지 말라'는 것이라고 한다. 열차에서 전화를 받는 경우 우리나라는 객차 전체가 다 들리는 벨소리와 함께 우렁찬 목소리로 대화하는 몰상식한 사람들을 아직도 종종 볼 수 있다. 어

쩌다 벨소리를 무음으로 하지 않는 실수는 충분히 이해할 수 있지만 연이어서 오는 전화도 아무런 변화 없이 여전히 요란한 경우가 많다. 그러나 일본의 경우 극히 드물지만, 열차에서 전화를 받아야 하는 경우 너무 미안해서 거의 의자 밑에 숨듯이 하고 소곤거리므로 주변 사람에게도 미안한 마음이 전달되어 온다.

일본에서 우리의 연립주택에 해당하는 공동 주택에서 2년 남짓 살았었다. 우리와 마찬가지로 쓰레기나 재활용품을 내다 놓는 요일이 정해져 있었다. 우리는 아침에 바빴으므로 해당 요일의 아침이 되기 전, 밤 12시 조금 지나서 집 앞의 지정된 장소에 내다 놓곤 하였다. 그런데 깜짝 놀람과 함께 감동스러웠던 점은 그때마다 그곳엔 쓰레기 봉지가 단 1개도 없었다는 사실이었다. 일본 사람들은 모두 새벽 6~8시 사이에 내어 놓는다고 이웃집으로부터 들었다. 쓰레기 버리는 시간이 해당 요일 자정부터 아침 8시까지였으니 우리가 규범을 어긴 것이 아니었지만, 그 이후로 가끔은 아침에도 버렸었다. 일본 사람들의, 남에게 폐를 끼치지 않고 규정을 준수하려는 마음가짐이 이런 질서를 자발적으로 유지하게 하는 것 같았다.

4년의 일본 생활을 마치고 부산의 김해공항에 도착하였을 때의 기억이다. 공항에서 해운대에 있는 집으로 가기 위해 가족 4명이 함께 택시를 탔었다. 트렁크에 실어야 할 짐도 제법 있었지만, 상당히 먼 거리이므로 택시기사도 만족하리라 생각했다. 그러나 택시기사는 4명이 타서 중도에 합승을 못 하게 되었다고 혼자서 심한 욕을 주절거렸다. 손님인 나에게 들으라고 하는 얘기 같기도 하고, 알아서 요금을 더 내라는 의도인 것 같기도 했다. 나는 택시를 타면 택시 기사의 어려움을 어렴풋이 짐작하고 있으므로 보통 잔돈을 잘 받지 않는데 그날은 악착

같이 거슬러 받았던 것 같다. 하여튼 나는 너무나 황당했고 기분이 나빴지만 내가 살았던 한국으로 돌아온 것을 절실히 느꼈었다. 친절을 당연히 여기던 생활에서 2시간의 비행 후 갑자기 일본에 비하면 여러 면에서 불친절한 나의 조국으로 돌아온 순간이었고 적응 시간이 필요했다. 일본의 친절과 한국의 불친절 문화의 차이는 과연 어디서 왔을까 궁금하다. 그 후에 우리나라도 친절 문화가 점점 잘 정착되어 가는 것 같아서 다행이다.

일본 가업 승계의 자부심

...

　　　　실험실에서 도쿄 북쪽에 있는 닛코^{日光} 국립공원으로 여행을 가게 되었는데 우리 가족 모두 참가하였다. 실험실의 오오쿠마^{大熊} 조수의 집이 닛코에 가는 도중인 사이타마^{埼玉}에 있는데, 고맙게도 우리 가족을 초대해 주어서 1박을 하게 되었다. 일본의 실제 가정집에 초대되어 숙박하는 경우는 처음이었다. 조수는 그의 어머니와 함께 거주하고 있었는데 근처에서 어머님이 운영하시는 가게도 구경시켜 주었다. 일본 전통 센베이(전병)를 직접 만들어서 파는 가게인데 3대째 가업을 이어서 운영하고 있음을 자랑으로 여겼다. 이런 대대로 이어오는 가게를 시니세^{老舗,しにせ}라 한다. 우리나라 같으면 작은 가게를 대를 이어 운영하는 것을 크게 자랑으로 여기지 않을 뿐만 아니라 자식은 공부해서 다른 직업을 갖기를 바라는 것이 보통이겠지만, 일본에서는 자식에게 가업을 잇도록 기술을 전수하는 것을 자랑으로 여기므로 전통 기술이 잘 전수되어 내려오고 있는 것 같다. 우리나라는 대기업이 운영하는 프랜차이즈 업소가 대부분으로 일률적인 맛을 보이는 것에 반하여, 일본에서는 가게마다 특색이 있는 맛을 유지하고 있었다. 그러고 보니 일본에서는 많은 사람들이 자신의 직업에 자부심을 갖고 일하는 것을 느낄 수 있었다. 예를 들어 건물에서 청소하는 아주머니를 볼 때 우리나라는 표정이 어둡고 마지못해 일하는 느낌을 받지만, 일본에서는 대부분 표정이 밝고 만족해 보였다. 우리는 그의 가족의 정성스러운 대접을 받고 다음 날 닛코로 떠났다.

가족 여행

· · ·

　　도쿄에서 그다지 멀지 않은 후지산 기슭에 있는 유명한 하코네箱根 온천에 가족 여행을 다녀왔다. 유학 시절에는 자가용을 갖고 있지 않았으므로 전철을 이용하였다. 오다하라小田原역에 하차하여 케이블카로 갈아타면 올라갈 수 있었다. 오와쿠다니大涌谷에서 땅이 부글부글 끓고 증기가 하늘로 치솟는 간헐천을 처음 봤으며 정말 대단하다고 생각했다. 물론 세계여행을 많이 다니면서 만났던 아이슬란드나 미국의 옐로스톤Yellowstone에 비하면 대단한 간헐천이 아닐 수도 있지만 그런 풍경을 난생처음 본 당시에는 정말 감탄했다. 하코네에서 가장 기억에 남는 곳은 고와쿠다니小涌谷 근처에 있는 온천테마파크를 방문했었는데 다양한 종류의 온천탕이 계곡 곳곳에 펼쳐져 있었다. 사람이 별로 없어서 우리 아이들이 따뜻한 야외 온천탕에서 수영 연습을 하였는데 그동안 아무리 해도 안 되던 수영이 갑자기 가능해져서 다 같이 기뻐했던 곳이기도 하다. 다시 가보고 싶은 생각도 있어서 최근에 인터넷 검색을 했지만 없어졌는지 정확한 장소를 찾지 못했다. 그 후 아버지가 우리를 만나러 일부러 일본에 방문하셨는데 내가 온천과 후지산을 한꺼번에 볼 수 있는 하코네를 추천했고, 할아버지와 손자가 당일치기로 다녀왔는데 역시 아주 좋았다고 칭찬했었다.

　　일본에서의 생활은 유학생 신분이었으므로 한국에서 가져온 돈은 가능한 한 낭비하지 않고 일본 정부에서 주는 문부성 장학금 범위 내에서 해결하려고 생활비를 절약하면서 생활했다. 따라서 특히 아무것도 모르고 부모를 따라온 어린 두 아이들에게 미안한 마음이 들었다. 나중에 아이들에게 일본에서의 생활 수준은 지금 한국에서의 생활에 비하면 낮았었다고 얘기하면 너무 어린 시절이었는지 그렇게까지 자세히 기억하지는 못하고 있어 다행이기도 했다.

그 후에 또 모처럼 시간을 내서 한국의 경주라고 할 수 있는 교토^{京都}에 가기로 했다. 당시 한국에는 KTX가 없었고 새마을호가 가장 빠른 기차였지만, 일본이 자랑하는 신칸센^{新幹線}을 탄다는 사실에 약간 흥분되었다. 그러나 신칸센 열차표 구매부터 자세히 알아보지 않은 나의 불찰이 있었다. 당일 역 창구에서 아무런 생각 없이 표를 구매했는데 금연실이 아니었다. 객차 안에 담배 냄새가 났고, 교토에 도착하기 한참 전에 딸아이가 멀미하기 시작했다. 일단 교토에 도착해서 예약했던 호텔에 숙박했지만, 멀미는 아이의 속을 완전히 뒤집어놓아 음식을 먹지 못하는 상태가 되었다. 더 이상 여행이 불가능하다고 판단되어, 다음 날 바로 도쿄로 되돌아오기로 했다. 호텔에 도착 후 1시간쯤 지나서 딸아이의 상태가 조금 나아졌다. 아빠 엄마가 가까운 절에 빨리 갔다 올 테니 방에 남아있을 수 있겠냐고 물어봤더니 자고 있으면 된다고 해서 그러라고 했다. 그러자 동생인 아들아이가 자기도 누나랑 같이 있겠다고 했다. 그때 아이들한테 큰 감동을 받았다. 작은아이한테는 초인종이 울려도 절대로 문을 열어 주지 말라고 당부했다. 그렇게 우리 부부는 아이들에 대한 미안함을 뒤로한 채 급하게 택시를 타고 가장 유명하다는 키요미즈테라^{淸水寺}에 다녀왔다. 정말 급하게 증명사진 찍듯이 둘러보고 호텔로 돌아왔는데 다행히 아이들은 별일 없이 잘 있었다. 모처럼의 여행에 들뜬 나의 불찰로 제대로 된 가족 여행을 하지 못하여 가족 모두에게 미안했다.

박사학위 발표

　　일본 박사과정 동안 총 4편이 논문을 일본 기계학회에 게재하였다. 그중 2편은 동경공업대 나가마츠 교수 연구실에서 2년간 진행했던 연구내용이다. 첫째 논문이 조수와 논쟁(논문으로 붙붙은 한일전)이 있었던 논문이고, 둘째가 curve fitting법과 특성행렬법을 모순 없이 연결시켜 주는 조건을 내가 처음으로 찾은 논문으로 나름 독창성이 있다고 생각한다. 나가마츠 연구실에서 실질적인 연구와 토론 및 논문 작성은 주로 조수와 이루어졌으며, 지도교수는 세미나 시간에 간략하게 보고받고 코멘트를 해주셨다. 박사학위 발표가 다 되어서 리허설을 하면서 나의 발표를 듣고 좀 뒷북이긴 하지만 지도교수님은 좋은 논문이라고 칭찬하셨다. 그리고 내가 귀국 후에 지도교수가 국제 학회에 직접 발표를 하였고 발표논문을 나중에 나에게 보내주셨다.

　　2년 후 나는 나가마츠 연구실의 연구내용은 전부 파악했고 추가로 다른 분야도 더 배우고 싶어졌고 지도교수님에게 말씀드렸더니 흔쾌히 수락하시고, 나를 케이오慶應대의 요시다吉田 교수와 방위대의 세토瀨戶 교수에게 소개해주셨다. 그리고 두 대학을 다니면서 2년간 자동제어와 로봇에 관한 연구를 수행하여 2편의 논문을 추가로 게재할 수 있었다. 나의 주제넘은 요구일 수도 있었지만 통 크게 나를 다른 교수에게 소개하여 나의 학문적 욕구를 충족시킬 수 있도록 도와주신 지도교수님에게 진심으로 감사드린다. 덕택에 4년간 알차게 배우고 돌아올 수 있었다.

이윽고 박사학위 발표 날은 통상 심사위원만이 참석하는 장소에서 발표한다고 생각했는데, 지도교수님이 산업체의 많은 사람에게 홍보하셨는지 아주 많은 사람이 참석했고, 대형 세미나실에서 강연 비슷한 분위기로 발표하였다. 4년간의 고생을 마무리하는 자리여서 집사람도 발표장에 참석하여 저 멀리서 지켜봤다. 발표가 끝나고 실험실에서 축하 파티를 열었고 나는 모든 일정을 무사히 마무리하고 홀가분한 마음으로 잠자리에 들 수 있었다.

일본 교수 3명의 환송회 그리고 귀국

일본의 학기는 4월에 시작하여 3월에 끝난다. 따라서 전체적인 일정이 우리보다 한 달 정도 느리다. 박사학위 심사와 1차 심사가 1월에 있었고, 종심까지 마치고 최종 통과가 확정되었더니 어느덧 2월이 되었다. 일본에서 졸업식은 3월 말이지만 우리나라는 학기가 3월 초에 시작된다. 나는 3월부터 부산대에 복직해서 강의를 담당해야 하고 또 아이들의 초등학교 2학년 전학과 1학년 입학도 해야 했다. 그래서 2월 말에 서둘러 귀국했다. 3월 말에 열리는 박사 졸업식에는 참석하지 못했고, 실험실 대학원생에게 부탁해서 학위증을 우편으로 받았다. 그래도 기념으로 동경공업대 졸업앨범을 구매했다. 나의 아내도 나를 따라 일본에 온 김에 같은 대학에서 석사과정을 마쳤다. 따라서 졸업앨범에는 기계공학과에 나의 사진과 생명이학과에 아내 사진이 같이 실려있어 우리 부부에게는 특별한 기념앨범이 되었다. 박사학위를 마치고 그동안 제대로 못 했던 일본 여행을 가족과 함께 해보고 싶었지만, 이삿짐 정리에 바빠서 제대로 하지 못한 것이 아쉽다.

귀국하기 며칠 전 지도교수님이 도쿄 시내에 있는 근사한 식당으로 우리 가족 모두를 초대하여 환송회를 열어줬다. 그 자리에는 지도교수이신 나가마츠 교수뿐만 아니라 그동안 나를 지도해줬던 방위대 세토교수와 케이오대 요시다 교수도 같이 참석하여 축하해주셨다. 일본 유학에서 3명의 교수로부터 지도를 받는 특별한 행운은 귀국 후 나의 연구에 큰 도움이 되었다.

아내의 대학원 진학

...

나는 매일 학교와 집을 왔다 갔다 하는 단순한 생활이었다. 첫해는 새로운 실험실의 연구내용을 이해해야 하고 새로운 연구테마에 대한 압박감 등으로 열심히 공부에만 전념하였다. 그러나 아내는 3, 4살의 두 아이를 돌보면서 집안일을 하느라 육체적, 정신적으로 무척 힘들었을 것이다. 일본에서의 생활이 반년 남짓 지났을 때 아내는 대학원 석사과정에 진학하여 공부하고 싶어 했다. 동경공업대학은 2개의 캠퍼스가 있었다. 내가 다닌 도쿄 오오카야마^{大岡山} 캠퍼스와 요코하마 나가츠다^{長津田} 캠퍼스이다. 우리가 살고 있는 아오바다이^{靑葉台}에서 나가츠다 캠퍼스까지 전철 네 정거장으로 아주 가까웠다. 따라서 나가츠다 캠퍼스에 있으면서 아내의 학부 전공과 가장 가까운 생명이학과 (생명화학 전공) 오오시마^{大島} 교수에게 자기소개서와 함께 석사과정 진학을 희망하는 편지를 보냈다. 비교적 높은 온도에서도 생존하는 호열균의 생화학적 연구를 수행하는 실험실이다. 다행히 오오시마 교수로부터 면담을 하자는 연락을 받았고 방문하게 되었다. 아내의 일본어 실력은 일상생활에는 그다지 불편하지 않았지만 능숙하지는 않았으므로 나도 함께 방문하였다. 직접 만나본 오오시마 교수는 아주 온화한 성품을 지니신 훌륭한 분이라는 생각이 들었다. 아이들을 돌보고 남편을 뒷바라지하면서 학업까지 해야 하는 아내의 어려움을 이해한다고 하셨다. 또한, 아내가 졸업한 대학교를 알고 있었다. 힘들겠지만 열심히 해보라면서 용기를 북돋워 주셨다. 그리고 이렇게 어려운 상황에서 공부하고 싶어 하는 아내의 의욕을 높이 평가한다면서 흔쾌히 입학을 허락하셨다.

아내가 대학원에 진학하기 위한 또 하나의 난관은 낮 동안 아이들을 맡길 곳이 필요하였다. 집 가까이 있으면서 괜찮아 보이는 모미지^{紅葉} 보육원이 눈에 들어왔다. 일본에서 보육원은 맞벌이 부부의 아이들을 돌봐주는 교육기관이다. 보육원에 방문하여 입학 절차를 문의하니 구청에 신청해야 한다고 하였다. 그래서 구청에 방문하니 모미지 보육원은 인기가 많아 경쟁률이 높은 편인데 선발위원회에서 입학해야 하는 사정을 고려하여 선발 순위를 결정한다고 안내하였다. 그래서 나의 유학생 재학증명서와 아내의 지도교수 입학허가서를 첨부하여 아이들이 보육원에 다니지 못하면 대학원 진학을 포기할 수밖에 없다고 구청 담당자에게 간절히 설명하였더니 그 내용을 선발위원회에 전달하겠다고 하였다. 그러나 일본인 지원자가 넘치는 상황에서 외국인의 이런 사정까지 들어줄지는 의문이었다. 두 달쯤 후 구청으로부터 아이들의 모미지 보육원 등원이 결정되었다는 연락을 받고 매우 기뻤다. 외국인이라고 차별하지는 않았다는 것을 느낄 수 있었다.

이렇게 아내는 대학원에 진학하여 공부하면서 더 보람찬 생활을 할 수 있게 되었다. 아이들도 집에만 있던 생활에서 벗어나 매일 보육원에 가서 일본어도 익히고 일본인 친구들과 어울려 놀 수 있게 되었다. 대신 아내는 매일 매일 무척 바쁜 나날을 보내야 했다. 아침 준비와 함께 두 아이를 자전거 앞뒤에 태우고 보육원에 데려다준 후, 학교에 가서 공부하고, 정해진 시간에 보육원에서 아이들을 데려와야 했으며 저녁 식사를 준비했다. 내가 보기에 당시의 아내는 이렇게 힘든 생활을 귀국할 때까지 3년간 수행하였으며, 1인 3역의 슈퍼우먼이었다. 그러나 고생 끝에 유학을 마치고 귀국할 때 나는 공학박사 학위를 받았고, 아내는 이학석사 학위를 동시에 받을 수 있었다. 귀국 당시의 동경공업대 1990년도 졸업앨범에 나와 아내의 사진이 동시에 실리는 재밌는 추억이 생겼고, 기념으로 졸업앨범을 구매하였다.

연구에 전념하기 어려운 아내의 사정을 알면서도 공부하려는 의욕을 높이 사서 진학을 허락하시고 석사과정을 무사히 마칠 수 있게 해주신 오오시마 지도교수에게 아내는 항상 존경심과 감사의 마음을 갖고 있었다. 다행히 2002년 7월 오오시마 교수 부부가 한국을 방문할 기회가 생겼다. 경주에서 개최되는 학회에 참석한다고 하였는데, 아내가 한국에 오시는 김에 우리 집에 머무시면서 같이 관광도 하고 가시길 간곡히 바라는 편지를 교수님께 보냈더니 매우 기뻐하시면서 그러겠다고 답장을 보내주셨다. 그 후 학회가 끝나는 시간에 맞추어 학회장으로 모시러 가서 경주 안내를 해드렸고, 우리 집에서 2박, 해운대 호텔에서 1박을 하면서 우리 부부와 함께 경주와 부산 곳곳을 관광하며 즐거운 시간을 보냈다. 당시 마침 대형 태풍 '라마순'이 한국을 통과하는 시기라 모든 비행기가 며칠간 결항이 되면서 학회를 마치고 바로 출국하려고 해도 출국할 수 없는 상황이었기에 한국에 더 머무는 계획이 더욱 빛을 발했다. 며칠간 나름 정성껏 대접해드렸고, 마지막 날 해운대 전망 좋은 커피숍에서 오오시마 교수 부부와 담소를 나눌 때 일본에서 입은 큰 은혜에 고마움을 표했고, 이번에 조금이나마 보답해드릴 수 있어서 마음이 약간 홀가분해졌다고 말씀드렸더니 교수님과 사모님 모두 즐거워하셨다.

06

연구의 설렘

진동이 뭐지?

...

고등학교 시절 물리에서 후크의 법칙$^{Hooke's\ Law}$을 배웠다. 스프링 상수 k인 용수철에 힘 F를 가하여 x만큼 늘어나면 F=kx의 관계가 성립한다. 굳이 스프링이 아니어도 모든 탄성체 구조물은 힘을 가하면 변형되고 힘을 제거하면 본래의 상태로 돌아오려는 복원력을 갖고 있어 후크의 법칙을 적용할 수 있다. 단지 용수철을 연상시키는 스프링 상수라는 용어 대신 탄성체$^{elastic\ body}$ 구조물에서는 강성^{stiffness}이라는 표현을 사용한다. 예를 들어 굵은 막대는 가는 막대보다 변형이 덜 일어나므로 강성이 크다고 할 수 있다. 좀 더 구체적으로 언급하면 길이 L, 단면적 A$^{폭b,\ 높이h,\ A=bh}$인 막대의 길이방향 강성은 k=EA/L이다. 또 양쪽 끝단이 단순지지$^{simply\text{-}supported}$되어 있는 막대의 굽힘에 대한 횡방향 강성은 k=4Ebh^3/L^3이다. 여기서 E는 탄성계수$^{Young's\ modulus}$라 불리는 재질의 고유한 특성이다. 강성은 탄성체 형상이나 재질 또는 구속조건 등에 따라 달라진다. 하여튼 이 세상의 모든 물체는 어떤 범위 내에서 탄성체로 가정할 수 있으며 스프링상수에 해당하는 강성 k를 갖고 있다.

고등학교 시절 물리에서 뉴턴의 법칙$^{Newton's\ Law}$도 배웠다. 특히 제2법칙은 질량 m인 물체에 힘 F를 가하면 물체의 가속도 a와의 관계는 F=ma의 관계를 나타낸다. 단 이 식이 성립하려면 물체는 회전하지 않거나 부피가 없다는 가정이 있어야 한다. 물체가 회전하면 물체의 위치에 따라 가속도가 달라지기 때문이다. 하여튼 후크의 법칙과 뉴턴의 법칙의 차이는 무엇일까? 후크의 법칙은 물체의 질량효과를 배제한 탄성체의 탄성과 힘의 관계를 나타내고, 뉴턴의 법칙은 물체의 탄성을 배제한 질량과 힘의 관계를 설명하는 식이다.

진동의 현상은 탄성체$^{elastic\ body}$가 제자리에서 떠는 것이다. 탄성체가 떠는 이유는 물체가 변형하면 제자리로 돌아오려는 복원력이 있기 때문이다. 따라서 진동하는 물체는 강성 k를 갖는 탄성체이다. 또 시시각각 속도가 변하면서 움직이는 물체는 가속도가 있으므로 질량 m도 고려해야 한다. 따라서 진동하는 물체를 해석하려면 후크의 법칙과 뉴턴의 법칙을 동시에 고려해야 하는 것을 알 수 있다. 또 진동하는 물체의 변위(x)와 가속도(a) 그리고 힘(F)은 시시각각 변하므로 시간의 함수가 된다. 따라서 진동하는 물체의 운동방정식은 다음과 같다.

$$ma(t)+kx(t)=F(t)$$

여기서 변위 x(t)를 시간(t)으로 한 번 미분하면 속도 v(t)이고, 두 번 미분하면 가속도 a(t)이므로 $a(t)=d^2x(t)/dt^2$이다. 진동하는 탄성체는 변형하면 복원력에 의해서 제자리에 돌아오지만, 관성에 의해 평형 위치에 정지하지 못하고 지나치게 되고 이런 현상이 주기적으로 반복된다. 진동의 주기^{period}를 T[초]라고 하면, 진동수 또는 주파수^{frequency}는 주기의 역수로 표현하며 f=1/T [Hz]이다. 물체에 작용하는 진폭^{amplitude} F, 주파수 f인 주기적인 힘이 작용하면 삼각함수를 이용하여 F(t)=Fsin(2πft)로 나타낼 수 있다. 힘 F(t)에 의한 진동변위는 힘과 동일한 진동수인 f로 진동할 것이고, 변위진폭을 X라 하면 진동하는 변위의 수학식은 x(t)=Xsin(2πft-φ)로 나타낼 수 있다. 변위 x(t)를 시간으로 두 번 미분하면 가속도는 $a(t)=-(2πf)^2x(t)$가 되므로 운동방정식

ma(t)+kx(t)=F(t)에 대입하면 $[k-(2\pi f)^2 m]\ x(t) = F(t)$이다. 따라서 정지된 물체에 대한 후크의 법칙 kx=F를 진동하는 물체에 적용하려면 다음과 같이 수정되어야 한다.

$$k_d(f)x(t)=F(t),\ k_d=k-(2\pi f)^2 m$$

정지된 물체의 정강성$^{static\ stiffness}$ k와 구별하기 위하여 진동하는 물체의 강성 k_d를 동강성$^{dynamic\ stiffness}$이라고 한다. 동강성은 기존의 물체의 정강성 k뿐만 아니라 질량 m과 물체에 작용하는 힘의 진동수 f에 따라서도 변하는 것을 알 수 있다. 동강성(k_d)은 진동수 f=0인 경우 정강성 k와 같지만, 진동수 f가 증가할수록 동강성은 점점 작아지고, 힘의 진동수 f가 특정 값이 되면 동강성(k_d)이 zero가 되는 것을 알 수 있다. 동강성이 zero라는 의미는 작은 힘이 작용해도 진동하는 진폭이 무한히 커지는 것을 의미한다. 실제는 무한대까지는 아니지만 큰 진동이 발생하게 되고 심지어 구조물이 파괴될 수도 있음을 의미한다. 동강성(k_d)이 zero가 되는 진동수를 고유진동수$^{natural\ frequency}$라 하는데, m과 k만에 의해서 결정되므로 구조물의 고유한 특성이다. 구조물이 부서지려면 충분히 큰 힘을 가해도 되지만, 큰 힘이 아니어도 구조물의 고유진동수의 힘이 작용하면 구조물은 부서질 수 있다. 이것이 진동을 연구해야 하는 이유이기도 하다. 따라서 진동의 핵심 내용은 힘의 주파수와 진동 응답의 크기를 파악하는 것이다. 따라서 진동에서 가장 중요한 용어는 주파수이고, 스펙트럼이다.

아름다운 진동 방정식들

...

앞에서 언급한 진동에 대한 설명은 진동을 표현하는데 x(t)라는 하나의 좌표를 이용하여 설명하였다. 이것은 하나의 질량이 한 방향으로만 진동할 때의 운동방정식이고 1자유도계라고 말한다. 1자유도계의 운동방정식은 2계 상미분방정식으로 표현된다.

$$m\ddot{x}(t) + c\dot{x}(t) + kx(t) = f(t)$$

그리고 물체의 운동을 기술하는데 여러 개의 좌표가 필요한 다자유도계의 운동방정식은 연립 상미분방정식으로 표현된다.

$$[m]\{\ddot{x}(t)\} + [c]\{\dot{x}(t)\} + [k]\{x(t)\} = \{f(t)\}$$

질량이 연속적으로 분포하는 탄성체$^{elastic\ body}$가 진동하는 경우 운동방정식은 편미분방정식으로 표현된다. 예를 들어 줄의 장력 T, 선밀도 ρ인 현악기의 운동방정식은 1차원 파동방정식이다.

$$T\frac{\partial^2 w(x,t)}{\partial x^2} + f(x,t) = \rho\frac{\partial^2 w(x,t)}{\partial t^2}$$

타악기인 진동하는 북의 운동방정식은 2차원 파동방정식이다.

$$T[\frac{\partial^2 w(x,y,t)}{\partial x^2} + \frac{\partial^2 w(x,y,t)}{\partial y^2}] + f(x,y,t) = \rho\frac{\partial^2 w(x,y,t)}{\partial t^2}$$

횡진동하는 얇은 탄성 보$^{Euler\text{-}Bernoulli\ beam}$의 운동방정식은

$$\frac{\partial^2}{\partial x^2}[EI(x)\frac{\partial^2 w(x,t)}{\partial x^2}] + \rho A(x)\frac{\partial^2 w(x,t)}{\partial t^2} = f(x,t)$$

이다. 횡진동하는 두꺼운 탄성보$^{\text{Timoshenko beam}}$의 운동방정식은 회전관성$^{\text{rotary inertia}}$과 전단변형$^{\text{shear deformation}}$의 영향을 추가로 고려하면 더욱 복잡해진다.

$$EI\frac{\partial^4 w(x,t)}{\partial x^4} + \rho A\frac{\partial^2 w(x,t)}{\partial t^2} - \rho I(1 + \frac{E}{kG})\frac{\partial^4 w(x,t)}{\partial x^2 \partial t^2} + \frac{\rho^2 I}{kG}\frac{\partial^4 w(x,t)}{\partial t^4} = 0$$

그리고 진동하는 얇은 평판의 운동방정식이다.

$$\frac{Eh^3}{12(1-\nu^2)}[\frac{\partial^4 w(x,y,t)}{\partial x^4} + 2\frac{\partial^4 w(x,y,t)}{\partial x^2 \partial y^2} + \frac{\partial^4 w(x,y,t)}{\partial y^4}] + \rho\frac{\partial^2 w(x,y,t)}{\partial t^2} = 0$$

한편, 음파는 3차원 파동방정식$^{\text{wave equation}}$을 만족한다.

$$\nabla^2 p(\vec{r},t) - \frac{1}{c^2}\frac{\partial^2 p(\vec{r},t)}{\partial t^2} = -\frac{\partial^2 m(t)}{\partial t^2} + \nabla \cdot \vec{f}(\vec{r},t) - \sum_{ij}\frac{\partial^2 T_{ij}(\vec{r},t)}{\partial x_i \partial x_j}$$

파동방정식 우변은 음원$^{\text{acoustic source}}$을 나타낸다. 첫째 항은 유량($\dot{m}$)의 시간 변화율로 표시되는 단극자^{monopole} 음원으로 무지향성 특성을 갖는다. 기포^{bubble}의 공동현상^{cavitation}, 연소, 유체 분사 등에서 발생하는 소음이다. 둘째 항은 쌍극자^{dipole} 음원으로 유체^{공기} 속 장애물이 유체에 작용하는 힘에 의한 소음이다. 나뭇잎이 바람에 흔들리는 소리, 회전하는 팬^{fan}이나 터빈 날개$^{\text{turbine blade}}$의 소음 등이다. 구조물의 진동은 단극자와 쌍극자 소음을 동시에 발생시킨다. 셋째 항은 4극자$^{\text{quadra-pole}}$ 음원으로 유체의 난류에서 발생하는 소음이다. T_{ij}를 Lighthill stress tensor라 한다.

음원을 무시하고 파동방정식을 주파수 영역으로 변환하면 헬름홀츠^{Helmholtz} 방정식이 된다.

$$\nabla^2 P(\vec{r},\omega) + \left(\frac{\omega}{c}\right)^2 P(\vec{r},\omega) = 0$$

여기서 음압^{acoustic pressure}의 진폭 $P(\vec{r},\omega)$은 위치($\vec{r}$)와 주파수(ω)에 따라 변한다.

진동을 발전시킨 과학자들

...

갈릴레오 갈릴레이$^{Galileo\ Galilei,\ 1564-1642}$는 우주가 지구를 중심으로 회전한다고 가르치던 로마 가톨릭 교회의 천동설을 부정하고, 지구가 태양을 중심으로 회전한다는 지동설을 주장했다가 종교재판에서 지동설을 철회하고 풀려나오면서 "그래도 지구는 돈다."라고 했다는 유명한 일화가 있다. 갈릴레이는 교회 천장에 있는 램프가 진자운동을 하는 것을 관찰하다가 진자의 주기는 진폭과 무관하고 길이에 따라 변한다는 사실을 발견한 것이 진동 연구의 기원으로 받아들이고 있다. 고교 물리에 진자운동의 주기 공식을 배웠던 기억이 있다. 갈릴레이는 현^{string}의 길이 장력 밀도와 진동수의 관계도 측정했다고 한다. 주파수와 음높이^{음정}의 관계를 연구하면서 음향학^{Acoustics}이라는 용어를 처음 사용한 요셉 사보르$^{Joseph\ Sauveur,\ 1653-1716}$는 현^{string}의 진동하는 모양$^{vibration\ mode}$을 발견했는데, 진동 모양에서 진동하지 않는 특정 점을 처음으로 절점^{node}이라 불렀다. 절점이 많을수록 높은 주파수의 음이고 절점이 없는 기본음$^{fundamental\ frequency}$의 정수배가 되는 것을 발견하여 배음^{harmonics}이라 명명하였다. 사보르가 명명한 용어들은 지금도 그대로 사용되고 있다. 음정이 약간 다른 두 오르간 소리에서 맥놀이^{beating} 현상도 발견하였다. 아이작 뉴턴$^{Issac\ Newton,\ 1642-1727}$은 1686년 그의 불후의 명작인 『Philosophiae naturalis principia mathematica』에서 세 가지 운동 법칙과 만유인력 법칙을 제시하여 동역학과 진동을 이론적으로 접근하는 계기를 마련하였다. 특히 제2 운동법칙인 F=ma는 누구나 들어본 적이 있는 아름다운 법칙이다. 또 고등학교에서 배웠던 미분과 적분을 처음으로 제안하였다. 고교 시절 미적분을 배우면서 어디에 사용할지 궁금했었는데 기계공학의 모든 이론은 미분과 적분으로 표시된다고 하여도 과언이 아니다. 현대 물리학에서 취급하는 양자역학과 구별하여 뉴턴의 운동 법칙을 기본으로 하는 고전 역학을 뉴턴 역학이라고 부르고 있다. 누가 뭐래도 뉴턴 역학은 기계공학의 근본이다.

임의의 함수를 무한급수로 나타내는 테일러급수$^{Taylor\ Series}$를 개발한 브룩 테일러$^{Brook\ Taylor,\ 1685-1731}$는 뉴턴의 법칙을 적용하여 현의 기본진동수를 구하는 공식을 유도하였으며, 갈릴레이가 측정한 주기와 일치했다. 그리고 베르누이$^{Daniel\ Bernoulli:\ 1700-1782}$와 오일러$^{Leonard\ Euler,\ 1707-1783}$는 테일러의 연구를 확장하여 진동하는 현^{string}의 편미분방정식을 완성하였다. 그리고 굽힘을 받는 얇고 충분히 긴 보^{beam}의 진동에 대한 운동방정식도 유도하였으며, 지금도 Euler-Bernoulli beam이라 부른다. 라그랑주$^{Joseph\ Lagrange,\ 1736-1813}$는 미분 개념을 확장한 변분법^{variation}을 개발하였고 여러 질점으로 이루어진 다자유도 계의 운동방정식을 에너지를 이용하여 해석적으로 유도할 수 있는 Lagrange 방정식을 제시하였다. 해밀턴$^{William\ Rowan\ Hamilton,\ 1805-1865}$은 변분법을 이용하여 적분 방정식으로 운동방정식을 유도하는 해밀턴 원리$^{Hamilton\ principle}$를 제시하여 라그랑주 이론을 연속계$^{continuos\ system}$로 확장하였다. 푸리에$^{Jean-Baptiste\ Joseph\ Fourier,\ 1768-1830}$는 임의의 주기함수를 조화함수의 합으로 표현하는 푸리에 급수를 제시하여 진동소음 분야에서 가장 중요한 주파수 분해를 가능하게 하였다. 레일리$^{John\ William\ Strutt\ Rayleigh,\ 1842-1919}$는 1877년 에너지 보존법칙을 이용하여 진동의 기본주파수를 구하는 방법을 제시하였으며, 지금도 진동 교재에서 레일리법을 가르치고 있다. 추후 여러 고유진동수를 동시에 구하는 방법인 Rayleigh-Ritz법을 제시하였다. 또 Theory of Sound라는 책을 발간하면서 음향학 이론적 연구의 시초가 되었다. 고체역학 분야에서 유명한 티모센코$^{\text{Stephen Timoshenko, 1878-1972}}$는 Euler와 Bernoulli의 얇은 보$^{\text{thin beam}}$ 이론에 회전관성$^{\text{rotary inertia}}$과 전단변형$^{\text{shear deformation}}$ 효과를 추가하여 두꺼운 보$^{\text{thick beam}}$에 대한 운동방정식을 유도하였다. 현재 두꺼운 보를 Timoshenko beam이라 부른다. 그리고 민들린$^{\text{Raymond D. Mindlin, 1906-1987}}$은 회전관성과 전단변형을 고려한 두꺼운 평판에 대한 운동방정식을 유도하였다.

그 외 비선형 진동$^{\text{nonlinear vibration}}$과 확률 진동$^{\text{random vibration}}$에 관한 연구도 이루어지고 있다. 또 컴퓨터를 이용한 전산해석으로 유한요소법$^{\text{finite element method}}$과 경계요소법$^{\text{boundary element method}}$이 개발되어 널리 사용되고 있고, 측정 신호 분석에 관한 다양한 연구도 이루어지고 있다. 최근 들어 인공지능$^{\text{artificial intelligence}}$ 기술이 도입되면서 딥러닝$^{\text{deep learning}}$을 이용한 진동소음 신호의 불량부품 판별이나 실사용 제품에서 측정한 진동소음 신호의 빅 데이터$^{\text{big data}}$ 구축에 관한 연구도 활발히 이루어지고 있다.

관심 연구 분야의 변천

* * *

나는 대학을 졸업할 때까지 전공과목 중에서 고체역학만큼 재미있는 과목을 만나지 못했다. 따라서 KAIS 대학원에서의 전공은 조금의 망설임도 없이 고체역학을 전공하게 되었다. 그러나 그 과목의 내용이 깊어지면서 점점 내가 느끼는 전공의 어려움도 켜져 갔다. 수십 년 전에 누군가가 만들어 놓은 이론을 제대로 따라가는 것조차 어려워하는 나를 보면서 옛 과학자에 대한 존경심과 나의 능력의 한계를 느끼곤 하였다. 부산대학교에 교수로 임용되고 첫 강의도 고체역학을 맡았다. 당시에 교수의 역할은 연구보다 강의 위주였다. 해가 지나면서 담당하는 과목이 점점 다양해지고 동역학, 진동, 자동제어, 기계설계 등 많은 과목을 강의하였다. 학생 시절에 강의를 듣는 것보다 학생을 가르치기 위한 준비를 하면서 과목의 개념을 점점 확실히 이해하게 되었다. 지금도 가끔 학생들에게 본인이 이해했다고 생각되는 개념을 단순히 머리로만 받아들이지 말고 구두로 남에게 명료하고 쉽게 설명을 해보라고 한다. 그러면 스스로 모순을 발견하기도 하고, 설명 과정에서 받은 질문에서 개념이 점점 확실하게 되는 것을 스스로 경험했기 때문이다. 여러 과목을 가르치고 과목의 깊이를 알게 되면서 동역학, 진동, 자동제어가 고체역학보다 훨씬 더 재미있는 과목으로 느껴졌다.

일본 유학을 준비하던 중 동경공업대학의 진동 전공 교수와 동경대학의 자동제어(로봇) 전공 교수 양쪽 모두에게서 입학해도 좋다는 허락을 받았었다. 나는 유학을 마치면 부산대학교에 복직할 예정이므로 기계공학부 교수 전공 현황을 고려하여 진동을 전공하기로 결정하였고 동경공업대학으로 진학하였다. 나가마츠^{長松} 실험실은 구조물에서 측정된 진동신호를 분석하여 구조물의 특성을 파악하는 연구와 구조물 진동의 전산해석 기법인 유한요소법을 연구하는 실험실이었다. 원만한 성격을 지닌 지도교수를 만난 것은 행운이었고, 실험과 전산을 동시에 배울 수 있었던 것은 귀국 후 나의 연구에 훌륭한 무기가 되었다.

부산대학교에 복직한 후 나는 진동 전공 교수로서 위치를 공고히 할 수 있었다. 귀국 후 점차 대학교의 연구 분위기가 활성화되었고, 산업체와 연구 프로젝트도 수행하게 되었다. 그리고 산업체의 수요를 충족시키기 위해서는 진동뿐만 아니라 소음의 필요성을 알게 되었다. 그 후로 소음을 공부하여 전공 범위를 확장하였으며, 진동보다 소음에 관한 연구를 더 많이 진행하게 되었다. 실험실의 이름도 '진동모드해석 실험실'에서 '소음진동 실험실'로 변경하였다.

1980년대의 연구 분위기

. . .

신임 교수 초창기인 1980년대는 대학교에서 연구에 대한 마인드가 별로 없었고, 중·고등학교 교사와 마찬가지로 강의 위주였다. 단지 1년에 한 편 이상의 형식적인 논문 실적이 필요했는데, 학교마다 게재가 가장 쉬운 교내 연구소에서 발간하는 논문집에 투고하면 되었다. 최근의 추세인 해외저널에 투고한다는 것은 고려하지도 않았고 전혀 필요하지도 않았다. 또 대학원에 진학하는 학생도 거의 없었고 극히 일부 진학하는 학생들은 당연한 듯 원로 교수들이 맡아서 지도하였다. 대신 신임 교수들의 강의 시간은 일주일에 20시간을 웃돌았지만, 강의 외에 신경 써야 할 일은 별로 없었다. 대신 대학에는 매일같이 데모가 있었기에 휴강이 잦았고 경찰서에 붙잡혀 간 학생도 있었다. 그런 경우 그 학생의 지도교수가 경찰서에 방문해서 데리고 와야 했고, 요주의 학생에 대한 면담 보고를 해야 했다. 정부에서는 수업에 대한 출석 관리 체크를 철저히 하라는 지시가 내려왔으며, 수업을 빠지고 데모에 참여한 학생이 출석으로 처리되어 있으면 해당 교수를 문제 삼기도 했다. 그 외에는 자신이 맡은 과목의 강의 준비만 잘하면 되었다. 따라서 강의를 마치고 쉬는 시간에는 동료 교수들끼리 모여서 잡담을 하거나 게임을 하면서 시간을 보냈다. 이 시기는 대학교수이지만 연구에 대한 고민 없이 맡은 강의만 잘 진행하면 되었으므로 정신적으로 가장 고민이 없던 시절이었던 것 같다.

일본 유학 시절(1986-1990)의 연구

...

유학 시절 연구했던 내용은 생소할 수 있지만 '실험모드해석experimental modal analysis'이라는 분야이다.

대학 기계공학과 전공과목인 역학mechanics 과목에서는 물리적 현상에 대한 원리를 이해하고 물리법칙을 유도하게 된다. 이때 인과관계를 나타내는 물리법칙을 지배방정식governing equation으로 나타내는데 대부분 미분방정식differential equation으로 표현된다. 미분방정식의 우변을 입력input이라 하고 진동에서는 기계에서 발생하는 힘이고, 소음에서는 소음원이다. 미분방정식의 해solution를 출력output이라 하고 진동하는 기계의 가속도acceleration 또는 소음의 음압acoustic pressure에 해당한다. 대학 수업에서는 지배방정식을 수학적으로 풀어서 입력에 대한 출력을 구하는 풀이 과정을 주로 다루게 되는데, 이런 과정을 해석analysis이라 한다.

역으로 미분방정식과 출력을 알려주고 입력을 찾는 과정은 어떨까? 즉, 지금까지 다뤘던 수학 문제를 답에서부터 거꾸로 푸는 과정이고 생각하면 된다. 이런 해석의 역과정의 접근법을 수학에서는 역문제inverse problem라 하고, 진동에서는 소스source 또는 가진력force의 규명identification이라 부른다.

그러면 이번에는 입력(기계에서 발생한 힘 신호)과 출력(진동하는 기계의 가속도 신호)을 알려주고 미분방정식을 찾으라고 하면 어떨까? 아마도 해석이나 역문제보다 더 까다로울 것이다. 이런 접근을 공학에서는 시스템 규명system identification이라고 한다. 물론 그 답을 만족하는 방정식은 무수히 많을 수 있으므로 추가적인 정보가 필요하다. 실험모드해석이란 진동 구조물에 대한 identification$^{규명\ 또는\ 동정}$의 일종이다. 진동 구조물에 한정하여 실험으로 측정한 진동데이터$^{미분방정식의\ 입력과\ 출력에\ 해당}$로부터 지배 방정식을 추정하고, 구조물의 주요 진동 특성을 추출해내는 과정이 실험모드해석이다.

　일본 유학 초장기에는 처음 접하는 내용으로 지도교수가 지은 モ―ド解析$^{모드해석,\ Modal\ anlaysis}$이라는 전공 책을 마스터하기 위하여 몇 달간 머리를 싸매고 공부했었다. 이 분야를 연구하려면 가속도계로 측정된 진동하는 시간 신호를 주파수로 변환하기 위한 푸리에 변환$^{Fourier\ Transform}$이 기본이고, 데이터 분석을 위한 신호처리가 필요하다. 계측기는 푸리에 변환을 위한 FFT 분석기가 사용되었다. 귀국 당시에는 내가 터득한 고급 신호처리 기술이 내장된 FFT Analyzer를 직접 고안 제작하여 국내에서 판매하는 사업을 하는 것도 좋겠다고 생각했지만, 어차피 안정된 직장이 있다 보니 실현하지는 않았다. 그러나 기술의 발전과 함께 지금의 FFT 분석기에는 내가 생각했던 실험모드해석 기술이 모두 내장되어 있고, 지금은 더 이상의 연구가 별로 이루어지지 않는 학문이 되었다. 그러나 계측기를 잘 다루고 측정 신호를 잘 분석하려면 반드시 필요한 기술이다. 나는 부산대학교 기계공학부 대학원에서 '실험모드해석' 전공과목을 개설하여 대학원생에게 진동 신호처리에 대한 강의를 담당했었다.

1990년대(전반기)의 연구

...

해외 유학(1986.3.-1990.2.)을 마치고 귀국한 1990년대는 국내 대학원 연구의 태동기라고 할 수 있다. 국내 산업체도 단순한 저부가가치 제품의 대량생산에서 고부가가치 제품을 개발하기 위한 연구인력을 요구하기 시작했고, 대학원도 활성화되기 시작하였다. 내가 박사학위를 마치고 귀국한 시기와 국내 대학 연구의 활성화 시기가 일치한 점은 나에게 큰 행운이었던 것 같다. 대학원생의 졸업 요건에는 논문 게재 의무가 없었고, 논문심사만 통과하면 졸업할 수 있었다. 논문 게재에 대한 압박은 그다지 크지 않았으므로 학생 지도에 큰 부담은 없었다. 귀국 후 실험실 이름을 '진동모드해석 실험실'로 명명하였고, 대학원생을 매년 1~2명 정도 받아서 같이 연구를 진행하였다.

1990년도 초반에 창원에 소재한 LG전자에서 연구원 재교육을 위한 위탁교육 요청이 있었다. 부산대에서 실시한 위탁교육에 대한 LG전자의 반응이 너무 좋아서 기왕이면 석·박사 정규과정으로 이어지면 더욱 바람직하겠다는 공감대가 형성되고, 몇 년간의 준비 작업을 거쳐 1995년 3월 부산대학교 기계기술연구소에 일반대학원 지능기계시스템 전공을 개설하였다. 그 당시 기계기술연구소 기획실장을 맡고 있던 나는 신설 학과에 필요한 교과과정과 입시선발 및 운영을 맡아서 진행했다. 제1회 입학생 20명에 대한 개별 면담과 지도교수 배정 등도 맡아서 했다. LG전자 연구원들이 대학원 과정에 입학하면서 연구도 점차 가전에 대한 분야로 넓혀지는 계기가 되었다. 또 LG전자와 연구 과제도 수행하게 되면서 나의 실험실에서도 가전제품의 진동소음에 관한 연구를 진행하게 되었다. 한편으로는 진해에 소재한 국방과학연구소(ADD)와도 연구를 진행하기 시작하면서 관심 분야가 수상함이나 잠수함의 진동소음으로 넓어졌다. LG전자와 연구 과제를 진행하면서 소비자로부터 소음에 대한 불만 접수가 아주 많다는 것을 알게 되었고, 진동 문제 해결보다 저소음 제품 개발이 더욱 절실하다는 것을 깨닫게 되었다. 나는 박사과정에서 진동을 전공하였기 때문에 소음 분야는 나의 전공이 아니라고 생각했지만, 산업체에서는 진동과 소음은 분리되어 있지 않고 하나의 진동소음팀으로 이루어져 있다. 그리고 산업체에 진출한 졸업생들의 피드백을 받아보면 다른 대학 출신과 비교하여 진동 분야는 충분한 실력을 갖추고 있지만, 소음 분야에 약점이 있다고 하였다. 나는 우리 실험실 졸업생들의 경쟁력 확보를 위하여 진동뿐만 아니라 소음 분야의 교육도 절실하다고 판단하였다. 그러나 당시 부산대학교에는 소음 전공 교수가 없었다. 따라서 내가 직접 공부해서 연구 분야를 넓혀 갔다. 대학원생에게 소음에 관한 연구 주제를 제시하고 같이 고민하면서 실력과 경험을 쌓아갔다.

당시 학과의 분위기는 교수들의 의욕에 비하여 대학원에 진학하는 학생이 적어서 항상 대학원생 배분에 대한 논쟁이 많았다. 대학원생을 골고루 배분하기 위하여 교수별로 인원 제한이 있어서 학생들의 불만도 커졌으며, 원하는 지도교수에게 배정되지 않으면 대학원을 포기하기도 했다. 그러나 학부 입학정원을 줄이면 대학원 입학정원을 증원할 수 있는 제도가 일시적으로 시행되면서 대학원생 문제가 해결되었고, 1996년부터 대학원생을 충분히 받을 수 있게 되었다.

2000년대 (중반기)의 연구

∴

산업체의 수요에 의해서 나의 관심은 진동에서 소음 분야로 확장되어 갔다. 소음을 공부하면서 궁금한 점이 생겼고, 궁금한 점을 해결하기 위하여 더 깊이 공부해야 하는 동기 부여가 되면서 점점 흥미가 생기게 되었다. 진동 전공자가 소음 분야를 개척하는 것은 비교적 수월하다는 것을 알게 되었다. 진동이 구조물의 떨림이라면 소음은 공기의 떨림이라는 공통된 특징을 갖고 있다. 또 측정 데이터에 대한 신호처리 기술은 동일하였다. 진동은 가속도계에서 가속도 신호를 측정하고 소음은 마이크로폰에서 음압 신호를 측정한다. 두 신호 모두 전기 신호일 뿐 신호처리 과정은 완전히 동일했다. 굳이 구별하면 진동 신호는 2~3kHz 이하의 저주파수 신호에 관심이 있지만, 소음 신호는 20kHz까지의 비교적 고주파수 신호에 관심이 있다.

진동소음의 연구 분야는 크게 시험분석 experimental analysis 과 전산해석 numerical analysis 으로 나눌 수 있다. 나는 박사과정에서 시험 데이터 분석 처리에 관한 연구를 진행했으므로 귀국 초창기인 1990년대에는 주로 시험분석에 관한 연구를 수행했다.

그러나 진동소음 분야의 완전체를 이루기 위하여 전산해석 분야로 확장할 필요를 느꼈다. 그리고 유한요소법 finite element method 에 관한 공부를 시작했고, 진동해석을 위한 유한요소 in-house code를 개발했다. 특히 국방과학연구소 ADD 에서 공모한 수중운동체 특화 연구센터 UVRC 의 세부과제인 '감쇠구조물 진동해석을 위한 유한요소 기술 개발'에 선정되면서 유한요소 해석에 관하여 2004년부터 2012년까지 9년에 걸친 장기간의 연구를 수행할 수 있었다. 또 유한요소해석에 의한 전산진동해석 연구를 음향해석으로 확장하였다. 나아가서는 경계요소법$^{boundary\ element\ method}$을 공부하여 전산 음향해석으로 연구 분야를 확장하였다.

나의 연구는 박사과정 연구주제였던 실험진동해석에서 출발하여 전산진동해석으로 확장하였고, 산업체의 수요에 의해서 실험음향해석, 전산음향해석으로 연구 분야를 확장하여 구조소음$^{structure\text{-}born\ noise}$에 관한 연구를 진행하였다. 그리고 마침내 진동소음 분야의 실력을 갖춘 과학자가 되었다고 스스로 자부하게 되었다.

2010년대(후반기)의 연구

· · ·

소음진동실험실은 기계공학부에서 가장 인기 있는 실험실 중 하나가 되었으며, 매년 우수한 학생들이 진학하고 알찬 교육을 받으며 실력을 갖추어 사회에 진출하였고 능력을 인정받게 되었다. 우리 실험실 출신이라는 것만으로 국내 회사는 대부분 합격하였다. 대학원생들이 재학하는 동안 실험실 생활에 만족하고 졸업하여 좋은 직장에 취업하니 자연스럽게 우수한 학부생들이 진학을 희망하게 되는 선순환 구조를 이루면서 실험실은 전성기를 맞이했다. 실험실에서 다루는 실험분석과 전산해석에 관한 노하우$^{know-how}$는 선배에서 후배에게 자연스럽게 기술 이전이 되었다. 실험실을 거쳐 간 졸업생들도 실험실에 대한 좋은 추억을 갖고 후배들을 이끌어주면서 좋은 유대관계를 형성해 갔다. 또 스승의 날 근처인 5월에 실험실 홈커밍데이를 개최하여 교수와 졸업생 그리고 선배와 후배 간의 유대관계를 돈독히 하고 정보 교환의 장을 마련했다.

그리고 연구력 강화를 위하여 위덕대의 안세진 교수와 울산과학대의 홍진숙 교수를 영입하여 대학원생들을 지도하고 공동 연구를 진행하였다. 위덕대와 울산과학대는 대학원 과정이 활성화되어 있지 않았으므로 연구에 어려움이 있었지만, 대학원생과 연계하여 공동 연구를 진행하여 서로 윈-윈$^{win-win}$할 수 있었다. 안 교수는 나의 제자로 자동차 회사에 오래 근무한 경험을 바탕으로 진동소음 측정 및 데이터 분석에 강점을 갖추고 있으며, 홍 교수는 국방과학연구소에 근무했던 경험을 바탕으로 진동소음 전산해석에 강점이 있다. 따라서 진동소음의 수학적 이론과 신호처리 및 전산해석의 원리에 강한 나와 합쳐서 서로 윈-윈 할 수 있었다. 나는 학생 지도와 연구의 일부를 두 교수에게 위임하면서 정신적, 육체적으로 많이 편하게 연구할 수 있었다. 이런 공동 연구가 지속될 수 있었던 것은 내가 연구비 배분에 욕심을 내지 않고 베풀려고 했고, 논문을 투고할 때 주저자도 양보하는 배려를 했기 때문일 것이다. 황금알을 낳는 거위 이야기처럼, 내가 욕심을 내지 않고 베풀어야 서로의 관계가 지속될 수 있고 결국 모두에게 이득이 되어 돌아오는 것이다.

두뇌한국(Brain Korea) 21

...

2000년대에 들어서면서 대학의 연구 능력이 향상되었고, 주요 대학을 중심으로 외국 저널에 많은 논문을 투고하기 시작하였다. 산업체에서도 대학의 연구 능력을 점차 인정하게 되었고, 대학과 함께 제품의 문제점을 해결하고 기술력을 확보하려는 움직임이 생겼다. 그리고 산업체에서도 대학에 연구 과제를 의뢰하기 시작하였다.

정부도 국제적 경쟁력을 갖춘 국내 산업의 지속적 발전을 위하여 대학의 연구력 향상이 필수적이라고 판단하기 시작하였다. 그리고 연구비를 모든 대학에 지원할 수 없으므로 집중 지원을 위하여 연구중심대학과 교육중심대학으로 구별하려고 시도하였다. 그 결과 1999년도부터 대학원 지원 사업인 제1단계 BK21$^{Brain\ korea\ 21}$사업이 시작되었다. 21세기 지식 기반 사회에 대비하기 위하여, 정부에서 7년간 연구중심 대학원을 지원하는 사업으로 대학원생의 인건비와 연구 기자재 구입 및 연구 활동을 지원하는 사업으로 전국 대학들은 대학의 자존심을 걸고 선정되려고 노력하였다. 부산대학교 기계공학부에서도 나를 포함한 모든 교수가 제안서 작성을 위하여 동원되어 많은 시간을 들였던 기억이 있다. BK21사업의 선정 기준 중에서 가장 중요한 요소가 SCI$^{Science\ Citation\ Index}$ 등재 논문의 양적 평가였다. BK21사업은 전국의 모든 대학이 지원할 수 있는 전국구 모집과 상대적으로 연구력이 떨어지는 지방 대학을 보호하기 위한 지역구로 분리 지원하였다. 혜택은 거의 동일했다. 그러나 당시 자신감이 넘쳤던 부산대 기계공학부 교수들은 안전한 지역구 신청을 마다하고, 서울대를 포함한 서울지역 대학들과 KAIST와 포항공대 등과 경쟁하는 전국구에 지원하였지만 아깝게도 탈락해버린 쓰라린 추억이 있었다. 이 사건 이후로 부산대 기계공학부 교수들은 절치부심 연구업적을 더욱 강화하였으며 드디어 2006년 2단계 BK21사업에 선정되었고, 연이어 2013년 3단계에 해당하는 BK21 Plus 사업과 2020년 4단계에 해당하는 BK21 FOUR 사업에 선정되는 능력을 발휘하고 있다.

BK21사업이 시작되면서 국내 대학교의 연구 분위기는 확연히 바뀌게 되었다. BK21사업에서 국내 타 대학보다 연구력의 우위를 확보하기 위해서는 SCI 논문 게재 실적이 무엇보다도 중요하였다. BK21사업의 가장 큰 예산은 대학원생의 인건비를 지원하는 것이고, 그 외 해외학회발표 등을 지원하였다. 교수에게 직접적으로 돌아오는 혜택은 별로 없었지만, 공대 교수에서 무엇보다도 학생 인건비의 짐을 덜 수 있는 큰 혜택이었다. BK21사업은 전체 교수의 70% 이하의 인원만 참석 가능하였고, 그 교수 실험실의 70%의 대학원생은 장학금을 지원받을 수 있었다. BK21 인건비를 지급 받지 못하는 대학원생을 위하여 정부과제나 회사과제도 추가로 수행할 필요가 있었다.

부산대 기계공학부도 교수들에게 SCI 논문 게재를 독려하였고, 매년 업적 평가를 통하여 BK21사업의 참여교수를 변경하는 in-out 시스템을 도입하였다. 논문 편수 확보에 가장 효과적인 방법으로 박사학위 학생의 학위청구 자격으로 제1 저자로 게재된 3편 이상의 SCI 논문을 요구하였는데, 아마도 당시 국내 대학 중에서 가장 엄격한 규정일지 모른다. 이 부담은 박사과정 학생 본인뿐만 아니라 박사과정을 데리고 있는 모든 지도 교수에게도 큰 부담으로 작용하였고 덩달아서 논문 작성에 신경을 쓸 수밖에 없었다.

특히 내가 전공하는 소음진동 분야는 비교적 오래된 학문으로 산업체의 수요는 많지만 최신 연구 분야와 비교하여 논문 게재가 쉽지 않다. 따라서 기초적이고 학술적인 논문보다는 응용 연구를 우선으로 진행하였고, 수시로 대학원생들의 논문 게재 상황을 실험실에 공지하여 은근히 독려하기도 하였다. 그 영향으로 주로 국내 논문을 열심히 투고하던 우리 실험실도 해외 SCI 논문에 투고하는 분위기로 바뀌기 시작하였다. 그리고 2004년경부터 국내 논문보다 SCI 논문 편수가 더 많아지기 시작하였다.

BK21사업 덕택에 나도 열심히 연구해야 했고, 그 결과 실험실의 연구 인력이나 연구논문 그리고 연구과제 수행도 아주 활발히 진행하면서 바야흐로 실험실의 전성기를 맞이하였다. 2013년 8월에 시작된 3단계 BK21 Plus 사업은 2020년 8월에 종료되었는데, 나의 퇴직을 한 학기 앞둔 시기라서 대학원생을 마무리하는 시기와 비슷하여 그나마 다행이었고 대학원생의 인건비 부담을 마지막까지 덜 수 있었다.

한국소음진동공학회(KSNVE) 활동

· · ·

한국소음진동공학회Korean Society for Noise and Vibration Engineering는 1990년 7월 창립되었으며 국내 대학, 연구소, 산업체, 국가기관 등에서 소음진동을 전공하는 과학자들이 모여서 논문 게재, 학술대회 발표 및 기타 행사를 통하여 서로 교류하는 기관이다. 국내 소음진동 전공자는 거의 모두 참여하고 있다고 해도 과언이 아니다. 내가 소음진동을 전공하고 1990년 2월에 귀국하였고, 마침 한국소음진동공학회도 같은 해에 활동을 시작하였다.

나의 연구 활동을 위한 국내 학회로는 대한기계학회, 한국정밀공학회, 한국소음진동공학회, 박용기관학회 등 여러 학회가 있다. 처음에는 여러 학회에 참가하다가 자연스럽게 진동소음 전공자들이 가장 많이 참가하는 한국소음진동공학회에 집중적으로 참가하여 활동하게 되었다. 한국음향학회도 있지만 전기전자공학 위주의 학회이므로 별로 참석하지 않았다.

1995년 한국소음진동공학회 학술대회에서 첫 발표를 시작으로 춘계 및 추계 학술대회에 꾸준히 참가하였다. 대학원생이 그동안 수행했던 연구 내용을 가능한 학술대회에서 발표하고 논문집에 게재하도록 하였다.

첫 발표를 시작한 1995년부터 정년퇴직 시기인 2020년 말까지 한국소음진동공학회에 게재하고 발표한 논문 편수를 표에 나타냈다. 26년간 다른 학회를 제외하고 한국소음진동공학회에 게재한 논문 수는

95편이고, 학술대회에서 발표한 논문 수는 210편이었다. 평균을 내면 매년 3.7편의 논문 게재와 8.1편의 학술대회 발표를 한 셈이다. 이것은 해외 논문집이나 다른 학회 논문 수를 제외한 숫자이다. 아마도 한국소음진동공학회에서 가장 많은 논문을 기여한 교수 중 한 명일 것으로 짐작한다. 게재논문 수를 보면 대학원생 수가 증가한 2000년대에 들어 연구가 정상 궤도에 올랐으며, 특히 2011-2015년 사이에 가장 왕성한 연구 활동이 이루어졌다고 할 수 있다.

[표] 한국소음진동공학회 게재/발표 논문 수

	1995–2000	2001–2005	2006–2010	2011–2015	2016–2020	계
논문집 게재	13 편	10 편	19 편	33 편	20 편	95 편
학술대회 발표	17 편	32 편	45 편	70 편	46 편	210 편

이렇게 활발한 연구 활동으로 우리 실험실은 특히 국내 소음진동 분야의 대표적 연구실로 알려졌고, 국내 산업체에서 우리 실험실 출신 대학원생을 데려가려는 요청이 많아졌다. 대부분의 대학원 졸업생들은 국내 대기업이나 연구소 등 본인이 원하는 직장으로 진출할 수 있었다. 나 또한 활발한 연구를 하는 젊은 학자에게 수여하는 강월논문상을 1999년에 수상하였고, 한국소음진동공학회에서 가장 큰 상인 학술상을 2015년에 수상하였다. 이어서 2016년에 한국소음진동공학회 석학회원[Fellow]으로 추대되었다. 또한, 2018년 Marquis Who's Who 세계인명사전에도 등재되었다.

한국소음진동공학회에서의 활동으로는 2007년부터 2008년까지 2년간 학술이사를 맡으면서 춘계 및 추계 학술대회 개최를 주관하였다. 그리고 2013년부터 2014년까지 2년간 부회장 겸 편집위원장을 맡아서 한국소음진동공학회 논문집 관리와 학회지 발간을 책임지고 수행하였다.

1995.04.	한국소음진동공학회 첫 논문 발표
1999.10.	한국소음진동공학회 강월논문상
2007.01.-2018.12.	한국소음진동공학회 학술이사
2009.01.-2010.12.	한국소음진동공학회 감사
2013.01.-2014.12.	한국소음진동공학회 부회장 및 편집위원장
2015.10.	한국소음진동공학회 학술상 수상
2016.01.-2017.12.	한국소음진동공학회 윤리위원장
2016.11.	한국소음진동공학회 석학회원(Fellow) 추대
2017.07.	Marquis Who's Who 세계인명사전 등재
2021.02.	한국소음진동공학회논문집 게재논문 수 95편
	한국소음진동공학회 학술대회 발표논문 수 210편
	정년퇴직

연구업적 현황

부산대 교수로 재직하면서 논문집에 게재한 논문 수는 국내 126편과 국외 98편으로 224편이고, 학술대회 발표는 국내 242편과 국외 35편으로 277편으로 총 501편의 논문을 게재하거나 발표하였다.

연도	연구논문			학술대회			논문+학술
	국내	국외	게재 수	국내	국외	발표 수	합계
2021	3	4	7	0	0	0	7
2020	2	7	9	3	0	3	12
2019	2	7	9	8	4	12	21
2018	6	3	9	15	5	20	29
2017	5	9	14	13	3	16	30
2016	6	5	11	11	2	13	24
2015	7	3	10	12	2	14	24
2014	4	6	10	19	3	22	32
2013	5	6	11	13	3	16	27
2012	7	8	15	16	2	18	33
2011	11	2	13	14	3	17	29
2010	6	4	10	16	2	18	28
2009	9	4	13	15	1	16	29
2008	5	0	5	7	0	7	12
2007	2	2	4	7	0	7	11
2006	2	3	5	7	0	7	12
2005	0	5	5	4	0	4	9
2004	1	6	7	4	0	4	11
2003	3	2	5	7	0	7	12
2002	8	3	11	15	1	16	27
2001	1	5	6	2	0	2	8
2000	5	1	6	2	0	2	8
1999	6	0	6	10	0	10	16
1998	2	0	2	4	0	4	6
1997	4	0	4	3	1	4	8
1996	3	1	4	3	0	3	7
1995	4	0	4	6	0	6	10
1994	7	2	9	6	3	9	18
계	126	98	224	242	35	277	501

연구과제의 회상

...

소음진동 분야는 오래된 기초 연구 분야로 학문적 성격보다는 국내 산업체에서 발생하는 현장 문제를 해결하는 트러블 슈팅trouble shooting 성격이 강하다. 나의 전공은 계측된 소음진동 신호를 분석 처리하는 분야와 유한요소와 경계요소라는 전산해석으로 현장 문제 해결에 특화된 전공이라 할 수가 있다. 부산대학교에 처음 발령받은 1980년대는 강의만 하던 시절이고 연구 과제도 없었다. 박사학위를 마치고 귀국한 1990년대부터 대학교에 연구 분위기가 형성되었다. 그동안 한국연구재단 등 정부과제도 수행했지만, 소음진동 분야의 특성상 산업체와의 연구과제를 주로 수행하였다. 대부분의 산업체 과제는 회사의 긴급한 필요에 의한 1년 이내의 단발성 연구과제였다. 그러나 LG전자와 국방과학연구소와는 재직 기간 내내 끊이지 않고 연구과제를 수행하였다.

대학원생들이 산업체 연구 프로젝트에 참여하면서 소음진동의 실질적 현장 문제를 해결하는 절차를 배우고 습득하였다. 우리 실험실의 학생들이 대학원을 졸업할 때, 그들의 실무 능력은 국내 어느 일류 대학 출신보다 경쟁력이 있다고 자부한다. 이렇게 현장 문제 해결 능력을 갖춘 대학원생이 졸업하고 취업하면 회사에서 능력을 인정받게 되었으며, 우리 실험실 출신에 대한 신뢰도 덩달아 높아졌다. 그리고 취업 시즌이 되면 여러 산업체에서 우리 실험실 졸업생을 데려가려고 연락이 오곤 하였으며, 대학원생들의 프라이드도 덩달아 높아만 갔다.

LG전자와 1996년 첫 연구 과제를 시작으로 2018년까지 23년간 30개 이상의 연구 과제를 수행했으므로 매년 1.4개의 과제를 끊임없이 수행한 셈이다. 압축기 진동소음 관련 과제가 18개이고, 냉장고 진동소음 관련 과제가 7개, 에어컨 진동소음 과제가 4개이고 그 외 세탁기 과제 등이 있었다. 이와 같이 나의 산업체 연구과제의 대부분은 LG전자 가전제품의 소음진동과 함께했다고 해도 과언이 아닐 것이다. 또 연구 과제를 수행했던 많은 대학원생들은 자연스럽게 LG전자에 진출했고, 나의 제자들이 능력을 인정받으면서 직장생활을 하는 모습을 보는 것은 나의 보람이기도 하다. 가전제품의 진동소음에 관한 연구논문도 많이 발표하다 보니 삼성전자에도 알려졌고, 가끔 연구과제에 대한 요청이 들어왔다. 그러나 나는 LG전자와 수행한 know-how가 경쟁회사에 전달되지 않도록 단호하게 거절하였으며, 재직 중 삼성전자와는 단 한 번도 연구 과제를 수행하지 않으면서 신뢰 관계를 유지했다.

한편, 우연한 기회에 국방과학연구소[ADD] 진해 본부와 연구 과제를 수행하게 되었으며, 이후 ADD와 지속적인 연구 협력 관계를 유지하게 되었다. 우리 실험실 졸업생들이 ADD에 취업하고, ADD 연구원들이 나의 지도하에 석 박사 학위를 취득하기도 하면서 ADD 진해 본부의 진동소음팀 중 상당수는 우리 실험실 출신으로 구성되기도 하였다. 내가 부산대에 재직하면서 1994년부터 2017년까지 ADD와 수행한 연구 과제는 14개 과제이지만 다년 과제도 고려하면 평균 매년 약 1개 과제는 꾸준히 있었던 셈이다.

LG전자 산학연구회

　　부산대 기계공학부와 LG전자는 R&D 대학원 과정과 산학 과제로 서로 신뢰 관계가 깊어져 갔다. 그 결과물로 LG전자 냉장고 사업부와 미래 신기술에 대한 로드맵$^{road\ map}$을 개발하고 연계 과제를 도출하기 위하여 워크숍^{workshop}을 정기적으로 진행하는 'LG전자부산대 냉장고 산학연구회'를 설립하였다. 드디어 2012년 10월에 제1회 워크숍이 개최되었다. 냉장고 산학연구회는 에너지분과, 소음분과, 구조분과, 유동분과, 소재분과로 5개의 분과로 이루어졌으며, 냉장고 개발에 필요한 기술을 망라하고 있다. 나는 소음분과의 책임교수를 맡았으며 부산대를 주축으로 경남 경북에서 5-6명의 교수를 초빙하였다. 냉장고 소음분과의 장기 목표는 거창하게 zero-noise 냉장고로 설정하고 압축기, Fan 소음, 능동 제어, 냉매 소음, 음질$^{sound\ quality}$, 가시화 등으로 세부 분야를 설정하였다. 3개월마다 LG전자에서 연구소장을 위시하여 개발을 책임지고 있는 연구원 수십 명과 전국 대학교수 수십 명이 한자리에 같이 모여서 발표하고 토론하는 장을 가졌으며, 마치 전국 학술대회를 연상시켰다. 내가 정년퇴직하기 직전인 2020년 10월에 제27차 워크숍이 개최되었으며 지금도 계속 유지되고 있다.

　냉장고 연구회가 활성화되면서 LG전자 내에서도 산학협력의 모범 사례로 인식되었고, 그중 가장 긍정적인 평가를 받았던 소음분과는 에어컨 소음연구회를 시작으로 2018년 세탁기 소음연구회까지 설립하게 되었으며 지금도 활발한 활동이 지속되고 있다.

연구과제의 비결은 고객 감동

...

고객 서비스의 단계는 3단계로 나누어진다. 1단계인 고객 서비스$^{customer\ service}$는 고객에게 다양한 서비스를 제공하는 단계이고, 2단계인 고객 만족$^{customer\ satisfaction}$은 고객에게 기본서비스 외에 추가적인 서비스를 제공하여 고객을 만족시키는 단계이며, 3단계인 고객 감동$^{customer\ surprise}$은 고객이 만족을 넘어 감동적인 서비스에 깜짝 놀라게 만드는 단계이다.

이때 제품 생산자인 회사에서 보는 고객은 소비자이다. 서비스센터에 접수되는 모든 불량은 실시간으로 분석되고, 단순한 불량은 서비스 직원이 직접 방문하여 해결하면 되지만 제품의 본질적 불량은 신제품 개발에 반영되며 제품 개발을 담당하는 공대 출신인 엔지니어들의 몫이다. 회사에서 대학교에 연구 과제를 의뢰하는 이유이기도 하다.

회사의 고객은 소비자이지만 학교의 고객은 회사이다. 회사의 요청으로 과제가 진행하면 고객 서비스 단계이고, 과제를 진행하면서 회사의 요구 사항을 달성하면 고객 만족 단계이다. 거기에 더해서 과제를 시작할 때는 기대하지 않았던 결과를 제시해주는 것이야말로 고객 감동 단계일 것이다. 회사에 근무하는 졸업생이 옛정으로 연구 과제를 갖고 올 수도 있겠지만 고객 감동이 이루어지지 않으면 지속적인 과제가 될 수 없다는 것은 너무나 당연하다.

그런 면에서 나는 부산대 교수로서 퇴직할 때까지 LG전자와 끊임없이 과제를 수행하였다는 사실만으로도 자부심을 느낀다.

수중운동체 특화 연구센터(UVRC)

· · ·

국방과학연구소^{ADD}는 국방에 필요한 무기 및 국방 기술에 필요한 연구를 담당하는 방위사업청^{DAPA} 산하의 연구소이다. 대전 본부에서 지상무기와 항공무기를 개발하고, 진해 본부에서 수중해양 무기와 잠수함에 관한 연구를 한다.

21세기 신국방 환경에서 요구되는 차세대 잠수함, 차세대 어뢰 및 무인 잠수정의 국내개발을 목표로 대학의 연구능력을 총결집시킴으로써 관련 핵심기술의 조기 구축, 우수 연구인력 양성 및 기술 도약의 전진기지로 활용하고자 방위사업청과 국방과학연구소 진해 본부에서 수중운동체 특화 연구센터를 모집하는 공지가 있었다. 연구 기간은 무려 9년간이었다. 한국해양대학교에서 연구센터 응모를 준비하면서 나에게 참여 요청이 와서 참여하게 되었다. 응모에 지원한 팀은 해양대 팀과 서울대 조선공학과가 주도하는 팀으로 총 2팀이었다. 서울대 팀은 본 연구센터 설립을 위하여 사전 준비 작업을 많이 했지만 당연하게 선정될 것이라고 방심하면서 발표 준비에는 소홀함이 있었던 것 같다. 우리 해양대 팀은 불리한 상황임을 인지하고 연구 계획서에 많은 정성을 쏟았다. 최종 발표를 마치고 평가단이 우리 해양대 팀의 손을 들어주면서 서울대 팀은 뒤늦게 난리가 났지만 이미 지나간 버스였다. 서울대 조선공학과를 졸업한 교수들이 주축이었던 우리 해양대 팀은 서울대 팀의 일부를 우리 팀으로 흡수하는 선에서 최종 팀이 마무리되었다.

해양대 특화연구는 총 11개 과제로 이루어져 있으며 나는 그중에 감쇠구조물 진동해석을 위한 유한요소해석 기술이라는 세부과제 책임자로 참여하였다.

  과제 내용을 요약하면 구조물의 유한요소 진동해석을 위한 상용 소프트웨어 commercial software들은 감쇠재가 없는 비감쇠 구조물 해석에 초점이 맞추어져 있다. 따라서 여러 종류의 감쇠재를 다양하게 부착하는 수중운동체에 적용하기 위해서는 아주 많은 솔리드 요소 solid element 로 분할하여 해석해야 하므로 많은 메모리를 필요로 하고, 컴퓨터 계산시간이 기하급수적으로 증가하는 문제점이 있었다. 게다가 상용 소프트웨어는 감쇠재의 특성을 일정한 감쇠율 또는 비례점성감쇠로 입력해야 하기 때문에 감쇄재의 주파수 특성을 제대로 반영하여 해석하기 어려운 한계가 있었다. 따라서 이번 연구 과제를 수행하면서 다양한 감쇠재가 부착된 복합단면에 대하여 적은 요소수로 동일한 해석 결과를 예측할 수 있는 등가 요한요소 모델이라는 새로운 개념을 도입하여 독자적인 해석 소프트웨어 개발을 성공적으로 완수하였다. 개발된 소프트웨어는 상용 제품으로 출시도 가능하다고 여겨졌지만, 내가 사업에 관심이 없었으므로 그렇게 하지는 않았다.

  수중운동체 특화 연구센터의 과제는 2004년 초부터 2012년 말까지 9년간 장기적인 연구를 수행하였으며, 나의 연구 활동과 대학원생 배출에 많은 도움이 되었다.

07

교육의 설렘

부산대 기계공학부 개요

• • •

부산대학교 기계공학부는 1953년 개설된 이래, 현재 교수 60여 명의 교육과 연구 활동으로 국내 최고 수준의 학부 및 대학원 교육을 해오고 있다. 1973년 기계계열 특성화대학으로 지정된 것을 시작으로 정부의 집중적인 교육투자를 받아오고 있으며, 창의적이고 현장 적응력을 갖춘 인재를 양성하고 있다. 학부재학생 1,300여 명, 대학원 재학생 250여 명으로 배출 졸업생은 2021년 3월 현재 15,600여 명으로 전국 최대 규모를 자랑하고 있다.

1953.09.	부산대 공과대학 및 기계공학과 개설 인가
1954.04.	부산대 기계공학과 최초 신입생 입학
1973.12.	부산대 기계계열 특성화대학 지정
1994.08.	국책지원 공과대학으로 지정
1996.03.	기계계열 5개 학과(기계공학, 기계설계공학, 생산기계공학, 정밀기계공학, 제어기계공학과) 통합, 기계공학부 출범
1997.09.	지난 44년간 졸업생 배출 10,000명 돌파
1998.03.	기계공학부 4개 전공 신설 (에너지시스템전공, 기계시스템설계, 정밀가공시스템, 제어자동화시스템전공)
2004.12.	한국공학교육인증[ABEEK] 획득
2005.09.	지방대학혁신역량강화사업[NURI] 선정
2006.04.	2단계 BK21 사업 선정(7년간)
2007.03.	기계 4과 통합(기계공학부)
2009.06.	동남광역경제권 선도 산업 인재양성 센터 선정
2011.03.	원자력시스템 전공 신설
2012.03.	산학협력 선도대학 육성사업단[LINC] 선정
2013.08.	3단계 BK21 사업 선정(7년간)
2014.07.	지방대학특성화사업[CK-I] 선정
2017.04.	2016년 산업계관점평가 최우수 선정
2017.02.	통합기계관(M관) 신축 이전
2020.09.	4단계 BK21 FOUR 선정
2021.03.	2020년 산업계관점평가 최우수 선정

왜 기계공학이 machine engineering이 아니지?

...

일반 사람들은 기계공학이라고 하면 뭔가 기계를 다루는 분야이므로 기계를 분해하고 조립을 하는 이미지를 떠올린다. 그러면 영어로 machine engineering이 적합하다. 그러나 기계공학을 영어로 번역하면 mechanical engineering이다. Mechanical은 mechanic의 형용사이다. 기계공학과에 들어오면 수많은 mechanics 과목을 배워야 한다. Mechanics를 네이버에 검색해보면 역학^{力學}이라고 번역하고, 물체 사이에 작용하는 힘과 운동의 관계를 연구하는 학문이다. 기계공학에서 다루는 역학 과목의 예를 들면 정역학, 동역학, 고체역학, 유체역학, 열역학, 소성역학 등이 있고 그 외 기계진동이나 열전달처럼 역학 글자가 들어있지 않은 역학 과목인 것도 많이 있다. 이와 같이 기계공학은 machine을 다루는 학과라기보다는 mechanics^{역학}를 다루는 학과이다. 따라서 기계공학보다 역학^{力學}공학과가 적합할 수 있다. 어쩌면 일본에서 사용하는 기계공학이라는 용어가 우리나라에 그대로 인용되어 들어왔을 수도 있겠다. 하여튼 기계공학을 우리는 machine으로 인식하지만, 미국 사람들은 mechanics로 생각할 것이다.

참고로 기계공학은 어떤 물건을 만드는 데 필요한 설계, 에너지, 가공, 생산 등 배우는 범위가 아주 넓다. 최근에 디지털 시대로 변하면서 개발하는 제품이 바뀌고 있고, 기계공학의 내용도 더불어 바뀌어 가고 있다. 내가 학부를 졸업했던 조선공학은 기계공학에 뿌리를 둔 응용 분야라고 할 수 있으며, 기초 전공과목들은 모두 같다. 고학년이 되었을 때 기계공학은 광범위하게 적용할 수 있는 내용으로 배우고, 조선공학은 선박에 특화된 내용을 배운다. 유체역학을 예로 들면 기계공학은 주로 배관과 같은 구조 내부에 있는 유체를 다루고, 조선공학은 바다에 떠 있는 선박과 같이 구조 외부의 유체를 다룬다. 따라서 내가 학부에서 조선공학을 전공했지만 대학원에서 기계공학을 전공할 수 있었던 이유이다. 그 외에 기계공학에 뿌리를 두고 특화된 학과로 항공우주공학, 산업공학, 원자력공학 등을 들 수 있다.

대학원 실험실 개요

...

해외 유학(1986.3.~1990.2.)을 마치고 개학에 맞추어 귀국하여 부산대학교 정밀기계공학과에 복직하였다. 3월부터 강의를 시작해야 했고, 무엇보다 초등학교에 다녀야 하는 아이들의 개학 시기에 맞추어야 했다. 일본에 유학 가기 전까지 대학 분위기는 독재 타도를 외치는 데모가 끊이지 않았으나 그동안 민주화 선언과 88 올림픽을 개최하면서 귀국 후에는 우리나라도 민주국가로 변신해 있었다. 대학교에서 데모가 사라진 모습이 나에게는 생소했고, 연구 분위기도 형성되어 학생들도 대학원에 진학하는 분위기였다. 학과 교수님의 배려로 귀국하자마자 대학원생이 한 명 배정되어 있었다. 그리고 30년간의 진동소음에 관한 나의 연구와 교육이 시작되었다.

실험실명을 나의 박사학위 연구내용과 가장 비슷하게 '진동모드해석 실험실'로 명명하였지만, 세월이 지나면서 연구 관심사가 점점 넓어지고 산업체의 수요에 맞게 수정하여 '소음진동 실험실'로 변경하였다. 1990년 3월 처음 귀국해서는 기계기술연구소 4층에서 몇몇 동료 교수들과 공동으로 운영하였고, 그 후 제3 공학관(지금의 융합기계관)으로 옮겼다. 1996년 3월 기계 5과 통합으로 재배치가 이루어져 특성화 공학관(제10 공학관) 5층으로 이전하였다. 나의 소속도 기계공학부 기계설계 전공으로 변경되었다. 그리고 기계과의 염원이던 통합 기계관 건물이 완공되면서 2017년 3월 M관(현재 기계관) 6층으로 이전하였고, 2021년 정년퇴직할 때까지 사용하였다.

대학(원) 강의 과목

...

선형진동론: 1. Behavior of Vibration Systems, 2. Lagrange Equation, 3. Free Vibration of Discrete Systems, 4. Eigenvalue Problems, 5. Free Vibration of String, 6. Longitudinal & Torsional vibration of Beam, 7. Bending vibration of Beam, 8. Free Vibration of Membrane, 9. Free Vibration of Plate, 10. Approximate Methods, 11. Forced Vibration of Undamped System, 12. Forced Vibration of Continuous System, 13. Forced Vibration of Damped System, 14. Vibration under Combined Effects, 15. Random Vibration.

소음공학특론: 1. Introduction of Acoustics, 2. Acoustic Properties, 3. Acoustic Wave Equation, 4. Acoustic Transmission, 5. Acoustic Absorption, 6. Acoustic Radiation, 7. Cavity, 8. Duct & Resonator, 9. Acoustic Mufflers, 10. Noise Levels, 11. Room Acoustics, 12. Environmental Acoustics, 13. Monopole & Dipole Acoustic Sources, 14. Lighthill's Equation, 15. Acoustic Intensity.

소음진동 전산해석: 1. Hamilton Principle, 2. Variational Principle, 3. Energy Function, 4. Finite Element Method, 5. Vibration of Beams, 6. In-plane Vibration of Plates, 7. Solid Elements, 8. Lateral Vibration of Plates, 9. Eigenvalue Problems, 10. Component Mode Synthesis, 11,

Helmholtz Integral Equation, 12. Boundary Element Method, 13. 2-D Acoustic Problems, 14. 3-D Acoustic Problems, 15. Indirect BEM.

소음진동 실험해석: 1. Single-DOF Systems, 2. Multi-DOF Systems, 3. Fourier Transform, 4. Random Process, 5. Frequency Response Function, 6. Modal Testing, 7. Frequency Domain Modal Analysis, 8. Time Domain Modal Analysis, 9. Correlation, Spectral Density Functions, 10. SISO Systems, 11. System Identification, 12. Path Identification, 13. SIMO Systems, 14. MIMO Systems, 15. Source Identification.

(학부) 동역학: 1. 개요, 2. 질점 운동학(직각좌표계), 3. 질점 운동학(극좌표계), 4. 질점 운동학(상대운동), 5. 질점 운동역학(힘과 가속도), 6. 질점 운동역학(일과 에너지), 7. 질점 운동역학(충격량과 운동량), 8. 강체 운동학(병진과 회전운동), 9. 질점 운동역학(코리오리 가속도), 10. 질량관성모멘트, 11. 강체 운동역학(힘과 가속도), 12. 강체 운동역학(일과 에너지), 13. 강체 운동역학(충격량과 운동량).

(학부) 기계진동: 1. 개요, 2. m,c,k, 3. 조화운동, 4. Fourier 급수, 5. 비감쇠 자유진동, 6. 에너지법, 7. 점성감쇠 자유진동, 8. 조화가진 응답, 9. 바닥 가진 응답, 10. 회전 불평형 응답, 11. 과도응답, 12. 2자유도계, 13. 동흡진기.

교육의 회상

....

나는 1980년 3월 부산대학교 조교로 발령받고 1년 후 1981년 3월 26세의 어린 나이에 교수로 임용되어 2021년 2월 정년퇴직까지 40년간 교수 시절을 보냈다.

교수 초창기인 1980년대는 독재 타도를 외치는 데모가 빈번하였고 대학교 정문에서 가장 가까운 위치에 있던 기계관은 거의 매일같이 최루탄에 묻혀있었고, 어수선한 분위기에서 우리는 강의했었다. 데모 학생이 경찰에 연행되면 지도교수가 경찰서에 가서 학생을 데려와야 했다. 또 1980년대는 대학에서 연구 분위기는 없었고 강의 위주였다. 부산대학교는 기계공학 특성화 대학으로 지정되었으므로 기계공학 수업을 듣는 학생이 엄청 많았다. 일주일에 21시간 정도의 강의를 하였고, 교실에는 100명 가까운 학생들이 수업을 들었으므로 대학이라는 이름의 학원 분위기에 가까웠다. 강의가 없는 시간에는 젊은 교수끼리 모여서 잡담이나 오락을 하면서 소일하였다. 젊은 20대 시절에는 가르치는 방법도 잘 모르면서 무작정 가르치려는 의욕이 넘쳤고, 책에 있는 내용은 하나도 빠짐없이 모두 설명하려고 했다. 내가 가르친 내용은 학생들이 모두 이해해야 한다고 생각했고, 따라오지 못하는 학생은 노력 부족이라고 판단했으며 더 채찍질하면 더 열심히 공부할 줄 알았다. 일정 수준에 도달하지 못한 학생에게는 학점을 제대로 주지 않았다. 그러나 그건 나의 착각이었고, 개구리가 올챙이 시절을 잊은 것이었다. 대학에서는 고등학교 수학 물리보다 훨씬 어려운 내용을 단기간에 배운다. 교수인 나도 대학 시절에 전공을 수업시간에 제대로 이해하지 못했던 사실을 잊은 것이다. 교수는 본인의 전공 분야만 평생 생각하며 지내왔기 때문에 당연한 내용인지 몰라도 처음 듣는 어려운 개념을 쉽게 이해한다는 것은 애초에 학생들에게 무리였다. 점차 가르치는 경륜이 쌓이면서 강의 내용을 이해하지 못하는 학생들을 이해하게 되었고, 많은 내용을 가르치는 것보다 정말 중요해서 학생들이 꼭 알아야 할 기초적인 내용만 가르치게 되었다. 나머지 내용은 학생들이 관심이 있거나 나중에 필요할 때 찾아서 공부하면 될 것이다. 학생들을 가르치면서 경험적으로 터득하게 된 것은 가르치는 사람이 명확한 개념을 갖고 있지 못하면 배우는 사람은 절대로 이해할 수 없다는 것이다. 확실하지 않은 내용을 설명하려면 핵심을 찌르지 못하고 부정확한 설명을 장황하게 하게 된다. 어떤 개념을 가장 확실히 이해하는 방법은 다른 사람에게 가르쳐 보는 것이다. 그러면 설명 과정에서 스스로 모순에 빠지는 경우가 발생하고 본인이 완전히 이해하지 못했던 부분을 발견하게 된다. 수업시간에 학생의 예상하지 못했던 질문을 받고 답변하는 과정에서 내가 잘못 이해하고 있던 개념을 깨닫는 경우도 있다. 그리고 다시 고민을 거쳐서 좀 더 명확한 개념을 정립하게 된다. 이런 과정을 몇 번 거치다 보면 점차 자연스럽게 그 내용에 대한 정확한 개념으로 수렴하게 된다. 따라서 처음 나오는 전공 용어의 정의^{definition}를 칠판에 적어놓고 단 한 번의 설명만으로 학생이 이해했다고 판단하는 것은 어불성설이다.

나는 강의 내용을 학생이 이해하지 못했다면 그것은 절대로 학생이 우둔해서가 아니고 교수의 잘못이라고 생각한다. 부산대 기계공학과에 입학한 학생이라면 고등학교 시절 반에서 최소 2~3등 이내에 들

만큼 공부를 잘했을 것이므로 절대로 우둔할 리가 없다. 학생이 이해하지 못하는 이유는 두 가지이다. 첫째는 교수가 내용을 100% 이해하지 못해서 핵심을 설명하지 못했거나 둘째는 학생 수준에 맞지 않게 교수 수준에서 설명하는 것이다. 교수의 강의 경력이 쌓이면서 첫 번째 이유일 가능성은 점점 줄어들고 대부분은 두 번째 이유일 것이다. 예를 들어 2차 함수의 극값을 구하는 문제를 중학교 때는 번거롭지만 $y=a(x-p)^2+q$ 형태로 고쳐서 풀었고, 고등학교에서 미분을 배우면서 $y'(x)=0$ 을 풀면 더 간단히 답을 찾을 수 있었다. 그러나 중학생에게 미분을 이용하여 설명하면 곤란할 것이다. 교수가 대학생을 가르칠 때 혹시 이런 우를 범하지는 않는지 생각해볼 필요가 있다. 본인의 지식을 자랑하듯 어려운 용어와 수학을 사용하여 설명할수록 본인의 권위가 올라가고 학생들이 실력 있는 교수로 우러러본다고 착각하는 교수들을 많이 봤다. 교수가 학생을 가르칠 때 가장 중요한 것은 본인 실력을 과시하는 것이 아니라 학생 수준을 정확히 파악하는 것이다. 그리고 학생 눈높이에 맞는 수학을 사용하여 가장 쉬운 용어로 명확히 그리고 간단히 설명해야 한다. 아주 당연한 얘기 같지만 나는 이것을 깨우치고 실행하는 데 꽤 오랜 시간이 필요했고, 몇몇 교수는 퇴직할 때까지도 이 사실을 깨우치지 못하고 이해하지 못하는 것을 학생 탓으로 돌리는 경우를 많이 봐왔다. 누군가 이 글을 읽는 교육자가 있다면 도움이 되었기를 간절히 바란다.

인기 있는 실험실이 되는 방법

...

나는 실험실에서 연구한 내용을 대학원생이 한국소음진동공학회^{KSNVE} 학술대회에서 발표하도록 권장하였다. 학술대회에서 발표하면 약간의 인센티브를 제공하였다. 매년 2회 열리는 춘계 및 추계 학술대회에서 우리 실험실이 거의 항상 가장 많은 논문을 발표하였다. 산업계 근무자에 의하면, 현장에서 발생한 어떤 진동소음 문제를 해결하기 위한 최적의 연구자를 찾기 위하여 인터넷 검색을 하면 학술대회에서 발표한 논문을 검색하게 되고, 내 이름이 가장 많이 검색된다고 하였다.

나는 그다지 사교적인 성격이 아니고 다른 사람 앞에 나서길 좋아하지 않는다. 나는 학회에 꾸준히 참석하였지만, 다른 사람과 교류를 그다지 하지 않아서 많은 사람을 알지는 못한다. 그러나 의외로 소음진동 분야에서 나의 이름을 알고 있는 사람이 많아서 놀랐는데, 그 이유는 학술대회에서 내가 많은 논문을 발표했기 때문일 것이다. 서로 인사를 나누지 않았기에 나의 얼굴은 모를 수도 있지만 내 이름은 알고 있는 경우가 많았다.

또 대학원생의 실력 향상을 위한 교육에 많은 신경을 기울인 결과 실험실 출신들이 산업체에 진출하여 실력을 인정받게 되었고, 그 결과 여러 산업체에서 졸업생을 보내 달라는 요청이 쇄도하였다. 취업이 잘 되니 우리 실험실에 진학하려는 우수한 학생들이 많아지는 선순환 구조를 맞이하여 실험실의 전성기를 맞이할 수 있었다.

VibroNoise.com

　　지금은 소셜 네트워크가 발전하면서 개인 홈페이지가 시들하지만 1990년대에는 인터넷의 발달과 함께 개인 홈페이지 제작 붐이 불었다. 개인적으로 홈페이지 제작과정이 궁금하던 차에 학교 전자계산소에서 주관하는 교양 강좌가 개설되었기에 신청하였다. 주로 홈페이지의 기본인 html에서 사용되는 명령문들과 그림 삽입하기 링크 걸기 등과 홈페이지 파일들을 업로드하기 위한 ftp 사용법 등을 배웠고, 나모 웹에디터 사용법도 배웠다. 나는 내친김에 실험실 홈페이지를 제작하기로 마음먹었다. 그리고 2000년에 처음으로 실험실 홈페이지를 직접 제작하여 오픈하였다. 실험실을 홍보하기 위한 목적도 있었지만, 가장 큰 용도는 졸업생들이 서로 소식 등을 주고받는 대화의 창 역할을 위한 것이었는데 나름 호응이 좋았다. 다른 용도로 강의에 대한 질의응답과 과제물이나 시험 성적 공지 등에 활용하였다. 그 후 각 교수 실험실마다 홈페이지 제작 붐이 불었지만, 많은 교수는 홈페이지를 직접 제작하지 않고 외부 위탁으로 만들거나 대학원생에게 제작을 시켰다. 아마도 부산대 기계과에서 교수가 직접 제작한 홈페이지는 내가 처음인 듯싶다. 물론 간단한 기초 교육만 받은 초보자가 만든 허접한 홈페이지이지만 내심 뿌듯하였다. 홈페이지를 만들면서 느꼈던 점은 먼저 색상이나 디자인에 대한 감각이 있어야겠다는 것이고, 멋있게 제작하려면 더 많은 공부가 필요했다. 무엇보다 단순 작업의 반복으로 많은 노동력이 들어간다는 것으로 개인적으로 시간 낭비라는 생각이 들었다. 홈페이지 제작에 대한 궁금증은 해결되었으므로 앞으로 더 이상 새로운 홈페이지를 제작하는 엄두는 내지 않았다. 그 후 몇 번의 업그레이들 거쳤지만 기본 골격은 그대로 유지되었고, 2021년 퇴직할 때까지 약 20년간 활용되었다. 지금은 거의 사용하고 있지 않지만 지나온 나의 흔적이라서 없애지는 않았고 vibronoise.com에 그 잔재가 보수되지 않은 채 그대로 남아있다. 홈페이지 첫 화면에 나의 실험실에 대한 자부심을 나타내는 다음 글귀가 아직도 있다.

> VibroNoise Lab...
>   입학 시: 항상 지원자가 넘치는 Pride LAB.
>   재학 시: 언제나 情으로 가득한 Human LAB.
>   졸업 시: 알찬 배움 막강실력의 Vision LAB.
>   졸업 후: 좋은 직장 밝은 미래의 Dream LAB.

가장 자랑스러운 부산대 교육자상

...

나는 남에게 나를 자랑하거나 나서기를 그다지 좋아하지 않으므로 지금까지의 여러 종류의 상에는 별로 관심이 없었다.

공대에서 논문 실적이 어느 기준 이상이면 받을 수 있는 공대 논문상이 있었다. 어느 날 갑자기 학과에서 신청해보라고 해서 신청 자격을 봤더니 나의 논문 실적은 수상 기준에 몇 배나 초과하였다. 별 관심은 없었지만, 준비 서류가 간단하여 제출하였더니 수상자 중에서 내 논문 실적이 월등히 많았다. 그 이유는 내가 논문이 많아서가 아니라 일정 기준에 도달할 때마다 주는 상이었기에 만일 꾸준히 신청하였다면 여러 번 받았을 듯하다.

2013년 어느 날 기계공학부에서 연락이 왔다. 이번에 부산대학교에서 새로운 교육자상을 제정하였고, 단과대학별로 추천이 왔단다. 각 학과(학부)에서 추천하면 단과대학에서 선별하여 대학본부에 추천하고, 교무처장이나 부총장 등으로 구성된 심사위원회에서 단과대학별로 추천한 복수의 지원자 중에서 교육 봉사 학생지도 등을 종합하여 선정한다. 따라서 학과에서는 경쟁력이 있는 교수를 추천해야 했는데 기계공학부는 나를 추천하기로 했단다. 그 이유가 궁금해서 문의하니 여러 평가 기준이 있지만, 특히 기계공학부 60여 명의 교수 중에서 강의 평가 점수가 가장 우수하였다고 한다.

대학교수의 본분은 교육과 연구와 봉사라고 한다. 나는 교수의 역할 중에서 교육이 가장 중요하다고 생각한다. 나는 연구자라고 불리는 것보다 교육자로 불리는 것을 좋아한다. 왜냐면, 사람을 가르치는 것이 가장 보람 있는 일이라고 생각하기 때문이다. 교수의 역할 중에서 나름 내가 가장 중요하다고 생각하는 교육자상이고, 무엇보다 처음으로 제정되어 주는 제1회 교육자상이어서 더욱 가치가 있다고 생각한다. 한 번 상을 받은 교수는 더 이상 수상하지 않을 것이므로 제1회 선발이 가장 어렵고 가장 가치 있는 상이라고 생각하고 욕심이 났다.

나는 그 당시 주로 off-line으로만 강의하는 대부분 교수와는 다르게 자체 홈페이지를 직접 제작하고 강의에 대한 질의응답을 인터넷으로 대응하였고, 시험 성적도 현재 본인의 석차와 함께 투명하게 공개하고 있었다. 다른 지원자와의 차별화를 위하여 이런 점을 부각하여 지원서를 작성하여 응모하였다. 그리고 한동안 잊고 지냈는데 어느 날 내가 부산대학교 자랑스러운 제1회 교육자상에 선정되었다고 연락을 받았다. 나는 개인적으로 이 교육자상이야말로 나의 교수 경력 중에서 가장 가치 있는 상이라고 생각하며 교육자로서 보람을 느꼈다.

교육자상 시상식에서 상패와 함께 부상으로 상금 900만 원을 받았다. 나는 그동안의 나의 노력에 대한 인정을 받는 것이 중요하지 시상금은 별로 중요하지 않다고 생각하였다. 그리고 시상금 900만 원에 개인적으로 보태어 1천만 원을 부산대학교 기계공학부에 발전기금으로 기부하였다.

부산대 교육자상 수상 특별 강연

...

2013년 12월 18일 실시한 교육자상 시상식과 수상 특별 강연은 부산대학교 본관 강당에서 이루어졌으며, 강연 내용은 신임 교수들이 어떻게 강의해야 할지에 대한 내용으로 '나의 수업을 대하는 마음가짐'이라는 제목으로 강연하였다. 그 이유는 그동안 학생들을 가르치면서 어려운 전공 내용을 처음 접하는 학생들과 그 전공만 평생 연구하는 교수의 눈높이 차이를 느꼈었기 때문이다. 교수들은 학생들이 공부를 열심히 하지 않아서 강의 내용을 따라오지 못한다고 생각하고, 어떤 학생들은 강의 내용이 너무 어려워서 적성과 전공이 맞지 않는다고 중도에 포기하고 좌절하는 경우를 많이 봐왔기 때문이다. 주요 내용을 요약하면 아래와 같다.

강연 제목: 나의 수업을 대하는 마음가짐

1. 나의 초창기 교수 시절의 강의
   - 교수가 완벽하게 개념을 이해했는가?
   - 의욕만 앞선 강의는 아닌가?
   - 너무 지엽적인 내용에 많은 시간을 할애하고 있지 않은가?
   - 학생 이해도에 무관심하지 않은가?
   - 교수만 만족하는 강의는 아닌지?

한 학기를 마치면

- 교수는 학기 말에 학생들의 답안지를 채점하면서 실망하고
- 학생은 자신의 능력에 좌절하고 있지 않은지?

2. 학생이 이해 못 하는 이유는 교수의 잘못

- 교수는 개념을 완벽하게 이해했는가?
- 간단명료하게 설명하고 있는가?
- 학생의 수준을 정확히 알고 있는가?
- 너무 어려운 용어를 사용하고 있지 않은지?
- 학생 눈높이에 맞게 설명하고 있는가?

3. 학생의 이해도를 높이는 방법

- 설명하는 사람의 개념이 불확실하지 않은지?
- 상대방의 수준에 부적합하지 않은지?

개선 방법은

- 학생들의 이해 정도를 실시간으로 파악하려고 노력
- 어떻게 설명해야 할지 항상 고민
- 다음번에는 더 나은 설명이 되도록 노력

4. 수업에 흥미/의욕을 갖게 하자

- 교수는 내 과목이 가장 중요, 학생은 여러 과목 중 하나에 불과
- 내용이 어렵지만 신기하다.
- 배워두면 미래에 도움이 되겠다.
- 알수록 재미있다

5. 학생들을 배려하는 마음을 갖자

- 교수도 학생 시절 회상 필요
- 학교에서 교수는 강자이고 학생은 약자
- 약자(학생)를 이해하는 따뜻하고 베푸는 마음
- 교수의 진심 어린 마음은 학생에게 전달
- 학생의 감동은 교수를 진심으로 존경

6. 교육자로서의 보람

- 학생에게 좋은 이미지의 추억
- 학생들에게 의욕/비전 부여
- 내가 누군가의 미래에 도움이 되었을 때 교육자의 보람

7. 연구자로서의 보람

- 교수의 고민은 우수 대학원생 유치
- 학생의 고민은 적성, 비전, 장학금, 교수의 스타일
- 입학 전: 우수한 강의와 학생을 배려하는 마음으로 학생 감동
- 재학 중: 부모의 마음으로 대하고, 스승의 마음으로 실력 배양
- 졸업 후: 교수에 대한 좋은 이미지와 추억
- 선순환 구조가 이루어지면 더 우수한 학생이 진학
- 연구 역량 강화로 연구자의 보람

8. 결론

- 학생을 진심으로 사랑하는 마음으로 교육 연구를 하면 미래에 저절로 교수의 보람으로 이어진다.

박사 배출 현황

・・・

박사학위 취득자(졸업 연도, 풀/파트 여부, 취업)는 1995년 첫 박사 졸업을 시작으로 2021년 8월까지 26년간 총 30명을 배출하였다. 그리고 2명의 학위 취득 예정자가 있다. 그중 full-time이 20명이고, part-time이 12명이다. 아래는 박사 졸업생 명단이다.

김창동(1995, 동의과학대), 김준엽(1996, 파트, 국방과학연구소), 함일배(1998, 파트, 국방과학연구소), 김봉준(2000, 삼성전자),

안세진(2003, 위덕대), 정우진(2003, 파트, 국방과학연구소), 서영수(2003, 국방과학연구소), 황선웅(2006, 파트, LG전자), 한형석(2007, 파트, 국방기술품질원), 임희태(2010, 파트, LG전자),

신창주(2012, 해양과학기술원), 이성현(2012, 한국원자력연구원), 전수홍(2014, 국방기술품질원), 김민성(2015, 현대중공업),

최응영(2016, 한화에어로스페이스), 배승훈(2016, 한국기계연구원), 이한울(2016, 한국항공우주산업), 원성규(2017, Midas IT, Vatos 창업), 정병규(2017, 국방과학연구소), 김태훈(2018, 파트, LG전자), 김영종(2019, 파트, LG전자), 이정우(2020, 파트, LG전자),

김연우(2020, LG전자), 오한음(2020, 한국산업기술시험원), 구정모(2020,

국방과학연구소), 이준우(2020, 미국 포닥), 조요한(2021, 파트, 국방과학연구소), 박동준(2021, Sante 창업), 박정근(2021, 파트, STX), 심민정(2021, 국방과학연구소). 박만수(2023, 파트, LG전자), 이동현(2024, 졸업 예정).

석사 배출 현황

· · ·

석사학위 취득자(졸업 연도, 직장)는 1992년 첫 석사 배출을 시작으로 2021년 8월까지 30년간 총 91명으로 다음과 같다.

안옥균(1992, 현대자동차), 고동민(1993, 현대기아자동차), 정충길(1994, 현대자동차), 김현(1995, LG전자), 류석주(1995, 두산중공업),

안세진(1996, 박사진학, 르노삼성자동차, 위덕대), 김봉준(1996, 박사진학, 삼성전자), 조영희(1997, 현대자동차), 김상현(1997, 국방과학연구소), 김영종(1998, LG전자), 김태학(1998, LG전자), 오영세(1998, 삼성전기), 이타경(1998, 삼성전기), 공태현(1999, 오스템임플란트), 박성용(1999, LG디스플레이), 우승태(1999, 두산중공업), 장다운(1999, LG전자), 김재호(2000, 국방과학연구소), 이윤식(2000, 대화산기), 이인호(2000, 현대중공업), 이정환(2000, 국방과학연구소), 장진혁(2000, LG전자),

김택건(2001, 삼성중공업), 서영수(2001, 박사진학, 국방과학연구소), 장호엽(2001, 현대자동차), 김정훈(2002, 수력원자력), 윤상돈(2003, 볼보건설기계), 정호경(2003, 항공우주연구원), 황대선(2003, Siemens), 김승엽(2004, LG전자), 박진형(2004, LG전자), 오준석(2004, 국방과학연구소), 조현동(2004, 대우중공업), 김규환(2005, 한국산업안전공단), 김명환(2005, 르노삼성자동차), 김태훈(2005, LG전자), 원성규(2005, 박사진학,

Midas IT, Vatos 창업), 조성문(2005, 수력원자력),

정석현(2006, 현대중공업), 신준엽(2006, 르노삼성자동차), 정영철(2005, 동아타이어), 김형태(2006, 두산), 김정찬(두산중공업), 강종진(두산중공업), 이성현(2008, 박사진학, 한국원자력연구원), 신창주(2008, 박사진학, 해양과학기술원), 구정태(2008, 롯데건설), 전수홍(2009, 박사진학, 국방기술품질원), 김대환(2009, 박사진학, 국방과학연구소), 최용식(2009), 최기수(2009, 두산인프라코어), 구준효(2010, LG전자), 류경완(2010, 삼성전자), 김민성(2010, 박사진학, 현대중공업), 이준호(2010, Midas IT),

배성욱(2011, 만도), 장성길(2011, LG전자), 이한울(2011, 박사진학, 한국항공우주산업), 배승훈(2011, 박사진학, 한국기계연구원), 정병규(2012, 박사진학, 국방과학연구소), 허소정(2012, LG전자), 유상모(2012, 현대자동차), 전경진(2012, LG전자), 김상태(2012, LG전자), 류통(2012, 중국 LG전자), 서명우(2013, 삼성중공업), 오영후(2013), 권진(2013, 캄텍), 이재영(2013, 현대중공업), 조양욱(2013, 두산중공업), 김태형(2014, 국방과학연구소), 유석진(2014, POSCO), 오한음(2015, 박사진학, 한국산업기술시험원), 김지만(2015, 한국항공우주산업),

김연우(2016, 박사진학, LG전자), 지수민(2016, 한국항공우주산업), 박정필(2016, 한국항공우주산업), 배경원(2016, 한국항공우주산업), 구정모(2017, 박사진학, 국방과학연구소), 이준우(2017, 박사진학, 미국 포닥), 박진한(2017, LG전자), 이윤곤(2017, LG전자), 공경수(2017, 일본 동경대 유학), 박동준(2018, 박사진학, 쌍떼 창업), 심민정(2018, 박사진학, 한국표준

과학연구원 포닥), 문행주(2018, LG전자), 김승욱(2019, LG전자), 이동현(2019, 박사재학), 장준영(2020, 박사재학), 김민규(2020, DN솔루션즈), 탁언수(2021).

졸업생 홈커밍데이

• • •

　　사회에 진출한 실험실 졸업생들이 늘어나면서 나를 만나러 학교에 방문하는 졸업생도 덩달아 많아졌는데, 특히 5월 스승의 날 전후로 많이 방문하였다. 개별 방문보다 단체 모임을 갖는 게 더 좋겠다는 의견이 대두되었고, 2000년 초부터 홈커밍데이 행사를 매년 정기적으로 갖게 되었다. 이런 행사를 통하여 평소에는 만나기 어려운 졸업생 선후배 간의 만남도 자연스럽게 이루어지면서 더욱 친밀해졌다. 졸업생들의 실험실을 아끼는 마음은 선후배 사이의 신뢰를 더욱 공고히 하였고, 직장을 옮기거나 리쿠르트 등이 필요할 때 정보를 공유할 수 있는 긍정적인 효과가 있었다. 특히 좋은 직장에서 프라이드를 갖고 근무하는 졸업생 선배들을 직접 만나면서 재학생들의 자긍심도 덩달아 올라갔다.

2008년 홈커밍데이 (금정산 고당봉)

2010년 홈커밍데이 (산성마을)

2013년 홈커밍데이 (이기대)

2015년 홈커밍데이 (성지곡수원지)

2016년 홈커밍데이 (회동수원지)

LG전자 R&D 대학원

...

부산대학교 기계기술연구원은 기계공학부 교수들이 주축이 되어 만든 연구소이다. 1990년 중반 기계기술연구원의 기획실장을 맡고 있던 시절이다. LG전자에서 연구원들에 대한 사내 교육을 부산대에서 맡아달라는 요청이 왔다. 나는 LG 교육 담당자와 협의를 하였고, R&D 아카데미 교육이라 명명하였다. LG 요구 조건에 맞게 교육과정을 구성하고 LG에 정말 도움을 줄 수 있는 교수들로 섭외하여 강의를 부탁하였다. 강의 평가 의견을 고려하여 담당 교수를 교체하거나 새로운 과목을 신설하기도 했다. 이런 교육을 몇 년간 진행하면서 회사의 반응은 점점 좋아졌다. 그리고 회사에서 이 R&D 교육을 정식 대학원 과정으로 확대하면 좋겠다는 의견을 제시하였고, 국내 대학 중에서 최초로 LG전자 연구원만 입학하는 대학원을 설립하게 되었다.

드디어 1995년 3월 부산대학교 일반대학원에 R&D 석사과정으로 지능기계시스템전공을 개설하고 LG전자 연구원 20명이 첫 신입생으로 입학하였다. 나는 대학원 과정 커리큘럼을 만들고, 신입생 20명 전원에 대한 개별 면담을 통해서 각자의 연구 업무에 가장 적합한 지도교수를 추천하였다. 첫 입학생 20명은 나중에 대부분 사업부장이나 전무 상무 등 임원을 역임하게 되는 엘리트들이었다. 이런 일련의 과정은 나와 LG전자의 연결 고리가 되었으며, 부산대에 재직하는 동안 나의 연구 활동에도 큰 영향을 끼쳤다.

부산대학과 LG전자의 협약으로 설립된 R&D 대학원에서 1997년 2

월 첫 석사 졸업을 시작으로 2020년 8월까지 23년간 총 46명의 석사 학위 취득자(졸업 연도)를 배출하였다.

이현욱(1997), 김태문(1997), 진홍균(1998), 김광호(1999), 황선근(2000), 노태영(2002), 이득희(2002), 이은순(2002), 박성운(2003), 신진동(2003), 김영수(2004), 방종철(2004), 정채석(2004), 김영수(2005), 라상욱(2005), 정진우(2005), 송문수(2007), 심상진(2007), 이수영(2007), 김태훈(2007), 권익근(2008), 임희태(2008), 김명수(2009), 노창규(2009), 강동원(2009), 김동윤(2009), 이효재(2009), 이배진(2010), 안병한(2010), 이창훈(2011), 안재우(2011), 박동인(2011), 이종목(2012), 이규환(2012), 이규철(2012), 이훈식(2013), 윤승재(2013), 이준호(2014), 송기욱(2016기), 이원배(2017), 황성진(2017), 박용석(2018), 정신철(2018), 한정훈(2018), 현민(2020), 임재용(2020).

그 외에 중소기업을 대상으로 하는 특수대학원에서 파트타임으로 7명의 석사학위 취득자(졸업 연도, 회사명)도 배출하였다.

장명환(2006, 세종공업), 손창억(2007, 넥센타이어), 김영수(2012, 스타코), 김종호(2013, 엔알텍), 정상우(2013, 엔알텍), 이영우(2015, 선보공업), 김태우(2017, 엔알텍).

대학원생 지도

• • •

  1990년 일본 유학을 마치고 귀국하자마자 대학원생을 받게 되었고, 실험실에서 대학원생들과 함께 가르치면서 연구하는 생활을 시작하였다.
 연구 분야는 산업체에서 발생하는 소음진동 여러 문제를 해결하기 위한 연구를 수행하였다. 연구 과제를 맡은 대학원생은 소음진동 발생 원인과 해결 방안을 위하여 전산해석이나 측정분석에 관한 기술을 지도를 받으면서 실력을 키워갔다. 실험실은 우수한 선배들이 일구어 놓은 기술 축적으로 신입생은 빠르게 실력을 키울 수 있었고, 모자라는 부분은 박사과정 선배에게 기술을 습득할 때까지 개별적으로 눈높이에 맞는 기술 전수가 이루어지도록 지시하였다. 이론적으로 미비한 부분은 내가 별도로 핵심을 설명해주고 어느 교재의 어디서 어디까지 공부하라고 알려주었다. 우리 실험실에 진학한 대학원생은 불과 몇 달 만에 타 대학원 졸업생을 능가하는 실무 능력을 갖추게 되었다고 나는 자부한다. 그 이유는 소위 우수하다는 여러 대학의 대학원 졸업생을 만나보면 소음진동을 교과서로만 공부했을 뿐 실제 문제 해결 능력이 현저히 떨어지는 경우를 많이 봤기 때문이다.
 대학원생들이 졸업 후 가장 가고 싶은 직장은 대부분 국가 연구소이다. 이런 연구소는 서울대나 KAIST 등의 졸업생이 연구원의 대부분을 이루는 곳이다. 입사지원서의 서류 통과만 이루어진다면 전공 면접에서 우리 실험실 출신이 서울대 출신과 비교하여 전혀 뒤떨어지지 않는다고 나는 자신한다. 실제로 최종 전공 면접에서 나의 제자가 더 좋은 평가를 받고 합격한 경우가 여러 번 있었다. 심지어 2명 모집에서 우리 실험실 출신이 1등과 2등을 하면서 동일 실험실 출신으로 모두 뽑을 수 없다는 사내 여론에 따라 1명이 탈락할 수밖에 없었다는 소식을 비공식으로 접하기도 했다.

  나는 대학원생이 그동안 수행했던 연구를 가능한 춘계 및 추계 학술대회에서 발표하도록 권장하였다. 많은 청중 앞에서 발표하는 경험이 많아지면서 점차 긴장하지 않고 편안하게 발표할 수 있는 역량을 갖추도록 하였다. 대학원생들의 발표 능력은 취업할 때뿐만 아니라 회사 생활에서도 본인의 실력을 제대로 인정받기 위하여 아주 중요하다. 좋은 연구 성과를 갖고 있어도 발표를 제대로 하지 못하면 좋은 평가를 받지 못할 수도 있지만, 반면에 그다지 별로인 성과라도 발표를 잘 하면 그럴듯하게 보인다.

  특히 이런 발표를 소음진동공학회 춘계 및 추계 학술대회에 지속적으로 발표하면서 거의 항상 가장 많은 논문을 발표하였고, 다른 교수들의 부러운 시선을 받았다. 이런 발표는 산업체에도 널리 알려지면서 영남 지역의 소음 분야를 선도하는 실험실로 인식되었다. 그리고 여러 산업체에서 우리 실험실 졸업생을 리쿠르트 하려고 찾아오곤 하였다.

  졸업 후 좋은 직장에 취업하면 우수한 학생이 진학하게 되고, 우수한 학생이 재학 중 문제 해결 능력을 키워서 사회에 진출하면 회사에서 능력을 인정받게 되고 다시 졸업생을 데려가려고 하는 선순환 구조가 형성되면 교수와 학생 모두 윈-윈$^{win-win}$하게 될 수 있으며 모든 교수가 꿈꾸는 실험실이 될 것이다.

파트타임 대학원생의 어려움

...

　　나는 부산대학교에서 교수로 근무하면서 KAIS 박사과정에 파트타임으로 진학했었다. 수업을 위하여 매주 토요일 첫 기차로 서울에 올라가서 마지막 기차로 내려오는 반복된 생활을 하면서 박사학위에 필요한 학점을 모두 이수하였었다. 그러나 파트타임의 한계를 느끼고 고민 끝에 해외유학으로 진로를 변경했었다.

　나는 몇 년간의 파트타임 박사과정을 다녀본 경험이 있으므로 나에게 찾아온 파트타임 박사과정 학생에게 앞으로 어떤 어려움이 있을지 항상 얘기해 줬다. 파트타임 학생은 직장에서 근무하면서 연차를 내고 수업을 들으러 학교에 와야 하고, 숙제를 위한 시간을 내는 것도 쉽지 않고, 전일제 학생과 경쟁하는 것도 불리하고, 연구 주제도 본인이 직접 찾아야 하고, 연구 수행도 대부분 본인이 알아서 해야 하고, 지도교수는 찾아올 때만 기억하고, 박사과정 기간이 길어질수록 마음의 부담이 점점 커진다는 등 여러 가지 어려움을 얘기해 주었지만 그다지 귀담아듣는 것 같지는 않았다.

　그래도 나는 파트타임 대학원생의 입장을 충분히 이해하려고 노력했다. 누구나 입학할 때는 열심히 하려는 마음으로 가득하지만, 직장업무가 항상 우선이고 학위 과정은 뒷전이므로 어려움을 극복하기가 쉽지 않음을 알기에 연구 진행이 늦어도 독촉하지는 않았다. 대부분의 파트타임 학생들은 잘 극복하고 무사히 졸업하였지만, 일부 중도에 포기한 학생도 여럿 있었다.

간이 흡음률 측정 장치 제작

...

　　　　기계에서 발생한 소음을 줄이기 위해서는 여러 가지 방법이 있겠지만, 흡음재를 부착하여 소리를 흡수하는 방법도 있다. 흡음재의 성능은 주파수에 따른 흡음률로 표시하며, 0에서 100% 범위의 값으로 표시한다. 흡음재의 흡음률을 측정하기 위해서는 잔향실rever-beration chamber에서 잔향 시간을 측정할 필요가 있다. 잔향실은 메아리로 가득하게 인위적으로 만든 방을 말한다.

　기존의 잔향실은 가격이 비싸지만 별로 실용적이지 못하여, 간이 잔향실에 의한 소음평가가 이루어지고 있다. 간이 잔향실은 실내공간이 작아 저주파수에서의 소음평가가 곤란하지만 400Hz 이상의 소음평가에는 문제가 없는 것으로 알려져 있다.

　흡음재를 생산하는 많은 업체는 아직 중소기업이어서 흡음률 측정을 위한 잔향실을 갖추지 못하여 제품 개발 및 납품에 어려움이 있었다. 나는 우연한 기회에 간이 잔향실에 의한 흡음률 자동 측정 장치를 제작해달라는 산업체의 요청으로 대학원생과 함께 자체 제작을 성공적으로 완수하였다.

간이 흡음률 측정 장치 제작

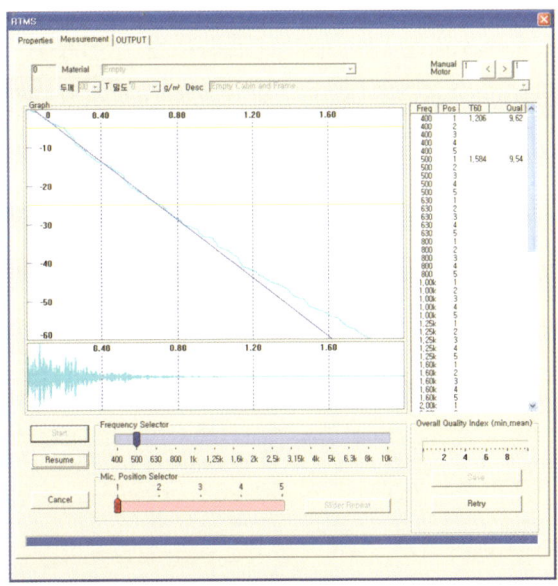

소음 연구에 꼭 필요한 무향실

...

무향실은 메아리가 없도록 인위적으로 만든 방을 말한다. 기계에서 발생하는 소음을 특정하기 위해서는 무향실이 없어도 메아리가 없는 조용한 사막이나 우주에 가져가서 측정하면 되겠지만, 현실적으로 불가능할 것이다. 따라서 소음을 전공하는 사람에게는 무향실이 꼭 필요하다. 회사에서 소음을 고려하여 제품을 개발하고 있는지 확인하려면 그 회사가 무향실을 보유하고 있는지를 확인하면 된다.

무향실$^{anechoic\ chamber}$은 모든 벽에 소리의 반사를 없애기 위하여 흡음재를 부착한다. 소리의 반사가 없는 공간을 자유음장이라고 한다. 무향실의 성능은 차단주파수$^{cut\text{-}off\ frequency}$와 암소음$^{background\ noise}$으로 정해진다.

먼저 고주파수 소리는 벽에 부착된 흡음재에 잘 흡수되어 메아리가 발생하지 않지만, 저주파수 소리는 잘 흡음이 이루어지지 않아서 메아리가 발생하게 된다. 따라서 무향실의 성능은 흡음할 수 있는 가장 낮은 소리의 주파수로 결정되는데, 이 주파수를 차단주파수라 한다. 차단주파수 이상의 고주파수 소리에 대해서만 무향실에서 메아리가 없다고 인정하게 된다.

저주파수 소리도 잘 흡수하려면 흡음재의 길이가 길어야 한다. 사람이 들을 수 있는 가청음의 범위는 20Hz에서 20,000Hz로 알려져 있으므로 차단주파수를 20Hz로 설계하면 사람이 들을 수 있는 모든 주파수에 대하여 메아리가 없는 이상적인 무향실을 만들 수 있을 것이다. 그러나 이렇게 설계하려면 길이가 4.25m인 흡음재를 모든 벽면에 붙여야 하고, 그 안에 측정할 공간도 확보해야 하므로 어마어마하게 큰 방을 만들어야 할 것이다. 절충안으로 보통 차단주파수를 125Hz로 설계하는데, 흡음재의 길이는 68cm가 되며 방을 좀 크게 만들면 모든 벽에 흡음재를 붙여서 무향실을 제작할 수 있겠다는 느낌이 들 것이다. 참고로 학교에서 정말 예산과 공간이 없을 때 부득이 차단주파수를 250Hz로 설계하는데 흡음재 길이는 34cm이면 된다. 귀국하고 얼마 지나지 않아 소음 연구를 위해 무향실은 필요한데, 예산이 없던 시절에 자그마한 교수 연구실 내부에 차단주파수 250Hz인 무향실을 지어서 아쉬운 대로 활용했었다. 자금력이 충분한 대기업의 경우 차단주파수를 62.5Hz로 설계하여 흡음재 길이는 1.36m 이상이 되도록 한다. 나는 회사 무향실을 견학하게 되면 가장 먼저 흡음재의 길이부터 확인한다.

  무향실의 다른 성능 지표로 암소음이 있다. 외부의 소음이 무향실 내부로 들어오는 것을 차단해야 하며, 기계에서 발생하는 소음보다 20dB 이상 낮아야 소음 측정오차를 1% 이하로 유지할 수 있다. 암소음이 기계 소음보다 10dB 이내로 낮으면 측정 신호에 10% 이상의 잡음이 포함되는 것을 감수해야 한다. 무향실의 암소음을 낮추기 위하여 창문과 같이 소리에 취약한 부분은 없애야 하고, 전선이나 센서를 위한 구멍도 최소화해야 한다. 벽이 두꺼울 뿐만 아니라 벽 내부에 차음재를 빈틈없이 채워 넣는다. 벽만 잘 만들었다고 해결되는 것이 아니고 외부에서 전달되는 진동도 차단해야 한다. 외부 진동의 예로 아파트에서 누군가 못질을 하면 진동이 아파트 전체에 전달되어 각 가정에 소리로 전달되는 원리이다. 층간소음도 마찬가지이다. 무향실은 건물

내에 지어지는데 공장이 돌아가는 소리나 누군가 작업하는 소리가 무향실에 전달되지 않도록 무향실을 바닥에서 띄워서 제작한다. 무향실이 외부와 연결되는 곳은 바닥뿐으로 저가형은 고무나 방진 스프링을 받치지만 제대로 지으려면 유압장치로 지지하도록 설계한다.

   나는 소음을 전공하면서 무향실이 꼭 필요했지만, 설치공간과 예산을 확보하지 못하여 아주 허접한 무향실을 자비를 들여서 제작했었다. 실험실을 방문하는 손님에게 보여주기 창피할 정도였지만 한동안 아쉬운 대로 잘 사용했었다.

   부산대학교 기계관 건물이 2017년 완공되어 이전하게 되면서 무향실 공간을 확보할 수 있었다. 나는 임기가 4년밖에 남지 않았던 때이므로 그다지 사용하지 않겠지만 그래도 소음 전공 후배 교수들에게는 제대로 된 무향실을 넘겨주고 싶었다. 무향실 제작 전문 업체에 문의하여 1억 수천만 원의 견적을 받았다. 무향실을 이전하는 비용으로 학교에서 지원받는 예산으로는 턱없이 부족하였고, 궁리 끝에 LG전자에 협조를 요청했다. LG전자와 부산대는 소음 연구를 위하여 앞으로도 밀접한 연구를 수행할 것이고 꼭 필요한 장비라는 점을 설득시켜 상당 부분 지원을 받아서 무향실 제작을 완성할 수 있었다. 무향실 성능은 차단주파수 125Hz, 암소음 13dBA의 스펙이다. 외부 손님이 방문하면 자랑스럽게 소개할 수 있게 되었다.

08

물리의 설렘

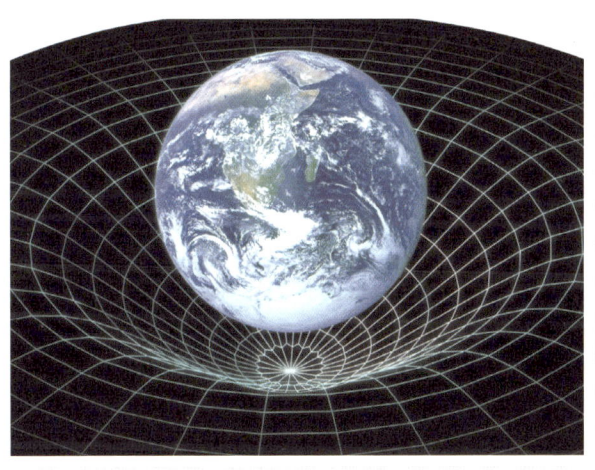

재미있는 수학! 미분의 사촌 변분

　　우리는 고등학교 때 미분을 배운 적이 있다. '이런 수학이 시험 칠 때 말고 어디에서 필요할까?'라는 생각을 한두 번씩 했을 것이다. 공대에 진학하여 연구의 길로 들어서면서 이 세상의 모든 자연 현상을 인류는 수학으로 표현하려고 노력했다는 것을 알 수 있었다. 그리고 모든 원리는 미분방정식으로 표현된다는 것도 알았다. 날씨의 변화를 예측하거나 비행기를 설계하거나 가볍고 튼튼한 교량을 설계하거나 실내가 골고루 시원한 절전형 에어컨을 설계할 때도 모든 현상은 미분방정식으로 표현되고 엔지니어는 수학 문제를 풀어서 최적의 설계를 수행한다.

　　나는 공학자로서 여러 수학을 배웠지만, 개인적으로 아주 재밌게 느껴졌던 수학이 있는데, 그것은 변분^{variation}이다. 미분을 상기해보면 함수 y(x)의 극값을 구할 때 미분하여 dy(x)/dx=0 또는 dy(x)=0에서 함수의 극값을 구할 수 있었다. 여기까지가 고등학교 수학 얘기이고 이제부터 얘기가 어려워진다. 함수를 확장하면 함수로 표현되는 함수를 생각할 수 있는데 범함수^{functional}라고 한다. 예를 들어 $F[y(x)] = \int_a^b H[y(x), y'(x), y''(x)] dx$ 로 표현되는 범함수를 생각할 수 있다. 범함수는 함수의 함수이므로 함수 y(x)가 변하면 범함수 F[y(x)] 값은 변할 것이다. 그리고 미분 개념을 확장하여 범함수가 극값을 갖는 함수 y(x)를 구할 수 있다. δ F[y(x)]=0 을 풀면 되지만 풀이 과정은 생략한다. 미분 기호 d와 구별하기 위하여 변분 기호는 그리스어 δ 를 사용한다.

　　변분의 가장 재미있는 예로 우리는 초등학교 시절 두 점 사이의 최단 거리는 직선이라 것을 배웠고, 증명 없이 당연하게 받아들였다. 이런 것을 의심하거나 질문을 하면 이상한 아이로 취급되었다. 그런데 두 점 사이의 최단 거리가 직선이라는 것을 변분을 알게 되면서 비로소 증명할 수 있었다. 이 변분 이론을 사용하면 한국 부산에서 미국 뉴욕까지 지표면을 따라서 가는 최단 경로도 구할 수 있으며, 비행기가 왜 동쪽이 아닌 북극 근처로 가는지 이해할 수 있다. 구하는 방법은 비행기 경로를 나타내는 함수 y(x)가 있을 때 이동 거리인 범함수 F[y(x)]를 적분 식으로 표현하고 극값을 갖도록 $\delta F[y(x)]=0$을 풀어서 구한 y(x)가 최단 경로를 의미한다. 이 경로를 geodesic이라 한다. 그 외에 도자기와 같은 축 대칭 물체의 표면적이 최소가 되는 곡선의 모양은 현수선 모양이라든지, 줄의 양 끝을 잡고 늘어뜨리면 중력에 의해서 아래로 처진 모양은 위치에너지가 극값(최솟값)을 가질 때 안정stable 한데 그때의 모양이 현수선이라는 등 재밌는 결과들을 얻을 수 있다. 그 외에 기계공학 거의 모든 전공에서 컴퓨터 해석으로 물리현상을 분석하기 위하여 유한요소법finite element method이라는 방법을 사용한다. 모든 자연 현상은 미분방정식으로 표현되는데 인류는 아직 이런 대부분의 미분방정식을 고등학교에서 수학 문제 풀듯이 풀지 못한다. 유한요소법은 인류가 풀지 못하는 미분방정식을 컴퓨터로 풀기 위하여 개발한 근사 기법이다. 이 유한요소해석을 위한 기본 수학이 바로 변분학이다. 나도 소음진동 분야의 유한요소해석을 전공하였다.

편미분방정식의 근사해 구하기

· · ·

자연의 물리 법칙들은 대부분 편미분방정식으로 표현된다. 유체역학의 나비에-스토크스 방정식, 열전도 방정식, 전자기학의 맥스웰 방정식, 양자역학의 슈레딩거 방정식, 일반상대성이론의 아인슈타인 방정식 등 물리 현상을 표현하는 수많은 편미분방정식이 있다. 진동소음도 편미분방정식이다. 자연의 물리 법칙들을 간단한 수학 기호로 표현한 방정식들을 보면 아름다울 뿐만 아니라 경이롭기까지 하다. 우리는 고교에서 미분 적분을 배우고 대학에서 미분방정식을 배운다. 대학 시절 1,000페이지가 넘는 두꺼운 공업수학을 버겁게 배우면서 고교 시절에는 생각하지도 못했던 수학의 깊이를 느꼈었다. 편미분방정식의 풀이도 배웠다. 대표적인 풀이법은 변수분리법$^{\text{separation of variables}}$이다. 그러나 되돌아보면 대부분의 편미분방정식은 아직 인류가 풀지 못하고, 비교적 간단한 라플라스 방정식도 경계조건이 반듯한 육면체, 원통형이나 구형인 이상적인 경우에만 해를 구할 수 있다. 공업수학 책은 인류가 풀 수 있는 수학 문제의 모음집이었다. 그래서 책이 두꺼웠다. 그러므로 직접 해를 구하지 못하는 대부분의 편미분방정식은 엄밀해$^{\text{exact solution}}$가 아닌 근사해$^{\text{approximate solution}}$를 구하는 것이 과학자의 최선일 것이다. 편미분방정식의 근사해를 구하기 위하여 가장 널리 사용하는 방법이 가중잔여법$^{\text{weighted residual method}}$이다.

다양한 형태의 미분방정식을 미분연산자 $L[\,\cdot\,]$을 이용하여 일반적으로 표현하면 $L[u(\vec{r},t)] - f(\vec{r},t) = 0$이다. 엄밀해 $u(\vec{r},t)$를 구하지 못하므로 이미 알고 있는 함수의 선형 결합으로 근사한다. 즉, $u(\vec{r},t) \approx \sum_{i=1}^{n} a_i(t)\phi_i(\vec{r})$이다. 이때 시험 함수$^{\text{trial function}}$ $\phi_i(\vec{r},t)$는 경

계조건$^{\text{boundary condition}}$을 만족하도록 선정하고, 엄밀해를 잘 표현하도록 선정해야 바람직한 근사해를 구할 수 있다. 이때 가정한 근사해는 엄밀해가 아니므로 당연히 모든 영역에서 지배방정식을 만족하지 않을 것이므로 잔여값^{residual}은 $R = L[u] - f \neq 0$일 것이다. 따라서 모든 영역에서 residual $R=0$인 엄밀해의 조건 대신 적분값이 0인 완화된 조건 $\int_V [L[u(\vec{r}, t)] - f(\vec{r}, t)] W(\vec{r}) dV = 0$을 사용한다. 그리고 weighted residual이 최소가 되도록 계수 $a_i(t)$를 구하는 근사법을 가중잔여법이라 하며, 현재 편미분방정식의 풀이로 공학에서 가장 널리 사용하는 해법이다. 가중함수$^{\text{weighting function}}$의 선정 방법에 따라 다양한 이름으로 불리고 있다.

첫째, 가중함수를 delta 함수를 이용하여 $W_i(\vec{r}) = \delta(\vec{r} - \vec{r}_i)$, $i = 1 \sim n$와 같이 선정하는 방법을 collocation법이라 부른다. 즉, 영역 내 특정 위치 $\vec{r}_i$에서만 지배방정식을 만족하도록 근사해를 구하는 방법으로 유한차분법$^{\text{finite difference method, FDM}}$의 결과와 일치한다.

둘째, 적분 영역을 n개의 sub-domain으로 나누고, 가중함수를 sub-domain 내에서만 $W_i(\vec{r}) = 1$이고 그 외 영역에서는 0이 되도록 선정한 경우이다. 이 방법은 유한체적법$^{\text{finite volume method, FVM}}$의 기본이 된다. FDM과 FVM은 전산유체역학$^{\text{computational fluid dynamics, CFD}}$분야에서 주로 사용되고 있다.

셋째, 가중함수를 trial function $W_i(\vec{r}) = \phi_i(\vec{r})$, $i = 1 \sim n$와 같이 선정하는 방법으로 갤러킨법$^{\text{Galerkin method}}$이라 부른다. 즉,

$$\int_V [L[u(\vec{r}, t)] - f(\vec{r}, t)] \phi_i(\vec{r}) dV = 0 , \quad i = 1 \sim n$$

또는 변분^{variation} $\delta u(\vec{r}, t) = \sum_{i=1}^{n} \phi_i(\vec{r}) \delta a_i(t)$을 이용하여 하나의 식으로 간단히 표현할 수 있다.

$$\int_V [L[u(\vec{r},t)] - f(\vec{r},t)]\delta u(\vec{r},t)dV = 0$$

Galerkin법은 고체역학이나 진동 등 구조해석 분야에서 널리 사용하는 방법이다. 나의 전공 분야이므로 조금 어렵겠지만 부연 설명을 한다. 지배방정식 $L[u]$에 고차 미분 항이 있으면 미분이 0이 되지 않도록 시험 함수도 고차로 선정해야 하는 불편함이 있다. 개선책으로 residual 적분식을 부분적분하여 고차 미분항의 차수를 낮추어 범함수^{functional}의 변분^{variation} $\delta\Pi = 0$ 형태로 표현하는 Rayleigh-Ritz법이 있다.

2차원 Laplace 방정식 $\nabla^2 u(x,y) = 0$을 예로 들면, Galerkin법에서 residual은 $\int [\frac{\partial^2 u(x,y)}{\partial x^2} + \frac{\partial^2 u(x,y)}{\partial y^2}]\delta u(x,y)dxdy = 0$이고, 부분적분하여 $\delta\frac{1}{2}\int[(\frac{\partial u(x,y)}{\partial x})^2 + (\frac{\partial u(x,y)}{\partial y})^2]dxdy = 0$을 사용하는 것이 Rayleigh-Ritz법이다. 함수 $u(x,y)$의 미분 차수가 낮아진 것을 알 수 있다. 그런데 Galerkin법을 Rayleigh-Ritz법으로 변환하기 위해서는 self-adjoint라는 조건을 만족해야 하는데, 위치에너지와 운동에너지를 정의할 수 있는 대부분의 구조해석 분야에서 $\delta\Pi = 0$의 범함수 형태로 변환이 가능하다. 고체역학과 같이 정하중$^{static\ force}$을 취급하는 분야에서는 위치에너지 U만 필요하므로 범함수는 $\delta(U - W_{nc}) = 0$로 가상일$^{virtual\ work}$의 형태로 표현되고, 시간에 따라 변동하는 동하중$^{dynamic\ force}$을 다루는 진동 분야에서는 운동에너지 T를 추가로 고려하면 $\delta\int(T - U + W_{nc})dt = 0$로 Hamilton principle의 형태가 된다.

Rayleigh-Ritz법을 이용하여 컴퓨터 수치해석에 적합하도록 trial function을 자동으로 결정하는 방법이 유한요소법$^{finite\ element\ method,\ FEM}$이다. 적분 영역을 작은 요소^{element}로 분할하고 하나의 요소를 구성하는 요소의 절점^{node}만으로 요소 내의 시험 함수$^{trial\ function}$를 결정하는 방법이다. 예를 들어 2차원 평면을 사각형 요소로 나누면 절점이 4개이므로 절점의 값으로 요소 내부의 값을 보간^{interpolation}하면 $u(x,y,t) = \sum_{i=1}^{4} N_i(x,y)u_i(t)$가 된다. 이때 자동으로 결정되는 $N_i(x,y)$를 형상함수$^{shape\ function}$라 하며 절점 개수를 고려하여 가장 낮은 차수의 다항식을 사용한다.

진동을 포함한 구조해석에서 가장 널리 사용하는 수치해석 기법은 유한요소법이고, 이미 많은 상용 소프트웨어가 개발되어 판매되고 있다. 그러나 구조진동에 의한 소음해석은 음파가 무한히 먼 곳까지 퍼져 나가므로 무한 영역까지 해석이 필요하다. 유한요소법은 해석하려는 유한 영역을 요소로 나누어 해석해야 하므로 무한 영역을 해석해야 하는 소음 분야에는 적합하지 않다. 소음해석을 위한 대안으로 무한 영역의 부피적분$^{volume\ integral}$을 폐곡면의 면적분$^{surface\ integral}$으로 변환하는 발산정리$^{divergence\ theorem}$를 이용하는 기법이 개발되었다.

$$\iiint_V (\nabla \cdot \vec{F})dV = \oiint_S \vec{F} \cdot \hat{n} dA$$

부피적분으로 표현되는 유한요소법의 유도과정을 발산정리를 이용하여 폐곡면의 면적분으로 변형하여 해석하는 방법을 경계요소법$^{boundary\ element\ method,\ BEM}$이라 한다. 경계요소법은 진동하는 구조물의 표면에 속도 경계조건을 주면 무한 영역 공간의 임의 위치$^{field\ point}$에서 음압$^{acoustic\ pressure}$을 구할 수 있다. 경계요소법은 폐곡면$^{closed\ surface}$의 내부 또는 외부 공간을 해석하는 direct BEM과 개곡면$^{open\ surface}$의 공간을 해석하는 indirect BEM으로 나누어진다. 자세한 설명은 생략한다.

경계요소법을 활용한 소음해석의 단점은 주파수가 행렬 요소에 녹아 들어 고유치해석이 불가능한 점과 주파수마다 매번 행렬을 재구성해야 하므로 수치 계산이 비효율적이다. 반면에 유한요소법을 활용한 소음해석은 주파수가 행렬에 포함되지 않아 고유치해석이 가능하고 모드중첩법$^{mode\ superposition\ method}$으로 효율적인 수치 계산이 가능한 장점이 있다. 최근에 음파$^{acoustic\ wave}$를 완전히 흡수하는 무반사 경계면^{perfectly}

matched layer, PML에 관한 연구가 개발되어, 유한 영역의 끝단에 PML 경계조건을 설정하면 무한 영역 해석과 거의 동등한 해석 결과를 얻을 수 있다. PML 기술의 발전과 함께 음향해석도 점차 경계요소법에서 유한요소법으로 대체되는 추세이다. 나는 부산대 기계공학 대학원에서 '소음진동전산해석'과목을 개설하여 유한요소 진동해석과 소음해석 그리고 경계요소 음향해석을 강의하였다.

진동소음과 고유치문제

⋯

진동계의 거동을 나타내는 편미분방정식은 아주 간단한 경우를 제외하면 엄밀해를 구하기 어렵다. 근사적인 해를 구하기 위하여 유한요소법 등을 적용하여 이산화^{discretization}하면, 다자유도계의 연립 미분방정식 $[M]\{\ddot{x}(t)\} + [K]\{x(t)\} = \{f(t)\}$으로 변환된다. 진동수 ω로 진동하는 외력벡터와 변위벡터는 $\{f(t)\} = \{F\}e^{i\omega t}$, $\{x(t)\} = \{X\}e^{i\omega t}$이므로 $([K] - \omega^2[M])\{X(\omega)\} = \{F(\omega)\}$의 연립방정식을 구하면 외력에 대한 진동 응답을 구할 수 있다. 속도 벡터는 $\{v(t)\} = i\omega\{X\}e^{i\omega t}$이고 가속도 벡터는 $\{a(t)\} = -\omega^2\{X\}e^{i\omega t}$이다. 여기서 벡터 $\{X\}$와 $\{F\}$의 크기는 $N \times 1$이고 행렬 $[K]$와 $[M]$의 크기는 $N \times N$인데, N을 자유도$^{\text{degree of freedom, DOF}}$라 부르고 운동을 기술하기 위한 최소한의 좌표수를 의미한다. 이때 구조물의 거동을 정확히 근사하기 위해서는 유한요소를 잘게 나누어야 하는데, 자유도 N의 크기는 수십만 이상이 되기도 한다. 즉, 미지수가 수십만 개인 연립방정식을 푸는 문제가 된다. 게다가 주파수 응답을 구하기 위해서는 진동의 경우 주파수 ω가 0Hz에서 수 kHz까지, 소음의 경우 20kHz까지 $\Delta\omega$ 간격으로 계산해야 하므로 막대한 컴퓨터 계산 시간이 필요하게 된다. 이런 계산 시간의 비효율성을 해결하기 위하여 사용되는 수학적 기법이 고유치 문제$^{\text{eigenvalue problem}}$이다.

고유치 문제란 연립방정식 $([K] - \omega^2[M])\{\phi\} = \{0\}$이 자명하지 않은 해$^{\text{nontrivial solution, 유용해}}$ 즉, $\{\phi\} \neq \{0\}$인 해를 구하는 문제이다. 자명하지 않은 해를 갖기 위한 $\lambda = \omega^2$ 값을 고유치^{eigenvalue}라 하고, 고유치에 대응하는 해 $\{\phi\}$를 고유벡터^{eigenvector}라 한다. 진동에서는 고유치의 제곱근 ω를 고유진

동수$^{\text{natural frequency}}$라 하고, 고유벡터을 고유모드$^{\text{natural mode}}$라 부른다. 연립방정식이 nontrivial solution을 갖기 위한 조건은 역행렬이 존재하지 않아야 하므로 행렬식^{determinant}이 0이 되어야 한다. 따라서 고유치 $\lambda = \omega^2$는 N차 다항식^{polynominal}인 특성방정식$^{\text{characteristic equation}}$ $det([K] - \omega^2[M]) = 0$의 근으로 주어진다. 그러므로 N개의 고유치 ω_i^2와 대응하는 고유벡터 $\{\phi_i\}$, $i=1\sim N$가 존재함을 알 수 있다.

그런데 고유치문제가 진동소음과 어떤 연관이 있을까? 그 핵심은 고유치문제에서 구해지는 고유벡터의 직교성^{orthogonality}이라는 주요한 성질 때문이다. 직교성이란 서로 다른 임의의 두 고유벡터 $\{\phi_i\}$, $\{\phi_j\}$에 대하여 $\{\phi_j\}^T[K]\{\phi_i\} = 0$과 $\{\phi_j\}^T[M]\{\phi_i\} = 0$, $i \neq j$의 관계가 성립하는 성질이다. 단, $i=j$일 때 $\{\phi_i\}^T[K]\{\phi_i\} = k_r$와 $\{\phi_i\}^T[M]\{\phi_i\} = m_i$이 된다. 따라서 행렬 $[U] = [\{\phi_1\}\cdots\{\phi_N\}]$에 대하여 $[U]^T[K][U]$와 $[U]^T[M][U]$는 각각 대각요소가 k_r과 m_r인 대각행렬이 된다. 여기서 m_r은 모드질량$^{\text{modal mass}}$, k_r은 모드강성$^{\text{modal stiffness}}$이라 하는데, 고유치(또는 고유진동수의 제곱)는 $\omega_r^2 = k_r/m_r$의 관계가 있다.

고유벡터의 직교성을 활용하기 위하여 진동계의 연립미분방정식에서 $\{x(t)\} = [U]\{p(t)\} = \sum_{r=1}^{N} p_r(t)\{\phi_r\}$와 같이 좌표변환을 하고 양변에 $[U]^T$를 곱$^{\text{pre-multiply}}$하면 비연성화된^{uncoupled} N개의 1자유도 운동방정식 $m_r\ddot{p}_r(t) + k_r p_r(t) = N_r(t)$, $r=1\sim N$으로 나타낼 수 있다. 1자유도계 응답 $p_r(t)$은 쉽게 구할 수 있다. 여기서 $p_r(t)$은 모드좌표$^{\text{modal coordinate}}$라 하고 modal force는 $N_r(t) = \{\phi_r\}^T\{f(t)\}$이다. 그리고 구해진 응답 $p_r(t)$를 좌표변환 관계식에 대입하면 물리좌표에서 응답 $\{x(t)\}$는 다음과 같이 여러 고유모드의 중첩$^{\text{mode superposition}}$으로 표현된다. 고유모드의 중첩으로 진동 응답을 효율적으로 계산할 수 있다.

$$\{x(t)\} = \{X(\omega)\}e^{i\omega t}, \quad \{X(\omega)\} = \sum_{r=1}^{N} \frac{\{\phi_r\}^T \{F(\omega)\}\{\phi_r\}}{k_r - \omega^2 m_r}$$

모드해석의 또 하나의 장점은 유한요소해석에서 자유도 N은 아주 큰 값을 갖는데 N까지 중첩할 필요가 없다는 점이다. 차수 r이 클수록 주파수의 응답 $\{X(\omega)\}$에 미치는 영향은 점점 작아진다. 따라서 효율적 계산을 위해서 관심 주파수를 고려하여 적당한 값인 $n(\ n \ll N)$까지만 중첩하여 계산 효율을 더욱 향상시킬 수 있다. 이상과 같이 고유치문제에서 구한 고유벡터의 직교성을 활용하여 모드중첩을 하면 진동응답을 아주 효율적으로 계산할 수 있다. 이런 일련의 계산 절차를 모드해석$^{modal\ analysis}$이라 하며 진동해석의 기본 이론이다.

고유치문제는 경계조건$^{boundary\ condition}$을 갖는 편미분방정식인 경계치문제$^{boundary\ value\ problem}$의 풀이에도 널리 활용되고 있다. 고유치와 고유함수^{eigenfunction}를 구하고, 고유함수의 직교성을 활용하여 좌표변환을 하면 편미분방정식도 비연성^{uncoupled} 미분방정식으로 변환되고 편미분방정식의 해를 구할 수 있다. 상세한 설명은 생략한다.

강체 동역학

...

질점^{particle}이란 부피가 없고 질량만 있는 물체이다. 부피가 없으므로 회전 성분이 없다. 강체$^{rigid\ body}$란 부피와 질량을 갖지만, 강성^{stiffness}이 무한히 커서 아무리 큰 힘을 가해도 절대로 변형하지 않는 물체이다. 질점만 취급하던 고교 물리에서 부피를 갖는 강체로 확장한 동역학을 강체 동역학$^{rigid\ body\ dynamics}$이라 하며, 기계공학 2학년 필수과목이다. 부피를 갖는 강체는 회전운동을 한다. 회전하는 강체는 위치에 따라 속도와 가속도가 다른 값을 갖는다. 따라서 속도나 가속도를 언급할 때는 반드시 위치를 지정해야 한다. 강체에서 $\vec{F}=m\vec{a}$가 성립하는 위치는 질량중심이다. 그러므로 $\vec{F}=m\vec{a_G}$가 성립한다. 질량중심의 속도 $\vec{v_G}$와 가속도로부터 다른 점의 속도와 가속도를 구하는 관계식은 $\vec{v}=\vec{v_G}+\vec{\omega}\times\vec{r},\ \vec{a}=\vec{a_G}+\vec{\alpha}\times\vec{r}+\vec{\omega}\times(\vec{\omega}\times\vec{r})$이다. 여기서 $\vec{\omega}$와 $\vec{\alpha}$는 강체의 각속도$^{angular\ velocity}$와 각가속도$^{angular\ acceleratiuon}$이다. 강체에 작용하는 힘은 강체 질량중심에 대한 회전 모멘트를 발생시키고, 모멘트에 대응하는 강체의 각가속도 $\vec{\alpha}$가 발생한다. 그 관계식은 $\vec{M_G}=I_G\vec{\alpha}$이다. 병진운동에 대한 관성이 질량 m이고, 회전운동에 대한 관성을 질량관성모멘트$^{mass\ moment\ of\ inertia}$라 하며, $I_G=\int r^2 dm$로 주어진다.

강체의 질량이 같더라도 형상이 다르면 질량관성모멘트는 다른 값을 갖는다. 예를 들어 질량 m이고 반지름 R인 속이 꽉 찬 구는 $I_G=\frac{2}{5}mR^2$, 구 껍질은 $I_G=\frac{2}{3}mR^2$, 원판은 $I_G=\frac{1}{2}mR^2$, 링^{ring}은 $I_G=mR^2$ 등이다. 외줄 타기를 할 때 팔을 벌리거나 긴 장대를 들면 잘 안 넘어지는데 그 이유는 질량관성모멘트가 증가하여, 동일한 모멘트에 대하여 각가속도($\vec{a}$)가 작아지기 때문이다. 다른 예로 다이빙 선수가 공중에서 수면으로 자유낙하 하는 동안 사람에 작용하는 힘은 질량중심에 작용하는 중력뿐이다. 중력가속도로 자유낙하 하지만, 중력의 질량중심에 대한 모멘트는 없으므로 각운동량 $I_G\vec{\omega}$은 보존된다. 따라서 몸을 움츠려 질량관성모멘트(I_G)를 작게 하면 각속도(ω)가 증가하여 더 많은 회전을 할 수 있게 된다. 반대로 수직 입수를 위해서는 몸을 쭉 펴서 질량관성모멘트를 증가시킬 필요가 있다.

앞에서 잠깐 언급했던 비탈길을 내려가는 원판을 생각해 보자. 마찰이 없고, 회전 없이 미끄러져 내려가는 경우, 고교 물리에서 배웠던 에너지보존법칙은 $\frac{1}{2}mv_G^2 = mgh$이고 $v_G = \sqrt{2gh}$이다.

만일 마찰이 충분히 커서 원판이 미끄러지지 않고 굴러서 높이 h를 내려간다고 가정하자. 강체는 병진운동과 회전운동을 동시에 하므로 에너지 보존법칙은 $\frac{1}{2}mv_G^2 + \frac{1}{2}I_G\omega^2 = mgh$이 된다. 원판의 $I_G = \frac{1}{2}mR^2$이고, $v_G = R\omega$이므로 속도는 $v_G = \sqrt{1.33\,gh}$이고, 미끄러져 내려갈 때보다 느린 것을 알 수 있다.

마찰계수가 작거나 경사각이 크면 원판은 구르면서 미끄러져 내려갈 것이다. 미끄럼 여부를 판단하기 위해서는 마찰력을 이해해야 하는데 조금 복잡하다. 미끄럼이 없으면 마찰력(f)은 최대정지마찰력($f_{max} = \mu N$)보다 작은 값을 갖고, 미끄러지기 시작하면 마찰력은 $f = \mu N$으로 일정한 값을 갖는다.

좀 더 일반적으로 설명하기 위하여 경사각 θ이고 마찰계수 μ인 비탈길을 질량 m이고 질량관성모멘트 I_G를 갖는 반지름 R인 원형 물체가 내려간다고 가정하자. 원형 물체에 작용하는 힘들(중력, 반력, 마찰력)을 그려서 나타낸 그림을 자유물체도$^{free\ body\ diagram,\ FBD}$라 한다.

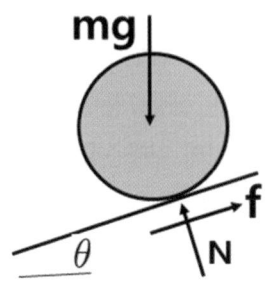

평면운동이므로 $\sum \vec{F} = m\vec{a_G}$는 2개의 식을, $\sum \vec{M_G} = I_G \vec{\alpha}$는 한 개의 식을 제시한다. 미지수는 질량중심 가속도 a_{Gx} ($a_{Gy}=0$), 강체 각가속도 α_z, 비탈면 반력 N과 마찰력 f로 4개이다. 추가 식 한 개는 운동에 따라 다르다.

먼저, 원형 물체가 미끄러지지 않고 굴러서 내려간다고 가정하면 추가 식은 $a_{Gx} = R\alpha_z$이고 $f < \mu N$을 만족해야 한다. 연립하면 $a_{Gx} = \dfrac{mgR^2\sin\theta}{I_G + mR^2}$, $\alpha_z = \dfrac{mgR\sin\theta}{I_G + mR^2}$, $f = \dfrac{mg\sin\theta}{1 + (mR^2/I_G)}$, $N = mg\cos\theta$가 구해진다. 미끄러지지 않기 위한 조건은 $f < \mu N$에서 $\tan\theta < \mu(1 + \dfrac{mR^2}{I_G})$이다. 원판의 경우 $I_G = \dfrac{1}{2}mR^2$을 대입하면 $\tan\theta < 3\mu$이고 $a_{Gx} = 0.67g\sin\theta$, 원형 링이 내려가는 경우 $I_G = mR^2$을 대입하면 $\tan\theta < 2\mu$이고 $a_{Gx} = 0.5g\sin\theta$이다. 원형 물체의 형상에 따라 미끄러지는 조건이 다르고, 가속도도 다른 것을 알 수 있다. 같은 질량일 때 원판이 링보다 가속도(a_{Gx})가 커서 더 빨리 내려가는 것을 알 수 있다. 또 경사각이 일정 각도 이하일 때 미끄러지지 않는 것도 알 수 있다.

경사각(θ)이 크거나 마찰계수(μ)가 작으면, 원형 물체는 미끄러지면서 굴러서 내려가고 $a_{Gx} \neq R\alpha_z$이다. 추가 식은 $f = \mu N$이다. 연립하면 $a_{Gx} = g\sin\theta - \mu g\cos\theta$, $\alpha_z = \mu mg\cos\theta/I_G$, $f = \mu mg\cos\theta$, $N = mg\cos\theta$ 이다.

이상을 종합하면 마찰계수가 작을수록 원형 물체는 비탈길을 빨리 내려가는 것을 알 수 있다. 원판을 예로 들면, 마찰계수 $\mu = 0$일 때 구르지 않고 미끄러지면서 내려가며 가속도는 $a_{Gx} = g\sin\theta$로 가장 빨리 내려가고, 마찰계수가 $0<\mu<0.33\tan\theta$일 때 미끄러지면서 굴러 내려가며 가속도는 $a_{Gx}=g\sin\theta-\mu g\cos\theta$이고, 마찰계수가 $\mu>0.33\tan\theta$일 때 미끄럼 없이 굴러 내려가며 가속도는 마찰계수와 상관없이 $a_{Gx}=0.67g\sin\theta$로 가장 느리게 내려간다. 마찰계수 $\mu=0$인 경우는 실제 존재하지 않는 이상적^{ideal}인 경우이므로 원판이 구르지 않으면서 비탈길을 내려가는 경우는 실생활에서 발생하지 않는다.

풀이 과정이 조금 복잡하지만, 「내 전공을 찾아준 물리 문제의 추억」에서 언급한 대학 입시 물리 문제에 대한 상세 풀이다. 과연 고교를 갓 졸업한 대학 입시생이 이해할 수 있을는지?

강체 동역학은 물체의 변형을 고려하지 않았다. 변형하는 유연한 물체를 탄성체$^{\text{elastic body}}$라 한다. 탄성체 동역학은 강체 동역학보다 더 복잡할 것이다. 탄성체 동역학을 다루는 전공 분야를 세분하면 다물체 동역학$^{\text{multi-body dynamics}}$과 진동^{vibration}으로 나눌 수 있다. 다물체 동역학은 자동차처럼 여러 탄성체가 연결된 다물체에 대한 시간 영역 비선형 동역학 해석을 말한다. 반면에 진동은 탄성체가 미소 변형하면서 제자리에서 떠는 경우의 동역학이다. 진동해석은 시간 영역 해석도 가능하지만 주로 주파수 영역 해석을 수행한다. 시간 영역 데이터는 푸리에 변환$^{\text{Fourier transform}}$을 통하여 주파수 영역의 스펙트럼으로 변환할 수 있다.

물리에서 배운 F=ma는 완벽한 물리법칙?

...

고교 시절의 물리를 모두 잊은 사람도 뉴턴(Newton, 1643-1727)이 사과나무에서 사과가 떨어지는 것을 보고 만유인력의 법칙을 떠올렸다는 믿기 어려운 일화와 F=ma는 기억하고 있을 것이다. 수백 년간 완벽한 물리법칙으로 여겨지던 뉴턴의 법칙은 1905년 아인슈타인(Einstein, 1879-1955)이 특수상대성이론을 발표하면서 그 완벽함을 의심받게 된다. 뉴턴 법칙에 기반을 둔 고전역학에서는 물체의 질량은 불변이지만, 특수상대성이론에 의하면 움직이는 물체의 속력이 증가할수록 질량이 증가한다. 즉, 로렌츠 인자(Lorentz factor) $\gamma(v)$를 이용하여 질량 $m(v)$을 속도의 함수로 표현할 수 있다.

$$m(v) = \gamma(v)\, m_o, \quad \gamma(v) = \frac{1}{\sqrt{1-(v/c)^2}}$$

여기서 m_o는 물체가 정지하고 있을 때의 질량이다. 물체의 속력(v)이 광속(c)에 도달하면 질량은 무한히 커지는 것을 알 수 있다. 먼저 뉴턴의 법칙의 정확한 표현은 힘(F)은 선형운동량($p=mv$)의 시간 변화율이고 $F = \frac{d}{dt}(mv)$이다. 그리고 질량이 정지질량(m_o)으로 상수인 경우에 한하여 $F = m_o a$로 나타낼 수 있다. 그러나 상대론적 질량 $m(v)$을 고려한 뉴턴의 법칙은 약간 달라진다. 움직이는 물체의 속도와 동일한 방향으로 힘이 작용하면

$$F = \frac{d}{dt}[m_o \gamma(v)\, v] = m_o [\frac{d\gamma(v)}{dt} v + \gamma(v)\frac{dv}{dt}] = \gamma^3(v) m_o a$$

이다. 물체의 속도 $\vec{v}$와 힘 $\vec{F}$가 평행하지 않는 일반적인 경우는 약간 복잡하게 $\vec{F} = \gamma(v) m_o [\vec{a} + \gamma(v)^2 \frac{(\vec{u}\cdot\vec{a})\vec{u}}{c^2}]$로 표현된다.

현대 물리를 배우지 않았던 독자들은 질량이 변한다는 상대성이론보다 질량은 불변이라는 고전 물리에 내심 동의할 것이다. 그러나 여러 실험을 통하여 뉴턴의 법칙보다 상대성이론에 의한 법칙이 더 완전한 물리법칙으로 밝혀지고 있다. 그러면 로렌츠 인자 $\gamma(v)$는 어느 정도의 값을 가질까? 지구상에서 우리가 경험하는 빠른 이동 수단은 항공기일 것이다. 항공기는 지상 10km의 고도에서 속력 900km/h로 운항한다. 그 이유는 음속인 340m/s=1,224km/h를 넘을 때 소닉붐$^{sonic\ boom}$이라는 큰 충격 음파가 발생하지 않기 위해서다. 음속은 광속(300,000km/s)에 비하여 아주 작다. 로렌츠 인자는 $\gamma = 1.00000000000064$이며, 소수점 12자리까지 '0'이 된다. 우주선을 달에 보내기 위해서는 지상에 우주선의 속력이 탈출속도인 11.2km/s 이상이 되어야 하는데, 이때도 $\gamma = 1.0000000007$이며 소수점 9자리까지 '0'으로 $\gamma = 1$로 가정해도 무방할 것이다. 이것이 뉴턴의 법칙인 F=ma가 완벽한 물리법칙은 아니지만, 우리가 그대로 사용하는 이유이다. 그러나 우주를 다루는 천문학에서는 상대성이론을 사용해야 한다.

그 외 특수상대성이론의 로렌츠 인자($\gamma(v)$)를 고려하여 수정해야 할 대표적인 고전역학의 물리 법칙들을 예로 들면, 시간(t_o)은 $t = \gamma(v) t_o$로, 질량(m_o)은 $m = \gamma(v) m_o$로, 길이(L_o)는 $L = \dfrac{1}{\gamma(v)} L_o$로, 선형운동량($\vec{p} = m_o \vec{v}$)은 $\vec{p} = \gamma(v) m_o \vec{v}$로, 운동에너지($KE = \dfrac{1}{2} m_o v^2$)는 $KE = [\gamma(v) - 1] m_o c^2$로 수정해야 한다.

물체가 충돌할 때 에너지가 보존되지 않는다?

...

고교 물리에 두 물체가 충돌할 때 충돌 전과 충돌 후의 선형운동량이 보존된다고 배웠다. 즉, $(\Sigma m_i \vec{v_i})_{충돌전} = (\Sigma m_i \vec{v_i})_{충돌후}$이다. 이때 주의할 점은 에너지 보존법칙은 성립하지 않으므로 절대로 사용하면 안 된다고 배웠는데, 그 이유를 제대로 들은 적이 없다. 예를 들어, 동일한 정지질량(m_o)을 갖는 두 물체가 동일한 속력(v)으로 마주 보고 다가와 부딪히면, 충돌 후 각각의 물체의 속력(v_1', v_2')을 구해보자. 선형운동량 보존법칙은 $m_o v_1' + m_o v_2' = 0$이다. 에너지보존법칙을 사용하지 못하므로 반발계수(e)를 이용한다. 반발계수는 두 물체의 충돌 전후 상대속도의 비율로 정의하므로 $e = \dfrac{v_2' - v_1'}{v - (-v)}$이다. 선형운동량 보존법칙과 반발계수의 두 식을 연립하면, 충돌 후 속도는 $v_1' = -ev$, $v_2' = ev$가 된다.

이때 충돌 전 운동에너지는 $\dfrac{1}{2} m_o v^2 + \dfrac{1}{2} m_o v^2 = m_o v^2$이고, 충돌 후 운동에너지는 $\dfrac{1}{2} m_o (-ev)^2 + \dfrac{1}{2} m_o (ev)^2 = m_o e^2 v^2$이므로, 충돌 과정에서 소멸된 에너지는 $\Delta KE = (1 - e^2) m_o v^2$이고, 운동에너지는 보존되지 않음을 알 수 있다. 반발계수 $e = 1$인 경우에 한정하여 운동에너지는 보존되며 완전탄성충돌이라 한다.

그러면 물체가 충돌할 때 운동에너지가 보존되지 않는다면 소멸한 에너지는 도대체 어디로 간 것일까?

나는 이 질문에 대한 답을 알지 못했고, 막연하게 충돌과정에서 발생한 소리 에너지로 소멸했을 거라고 추측도 해봤지만, 소리 에너지가 물체의 운동에너지를 대체할 만큼 클 리가 만무했으므로 만성 소화불량에 걸린 것처럼 내내 답답했었다. 그러던 중 취미로 상대성이론을 공부하는 과정에서 소멸한 에너지의 행방을 드디어 알게 되었고, 나는 무릎을 치며 희열을 느꼈다.

먼저 뉴턴역학으로 운동에너지가 $KE=\frac{1}{2}m_0v^2$인 것을 유도하면

$$d(KE)=\vec{F}\cdot\vec{dr}=m_o\frac{d\vec{v}}{dt}\cdot\vec{v}dt=d(\frac{1}{2}m_ov^2).$$

질량이 속도에 따라 변한다는 상대론적 질량 $m(v)=\gamma(v)m_o$을 도입해서 운동에너지를 새롭게 유도해보면 결과는 다음과 같다.

$$d(KE)=\vec{F}\cdot\vec{dr}=\frac{d}{dt}(\gamma(v)m_o\vec{v})\cdot\vec{v}dt=d([\gamma(v)-1]m_oc^2)$$

즉, 상대론적 운동에너지는

$$KE=[\gamma(v)-1]m_oc^2, \quad \gamma(v)=\frac{1}{\sqrt{1-(v/c)^2}}.$$

뉴턴역학에 의한 운동에너지와 상대론적 운동에너지가 얼핏 다르게 보이지만 $\gamma(v)$를 Taylor 급수로 표현하면

$$KE=[\gamma(v)-1]m_oc^2=\frac{1}{2}m_ov^2+\frac{3}{8}\frac{v^4}{c^2}+\cdots\approx\frac{1}{2}m_ov^2.$$

이다. 따라서 물체의 속력(v)이 광속(c)에 비하여 충분히 작으면, 상대론적 운동에너지는 뉴턴역학의 운동에너지 $\frac{1}{2}m_0v^2$에 수렴하게 되는 것을 알 수 있다.

여기서 주목할 점은 관계식 $KE=[\gamma(v)-1]m_oc^2$을 다시 정리하면

$$\gamma(v)m_oc^2=KE+m_oc^2$$

이 되는데, 이때 우변의 m_oc^2을 정지에너지(rest energy)라 한다. 즉, 정지하고 있는 물체의 질량도 에너지와 등등한 물리량이라는 것을 의미한

다. 이것이 '엠씨스퀘어'로 잘 알려진 아인슈타인의 '질량-에너지 동등성'이다. 그리고 운동에너지(KE)와 정지에너지(m_oc^2)의 합을 총에너지($E=\gamma(v)m_oc^2$)라고 한다.

다시 원래의 충돌 문제로 돌아와서, 물체가 충돌할 때 운동에너지는 보존되지 않지만, 운동에너지와 정지에너지의 합인 총에너지가 보존된다. 즉, $2\times(\frac{1}{2}mv^2+mc^2) = 2\times(\frac{1}{2}m'(ev)^2+m'c^2)$이다. 그러므로 충돌 후 질량은 $m' = m[1+\frac{1}{2}(\frac{v}{c})^2]/[1+\frac{1}{2}(\frac{ev}{c})^2]$이다. $0 \leq e \leq 1$이므로 충돌 후 질량 m'은 충돌 전 질량 m보다 크다. 그리고 충돌 과정에서 질량은 $\Delta m = m' - m$ 만큼 증가하게 된다. 충돌과정에서 운동에너지는 감소하였지만, 대신 질량이 증가하게 되는 것이다. 물론 일부는 결합에너지로 변환될 수도 있겠지만 생략한다.

충돌의 역과정으로 물체가 분열하면 질량이 감소하게 되고, 운동에너지가 증가하게 되는데 이것이 바로 핵분열의 원리이다. 1g의 질량이 에너지로 바뀌면 얼마가 될까? $E=m_oc^2$에 대입하면 $9\times10^{13}[J]$로 어마어마하게 큰 에너지가 된다. 아인슈타인에 의해서 질량-에너지 동등성이 발견되고, 마침 독일 과학자가 우라늄의 핵분열도 발견하면서 독일과 미국 간 원자폭탄을 먼저 개발하려는 경쟁이 벌어졌다. 당시 2차 세계대전 중이었는데 아인슈타인은 미국 루즈벨트 대통령에게 미국에서 독일보다 먼저 원자폭탄을 만들어야 한다는 내용의 편지를 보냈단다. 미국은 1942년 세계 과학자들로 구성된 원자폭탄 개발을 위한 맨해튼 프로젝트Manhattan project를 비밀리에 수행하였고, 3년 후 원자폭탄 개발에 성공하였다. 당대의 유명한 물리학자는 유대인이 많았는데, 아이러니하게도 독일에서 유대인을 탄압하면서 아인슈타인을 포함하여 상당수의 유대인 과학자들이 미국으로 망명하였고, 일부는 원자폭탄 개발에 참여하게 되었다고 한다. 우라늄 핵분열을 발견한 독일 과학자

'오토 한'도 미국으로 망명하였다. 만일 독일 히틀러 정부가 유대인 탄압정책을 펴지 않고 유대인 과학자를 끌어안았다면 독일의 원자폭탄 개발은 어떻게 되었을지? 그리고 세계의 역사는 어떻게 바뀌었을지?

질량-에너지 동등성의 원리와 우라늄 핵분열의 발견이 원자력 발전 등 인류에 큰 도움을 준 면도 있겠지만, 원자폭탄 개발은 정말로 엄청나게 심각한 인류의 재앙임이 틀림없다.

'호모 사피엔스'는 슬기로운 사람이라는 뜻의 라틴어라고 한다. 스스로 '슬기로운 사람'이라고 칭하는 교만하고 이기적인 유전자를 물려받은 인류가 과학 기술의 발전을 평화보다는 무기 개발에 이용하고, 후손에게 길이 물려주어야 할 지구 환경을 마구 오염시키면서 지구온난화라는 돌이킬 수 없는 자멸의 길을 걷고 있으므로 '어리석은 사람'을 뜻하는 '호모 스툴투스'로 바꿔 부르는 것이 더 어울릴 것 같다. 과학의 발전을 멈출 수만 있다면, 이제는 그만 멈추는 것이 인류의 행복에 더 도움이 되는 것은 아닐까 생각한다.

지구가 블랙홀이 되려면

...

블랙홀$^{black\ hole}$이라는 단어를 들어보지 않은 사람은 아마 없을 것이다. 강한 중력으로 빛을 포함한 어떤 것도 빠져나올 수 없는 시공간의 영역을 말한다. 블랙홀에서 빛을 내보내지 않으므로, 지구에서 천체망원경으로 빛을 관찰하는 우리는 블랙홀을 볼 수 없다. 그러면 어떤 경우에 블랙홀이 될까?

블랙홀을 이해하려면 먼저 지구에서의 탈출속도$^{escape\ velocity}$를 이해해야 한다. 지구에서 공을 던지면 하늘로 조금 올라갔다가 중력에 의해 다시 땅에 떨어진다는 사실은 우리 모두 경험으로 알고 있다. 힘껏 던지면 더 멀리 날아가지만 결국 땅에 떨어진다는 것도 알고 있다. 고교 물리에서 공이 날아가는 궤적은 포물선 운동이고, 초기 속도에 의해 결정된다는 것도 배웠다. 그러면 지상에서 내가 던진 공이 땅에 떨어지지 않고 계속 날아가려면 수평 방향으로 얼마의 속력으로 던져야 할까? 지구의 중력과 원심력이 평형을 이루면 땅에 떨어지지 않고 계속 원운동을 하게 된다. 식으로 나타내면 $GmM/R^2 = mv^2/R$이고, $v = \sqrt{GM/R} = 7.9 km/s$이다. 참고로 소총 총알의 총구속도가 1km/s를 넘지 않는다 한다. 여기서, 지구의 질량 $M = 5.9722 \times 10^{24} kg$, 지구의 반경 $R = 6,400 km$, 만유인력상수 $G = 6.673 \times 10^{-11} Nm^2/kg^2$이다.

이번에는 로켓이 지구의 중력을 이겨 내고 지구를 탈출하여 우주로 날아가려면 지표면에서 얼마의 속도 v_{esc}로 발사해야 할까? 로켓의 운동에너지는 $\frac{1}{2}mv^2$이고, 지구 중심에서 거리 r 위치에서 만유인력의 위치에너지는 $-GmM/r$이다. 에너지보존법칙을 적용하면 $\frac{1}{2}mv^2 - \frac{GmM}{R}$

$= \frac{1}{2} mv(r)^2 - \frac{GmM}{r}$ 이므로 지구 중심에서 거리 r인 위치에서 로켓의 속도 $v(r)$을 구할 수 있다. 그런데 발사체가 지구를 탈출하려면 지구에서 아주 멀리 떨어진 $r \to \infty$일 때에도 속도 $v(\infty)$가 양수이어야 하므로 $\frac{1}{2}mv^2 - \frac{GmM}{R} > 0$을 만족해야 하고, $v > v_{esc} = \sqrt{2GM/R}$이다. 이때 v_{esc}를 탈출속도라고 하는데, 지구의 경우 $11.2 km/s$이다. 탈출속도 이상의 속력으로 로켓을 발사하면 로켓은 지구를 벗어나 우주로 날아갈 수 있다.

 마지막으로 별의 질량 M이 아주 무겁거나 반지름 R이 아주 작아서 탈출속도가 광속보다 크면, 즉 $v_{esc} > c$이면 빛도 빠져나가지 못하는 블랙홀이 된다. 따라서 별이 블랙홀이 되기 위한 반지름의 조건은 $R < R_s = \frac{2GM}{c^2}$ 이다. 즉, 별의 반지름 R이 R_s보다 작으면 블랙홀이 된다. 여기서 슈바르츠실트 반경이라 불리는 반경 R_s가 형성하는 구 표면을 사건의 지평선Event horizon이라 부르는데, 그 지평선 안쪽에서 발생한 사건에 대한 정보를 밖에서 관찰할 수가 없기 때문이다. 지구의 경우 $R_s = 0.886 cm$로 채 $1cm$도 되지 않는다. 지구를 무한히 압축했다고 하더라도 블랙홀의 영역은 불과 반경 $1cm$ 정도의 구에 불과하다. 태양의 경우 $R_s = 2.95 km$인데, 태양보다 질량이 3배 이상 무거워야 핵융합을 마치고 별의 수명을 다한 미래에 블랙홀이 될 수 있다고 한다.

우주여행을 하면 얼마나 젊어질까?

...

특수상대성이론의 시간 지연에 의하면 움직이는 물체의 시간은 천천히 흐른다. 쌍둥이 중 한 명이 우주여행을 떠나면, 속도는 상대적이므로 상대방이 움직이는 것으로 보이고, 서로 상대의 시계가 천천히 흐르는 것으로 보인다. 그리고 상대보다 자신이 더 늦게 된다는 모순을 '쌍둥이 역설'이라 한다. 이 모순은 우주여행을 마치고 되돌아오려면 반드시 가속도 운동을 해야 하므로 가속도계의 상대성 효과를 고려해야 한다는 것으로 해결되었다. 그러나 우주여행을 하면 구체적으로 얼마나 젊어지는지 내내 궁금했는데, 일반상대성이론(민건, 일반상대성이론, 우주알림)에서 그 계산식을 알게 되었다.

지구에서 발사한 우주선은 처음에는 일정한 가속도 a_o로 가속운동을 하고, 일정한 속도 v_o로 우주여행을 하다가, 일정한 가속도 a_o로 감속하여 목적지인 별에 도착한다고 가정하자. 그리고 우주선에서 일정 간격으로 깜박거리는 빛 시계를 지구에서 볼 수 있다고 하자. 특수상대성이론의 시간 지연으로 지구에서 바라본 우주선의 시간 간격과 우주선에 타고 있는 사람이 바라본 우주선의 시간 간격(고유시간)은 서로 다를 것이다. 빛의 속도는 c이고, 상대성이론의 로렌츠 인자는 $\gamma(v) = \dfrac{1}{\sqrt{1-(v/c)^2}}$ 이다.

우주선이 일정한 가속도 a_o로 가속 또는 감속하는 구간에서는 일반상대성이론을 적용하여 지구의 시간(t)과 우주선의 고유시간(τ)을 비교해야 한다. 지구의 시간 t에 관찰한 우주선의 가속도는 $a(t) = \gamma^{-3}(v)a_o$, 속도는 $v(t) = \dfrac{a_o t}{\sqrt{1+a_o^2 t^2/c^2}}$ 또는 $t = \dfrac{1}{a_o}\gamma(v)v(t)$ 이다. 우주선의 이동 거리는 $x(t) = \frac{c^2}{a_o}[\sqrt{1+a_o^2t^2/c^2}-1]$이다. 만일 $a_ot \ll c$이면, $a(t) \approx a_o$, $v(t) = a_ot$, $x(t) = \frac{1}{2}a_ot^2$로 고전 물리와 일치한다. 한편, 우주선의 시간 τ과 지구의 시간 t의 관계는 시간 지연으로 $t = \gamma(v)\tau$이다. 우주선의 고유시간 τ로 표시한 우주선의 가속도는 $\frac{dv(\tau)}{d\tau} = \gamma(v)^{-2}a_o$, 우주선의 속도는 $v(\tau) = c\tanh(\frac{a_o\tau}{c})$ 또는 $\tau(v) = \frac{c}{a_o}\tanh^{-1}\frac{v}{c}$이다. 만일 $v \ll c$이면, $\tau = t$, $v_o(\tau) = a_o\tau$, $\frac{dv(\tau)}{d\tau} = a_o$가 되어 고전 물리로 근사할 수 있다.

우주선이 일정한 속도 v_o로 운동하는 구간에서는 특수상대성이론을 적용한다. 지구에서 관찰한 우주선은 가속도 $a(t) = 0$, 속도 $v(t) = v_o$, 이동 거리 $x(t) = v_ot$이다. 우주선에서 고유시간 τ로 관찰한 우주선은 가속도 $a(\tau) = 0$, 속도 $v(\tau) = v_o$이다. 상대성이론의 거리 수축으로 이동 거리는 $x'(\tau) = \frac{1}{\gamma}x(t)$, $x'(\tau) = v_o\tau$이다.

예를 들어 쌍둥이 A와 B가 있는데, A는 지구에 남고 B는 지구로부터 20광년 떨어진 별에 우주선을 타고 여행을 다녀온다고 가정하자. 우주선은 일정한 가속도 $a_o = 9.8 m/s^2$로 가속하여 속도 $v_o = 0.8c$에 도달한 후, 일정한 속도로 이동하고, 다시 일정한 가속도 $a_o = 9.8 m/s^2$로 감속하여 별에 도착한다. 그리고 똑같은 방식으로 지구에 되돌아왔을 때, 쌍둥이 A와 B의 나이는 어떻게 될까?

지구에 남아있는 A의 입장에서 바라보면, 등가속도 구간에서 $a_o = 9.8 m/s^2$, $v = 0.8c$이므로 $t = \frac{1}{a_o}\gamma(v)v(t) = 1.294$년, 이동 거리는 $x(t) = \frac{c^2}{a_o}[\sqrt{1+a_o^2t^2/c^2}-1] = 0.6348$광년이다. 등속도 $v_o = 0.8c$ 구간에서 이동 거리는 $x = 20-(0.6348 \times 2) = 18.7304$광년이므로 등속

운동 소요 기간은 $t=18.7304$광년$/0.8\,c=23.538$년이다. 우주선이 별에 도착할 때까지 가속-등속-감속 운동을 하므로 1.294년+23.538년+1.294년=26.126년 소요된다. 그러므로 우주여행을 떠난 B가 지구에 되돌아올 때까지 A가 기다린 기간은 $26.126 \times 2=52.252$년이다.

우주여행을 떠난 B의 입장에서 지구에서 20광년 거리의 별을 왕복하기 위한 시간을 계산하면, 등가속도 $a_o=9.8 m/s^2$ 구간에서 $v=0.8c$되는데 걸리는 시간은 $\tau=\dfrac{c}{a_o}\tanh^{-1}\dfrac{v}{c}=1.0664$년이고, 등속도 $v_o=0.8\,c$ 구간에서 $\gamma=1.6667$, $x=18.7304$광년이므로 $x'=\dfrac{1}{\gamma}x=11.2382$광년, $\tau=x'/v_o=14.0478$광년이 소요된다. 우주선의 시계로 우주선이 별에 도착할 때까지 소요 기간은 $1.0664+14.0478+1.0664=16.1806$광년이다. 따라서 우주여행을 떠난 B가 우주선의 시계로 관측한 지구와 별을 왕복하는 데 필요한 시간은 $16.1806 \times 2=32.3612$년이다. 따라서 우주여행을 갔다 온 B가 지구에 남아있던 A보다 52.2520-32.3612=19.8908년, 즉 19년 10개월 21일 나이가 젊게 된다. B가 더 젊은 이유는 가속도(또는 중력)에 의한 시간 지연과 거리 수축을 체험했기 때문이다.

상대성이론이 발견되기까지

∙ ∙ ∙

　　　　　　천동설을 믿던 고대 그리스 시대의 아리스토텔레스(Aristoteles, BC 384-322)는 천상의 자연법칙과 지상의 자연법칙이 서로 다르다고 주장했다. 천상은 신이 사는 세상이기 때문에 완전하며, 천상에 속한 별들의 움직임인 원운동을 완전한 운동으로 여겼다. 반면에 인간이 사는 지상은 불완전하고 완전한 운동을 하지 못하므로, 아무런 힘을 받지 않으면 결국 정지하게 된다고 믿었다. 그 후 15세기에 이르는 오랜 기간 동안, 사람들은 천동설과 함께 이런 자연법칙을 자연스럽게 받아들였다. 그 후, 코페르니쿠스(Copernicus, 1473-1543)가 천상의 모든 별들이 원운동을 하려면 지구가 태양주위를 회전해야 한다고 주장하였지만, 사람들은 믿지 않았다. 지동설이 결실을 맺은 것은 브라헤(Brahe, 1546-1601)가 20년간 끈질기게 별을 관측한 기록이다. 케플러(Kepler, 1571-1630)는 브라헤의 관측 자료를 고스란히 물려받고 수십 년간 자료 분석을 통하여 태양계의 행성들은 태양을 초점으로 하는 타원운동을 한다는 케플러의 법칙을 발표하였다. 관측 데이터에 근거한 '경험 법칙'이기에 사람들은 지동설을 믿기 시작했다. 그러나 케플러는 지구가 태양 주위를 타원궤도로 회전하는 물리적 원리를 밝히지는 못했다.

　　드디어 뉴턴(Newton, 1643-1727)이 '왜 케플러의 법칙이 성립하는가?'에 대한 수학적 답을 제시하면서, 고전 물리학의 기본이 되는 뉴턴역학이 출발하게 된다. 너무도 간단하고 명쾌해서 누구나 이해할 수 있는 F=ma이고, 만유인력의 법칙 $F = G\dfrac{mM}{r^2}$ 이다. 기계공학의 근원이 되는 법칙이다. 만유인력의 법칙은 중세시대까지 믿던 천상계와 지상계의 자연법칙이 서로 다르지 않고, 우주의 모든 물체에 적용되는 단 하나의 자연법칙을 따른다는 것을 밝힌 기념비적 발견이라 할 수 있다. 뉴턴의 제1 법칙인 관성의 법칙은 아무런 힘을 받지 않으면 결국 정지하는 것이 아니라 일정한 속도를 유지하는 것이 자연스럽다는 것과 제2 법칙인 F=ma를 적용할 수 있는 관성기준계를 정의한 것이다. 제3 법칙인 작용반작용의 법칙은 두 물체 사이에 작용하는 힘의 본성이 무엇인지를 알려주는 법칙이다.

뉴턴의 법칙과 함께 18세기와 19세기에 걸쳐 전자기학도 발전했다. 두 전하 사이에 작용하는 전기력을 발견한 쿨롱(Coulomb, 1736-1806)의 법칙을 시작으로, 가우스(Gauss, 1777-1855)는 전하에 의한 자기장을 발견하였고, 패러데이(Faraday, 1791-1867)는 자석의 움직임이 만드는 전기장을 발견하는 등 많은 과학자의 연구가 이루어졌다. 고전역학이 거의 뉴턴 단독연구로 완성되었다면, 전자기학은 많은 과학자의 연구로 이루어졌다. 그리고 맥스웰(Maxwell, 1831-1879)은 지금까지의 전기장 $\vec{E}$와 자기장 $\vec{B}$에 관한 여러 연구들을 통합하여 맥스웰 방정식이라는 간결한 4개의 방정식으로 나타냈는데, $\nabla \cdot \vec{E} = \frac{\rho}{\varepsilon_o}$, $\nabla \times \vec{E} = -\frac{\partial \vec{B}}{\partial t}$, $\nabla \cdot \vec{B} = 0$, $\nabla \times \vec{B} = \mu_o \vec{J} + \mu_o \varepsilon_o \frac{\partial \vec{E}}{\partial t}$ 이다. 유전율은 $\varepsilon_o = 8.854 \times 10^{-12} \, C^2/Nm^2$ 이고 투자율은 $\mu_o = 4\pi \times 10^{-7} N/A^2$ 이다. 그런데 여기서 주목할 점은 전류밀도 J와 전하밀도 ρ가 0인 진공일 때, 4개의 맥스웰 방정식에서 전기장 $\vec{E}$ 또는 자기장 $\vec{B}$를 소거하면 다음과 같은 파동방정식이 된다는 사실이다.

$$\nabla^2 \vec{E} = \frac{1}{c^2}\frac{\partial^2 \vec{E}}{\partial t^2}, \quad \nabla^2 \vec{B} = \frac{1}{c^2}\frac{\partial^2 \vec{B}}{\partial t^2}, \quad c = \frac{1}{\sqrt{\mu_o \varepsilon_o}} = 3 \times 10^8 m/s.$$

전기장과 자기장이 파동방정식을 만족한다는 것은 파동wave의 성질을 따른다는 것이고, 이 파동을 전자기파라 명명하였다. 그런데 더 놀라운 일은 그 전자기파의 이동속도 $1/\sqrt{\mu_o \varepsilon_o}$가 마침 광속 $c=3\times10^8 m/s$과 정확히 일치한다는 것이다. 이것으로부터 빛도 일종의 전자기파라는 성질이 밝혀졌다. 뿐만 아니라 실험에서 구해진 두 상수값인 μ_o와 ε_o로부터 계산한 값이 기가 막히게 빛의 속력(광속)이 되었다는 것은 광속도 일정해야 한다는 의미로 특수상대성이론을 발견할 수 있는 결정적 기틀이 되었다. 그러나 아직 광속이 일정하다는 것은 이론적 가설에 불과하므로 누군가가 실험으로 증명할 필요가 있었다.

파동이 전파하기 위해서는 반드시 매질(예: 공기)이 있어야 하는데 빛도 파동이므로, 별에서 출발한 빛이 지구에 도달하려면 진공상태로 여겨졌던 우주에 반드시 매질이 있어야 하고, 그것을 '에테르'라고 명명하였다. 수많은 과학자들이 에테르를 찾기 위해 노력했지만 모두 실패하였다. 물론 지금은 전자기파는 매질이 따로 필요 없는 파동임을 알고 있지만, 당시에는 빛이 파동이려면 반드시 매질이 있어야 한다고 믿었다. 에테르를 찾기 위한 마지막 실험으로 빛과 거울을 이용한 마이컬슨-몰리의 실험이 있는데, 에테르의 발견에는 당연히 실패했지만, 실험 과정에서 광속이 일정하다는 엄청난 결과를 발견하였다. 이것으로 광속이 일정하다는 사실이 이론뿐만 아니라 실험으로도 증명되었고, 아인슈타인이 특수상대성이론을 발견하기 위한 여건이 만들어졌다.

상대성이론을 이해하기 전에 먼저, '빛의 속도가 일정하다'는 말의 의미가 무엇인지 알 필요가 있다. 속력 v_1으로 달리는 자동차에 타고 있는 사람이 속력 v_2로 달려오는 자동차를 보면 달려오는 자동차의 속력(v)은 v_1+v_2로 보인다는 사실은 너무나 당연할 것이다. 그러면 속력 v_1으로 날아가는 우주선에서 빛의 속력(c)으로 다가오는 우주선을 바라보면 다가오는 우주선의 속력(v)이 v_1+c로 보일 것인가? 이번에는 그렇지 않고 역시 c로 보인다. v_1의 크기에 상관없이 c로 일정하게 보인다는 뜻이다. 고교 물리에서 배웠던 상대속도가 성립하지 않는다는 얘기이다. '빛의 속도는 일정하다'는 성질이 밝혀지면서 당시의 물리학자들을 패닉에 빠뜨렸다. 그리고 1905년 아인슈타인이 특수상대성이론을 발표하면서 '광속 불변'에 대한 답을 제시하였다. $v=v_1+v_2$에 대한 수정된 계산식은 $v=\dfrac{v_1+v_2}{1+(v_1v_2/c^2)}$ 이다. $v_2=c$이면 v_1에 관계없이 $v=c$가 되는 것을 알 수 있다. 또, $v_1=v_2=0.5c$이면 $v=0.8c$이고, $v_1=v_2=c$일 때 v도 c가 된다.

아인슈타인은 상대성이론의 출발점으로 다음 두 가지 공리를 만족하는 물리법칙을 만들어야 한다고 생각했다. 첫째, 서로 다른 관성계에서 모든 자연법칙은 동일한 형태로 표현되어야 한다. 둘째, 서로 다른 관성계에서 광속이 불변이어야 한다. 여기서, 관성계inertial system란 F=ma가 성립하는 등속운동 좌표계를 의미한다. 즉, 속력은 다르지만 등속운동하는 두 관찰자가 관찰하면 뉴턴역학과 전자기학의 물리법칙이 같아야 하고, 빛의 속도가 동일하게 측정되어야 한다는 것이다. 뉴턴역학과 상대성이론의 가장 큰 차이는 공리의 출발점에 있다. 뉴턴의 고전역학에서 시간은 우주의 어디에서나 누구에게나 똑같이 측정되는 절대시간이고, 관찰자가 관측한 상대속도는 서로 다를 수 있다는 공리에서 출발한다. 그러나 상대성이론은 속도가 다른 두 관찰자가 관측한 빛의 속도는 불변이고, 시간이 서로 다르다는 공리에서 출발한다. 좀 더 구체적으로 예를 들면, 정지하고 있는 사람이 비행기를 타고 가는 사람의 시계를 보면 천천히 흘러가고 서로 시간이 다르게 관찰된다는 것이 상대성이론의 가정이다. 상대성이론의 가정에 공감이 가는지?

특수상대성이론이 발표될 당시에는 모든 과학자들이 뉴턴의 법칙을 너무나 완벽한 물리법칙으로 여겼기에 상대성이론을 받아들이지 못했다. 이렇게 수백 년간 인류 모두가 너무나 당연하다고 여겼던 시간에 대한 생각을 타파한 아인슈타인의 발상이 정말 대단하다고 생각하지 않는지? 관찰자의 속력에 따라 시간이 변한다는 상대론적 출발에서 뉴턴역학의 많은 물리 법칙들도 변해야 했는데, 대표적인 물리량으로 시간, 질량과 길이를 들 수 있고, 그 외 운동량이나 에너지 등에 관련된 많은 물리 법칙들도 수정되어야 했다. 상대성이론은 인류가 우주의 구조, 우주의 과거와 미래를 이해하는 단서를 제공한 연구로 물리학의 마일스톤이라 할 수 있다.

아인슈타인 이후 최고의 물리학자로 평가받는 스티븐 호킹(Stephen William Hawking, 1942-2018)의 명언을 인용한다. *"We are just an advanced breed of monkeys on a minor planet of a very average star. But we can understand the universe. That makes us something very special."* 우리는 아주 평범한 별의 작은 행성에 사는 원숭이의 진보된 종에 불과하지만, 우리는 우주를 이해할 수 있다. 이것이 우리를 매우 특별하게 만든다.

진동과 양자역학

...

상대성이론이 거시세계를 다루는 물리법칙이라면 양자역학quantum mechanics은 미시세계를 다루는 물리법칙이다. 아직 인류는 두 법칙을 통합하는 통일된 이론을 발견하지는 못하였다.

고전역학(뉴턴역학)은 입자의 초기 위치와 운동량과 함께 입자에 작용하는 힘을 알면 입자의 미래를 정확히 예측할 수 있다는 결정론적deterministic 물리법칙이다. 그러나 양자역학은 입자의 미래를 정확히 예측할 수 없다는 불확정성uncertainty에 기반을 둔 확률론적probabilistic 물리법칙이다. 뉴턴의 운동법칙이 고전역학의 근본적인 방정식이라면, 슈뢰딩거Schrödinger 방정식은 양자역학의 가장 근본적인 방정식이다.

드브로이(de Broglie, 1892-1987)는 질량이 0인 빛 입자의 에너지가 $E = pc$ (p는 운동량, c는 광속)라는 법칙과, 파동의 성질을 갖는 빛 에너지를 파장(λ)으로 표현한 $E = hf = hc/\lambda$를 통합하여, $p\lambda = h$ (h는 플랑크상수)의 관계가 성립해야 한다는 드브로이de Broglie의 물질파matter wave 개념을 제안했다. 그리고 빛을 포함한 모든 운동량을 가진 물질은 입자의 성질(운동량 p)과 파동의 성질(파장 λ)을 동시에 갖는다는 물질의 파동성이 증명되었다.

슈뢰딩거(Schrödinger, 1887-1961)는 에너지보존법칙에 파동함수를 곱하고 드브로이의 물질파 개념을 도입하여 양자역학의 근본인 슈뢰딩거 방정식을 유도하였다.

$$i\hbar \frac{\partial \Psi(x,t)}{\partial t} = -\frac{\hbar^2}{2m}\frac{\partial^2 \Psi(x,t)}{\partial x^2} + U(x,t)\Psi(x,t)$$

양자역학을 아직 깊이 있게 공부하지는 못했지만, 내가 전공한 진동소음과 양자역학의 유사한 부분을 여러 곳 찾을 수 있었다.

첫째, 파동방정식의 해를 이용하여 확률밀도를 정의한다는 아이디어가 나에게는 참신하게 느껴졌다. 진동에서 1차원 파동방정식은 $\frac{\partial^2 \Psi(x,t)}{\partial x^2} = \frac{1}{v^2} \frac{\partial^2 \Psi(x,t)}{\partial t^2}$ 이고, 해는 $\Psi(x,t) = \Psi_o e^{-i(\omega t - kx)}$이다. 반면에 양자역학에서는 물질파 개념인 $p\lambda = h$를 이용하여 주파수 ω 대신 에너지 E를, 파수 k 대신 운동량 p로 표현한 파동함수 $\Psi(x,t) = \Psi_o e^{-\frac{i}{\hbar}(Et-px)}$를 사용한다. 여기서 $|\Psi(x,t)|^2$은 t시각에 입자가 x위치에 존재할 확률밀도를 의미한다.

둘째, 시간과 무관한 정상상태$^{\text{steady-state}}$ 슈뢰딩거방정식이다.

$$[-\frac{\hbar^2}{2m}\frac{\partial^2}{\partial x^2} + U(x)]\Phi(x) = E\Phi(x)$$

이 방정식의 형태는 진동 분야에서 미분방정식의 풀이로 널리 사용하는 경계치문제$^{\text{boundary value problem}}$와 같다는 점에 놀랐다. 에너지 준위 E가 고유치^{eigenvalue}이고, $\Phi(x)$가 고유함수^{eigenfunction}가 된다는 얘기가 나에게는 익숙했다. 현악기나 관악기의 지배방정식은 파동함수 $\Psi(x,t)$의 파동방정식과 동일하게 표현된다. 예를 들어 길이 L인 진동하는 현^{string}에 대한 파동방정식을 경계치문제로 변환하면 $[-\frac{T}{\rho}\frac{\partial^2}{\partial x^2}]\Phi(x) = \omega^2\Phi(x)$이고, 정상상태 슈뢰딩거 방정식과 동일한 형태가 되는 것을 알 수 있다.

셋째, 보어(Bohr, 1885-1962)가 제안한 수소 원자 모형이다. 핵 주위를 원 운동하는 전자를 전자기력과 원심력이 같다는 고전역학으로부터 전자의 운동량(mv)을 구할 수 있고, 드브로이 물질파의 파장(λ)을 구할 수 있다. 그런데 마침 이 파장이 수소 궤도의 원둘레와 일치한다는 사실을 발견했다. 그리고 원둘레가 파장의 정수배($2\pi r_n = n\lambda$)인 궤도에서 전자가 안정화된다는 사실로부터 전자 궤도 반지름 $r_n = n^2 a_o$이고, 에너지 $E_n = -(1/n^2)E_1$, $n = 1, 2, \cdots$가 불연속임을 발견했다. 단, a_0

$= 5.3 \times 10^{-11} m$, $E_1 = 13.6\ eV$ 이다. 갇혀있는 전자입자가 안정되게 머무르는 궤도와 에너지는 불연속이고 양자화^{quantization}되어있다. 또 상자 속에 갇혀있는 입자의 에너지도 $E_n = n^2 E_1$의 형태가 되어 불연속이다. 양자화된다는 것은 물리량이 최소량을 시작으로 띄엄띄엄 불연속적인 값을 갖는다는 개념이다. 이런 양자화 개념은 진동에서 고유진동수가 최소주파수인 기본주파수를 시작으로 띄엄띄엄한 값을 갖는다는 성질과 동일한 개념이다. 예를 들어 현^{string}의 고유진동수는 $\omega_n = \frac{n\pi}{L}\sqrt{\frac{T}{\rho A}}$, 고유모드는 $\Phi_n(x) = A_n \sin\frac{n\pi x}{L}$, $n=1, 2, \cdots$이다. 고유모드 $\Phi_n(x)$의 파장은 $\lambda_n = \frac{2L}{n}$이고, 운동에너지는 $E_n = n^2 E_1$, $n=1, 2, \cdots$이다. 진동에서는 '양자'라는 용어를 사용하지는 않지만, 보어의 원자 모형에서 생각하는 파장과 에너지의 양자화 개념이 진동의 개념과 매우 유사한 것을 확인하였다.

넷째, 하이젠베르크(Heisenberg, 1901-1976)가 제안한 불확정성원리$^{\text{uncertainty principle}}$ $\Delta p \Delta x \geq \frac{\hbar}{2}$ 이다. Δp와 Δx는 확률분포를 갖는 입자의 운동량 p과 위치 x의 표준편차이다. 그런데 이 개념은 진동에서 사용되는 푸리에변환의 성질과 동일하다. 푸리에변환은 시간 신호 $g(t)$를 주파수 영역의 신호 $G(\omega)$로 변환하기 위하여 자주 사용하는 이론이다. 푸리에변환의 성질에는 주파수(ω)영역에서 넓은 범위를 갖는 광대역 신호는 시간(t)영역에서 좁은 범위를 갖는 충격신호가 되고, 주파수(ω)영역에서 좁은 범위를 갖는 협대역 신호는 시간(t)영역에서 여러 주파수 다발로 이루어진 넓은 범위를 갖는 완만한 신호가 된다. 그런데 푸리에변환으로 표현되는 주파수(ω)-시간(t)의 관계는 파수(k)-위치(x)의 관계와 같을 뿐만 아니라, 양자역학에서 사용하는 운동량(p)-위치(x)의 관계와도 동일하다. 따라서 양자역학의 운동량(p)-위치(x)

성질은 진동의 주파수(ω)-시간(t) 성질과 같다. 이것이 Δp와 Δx를 동시에 작게 할 수 없고, 운동량(p)과 위치(x)를 동시에 정확히 예측할 수는 없다는 불확정성 원리이다.

다섯째, 양자역학에는 포텐셜 벽$^{potential\ wall}$을 타고 넘을 충분한 에너지를 가지지 못한 입자도 장벽을 뚫고 지나갈 수 있다는 터널 효과$^{tunnel\ effect}$가 있다. 마찬가지의 이론이 소음에도 있다. 파동의 성질을 갖는 음파가 어떤 매질에서 임피던스가 다른 매질로 입사하면 일부는 반사하고 일부는 굴절하며 투과한다. 전반사$^{total\ reflection}$는 음파가 임계각 이상으로 비스듬히 입사하면 음파가 굴절하지 않고 100% 반사되는 현상이다. 이때 음향에너지는 완전한 반사가 일어나지만, 음압은 일부 굴절하여 투과하고, 그 후 거리에 따라 음압의 크기가 지수함수로 감소한다. 그리고 매질의 두께가 얇으면 일부 음압이 장벽을 뚫고 지나간다. 이 개념이 양자역학의 터널 효과와 같은 개념으로 미분방정식의 풀이 과정도 완전히 같아서 신기했다.

소음과 전자기학

...

고교 물리의 전반부는 힘과 에너지를 다루는 기계공학의 내용이고 후반부는 전기전자공학의 내용이다. 공대생이면 이미 공업수학에서 배워 누구나 알고 있는 내용이지만 진동의 mck 모형과 LRC 전기회로의 유사성이 있다. 미분방정식이 동일하게 표현되므로 공진^{resonance} 현상이나 주파수 특성 등 물리적 현상이 같다. 나는 기계공학에서 다루는 물리학은 일정 수준 이상을 알고 있다고 자부하지만, 전자공학에서 다루는 물리학은 대학 1학년 일반물리학에서 배운 내용이 전부였다. 따라서 시간적 여유가 있을 때 전자기학을 공부하였다. 물리적 개념과 별개로 공업수학을 제대로 배우지 못한 대학 2학년 학생이 따라오기가 쉽지 않은 과목으로 느껴졌다. 특히 미분 연산자를 이용한 벡터 계산 과정이 아주 많았고, 심지어 내가 대학원 과정에서 처음 접했던 텐서^{tensor} 표기법도 일부 도입하고 있었다. 기계공학 학생들이 2학년에서 마주치는 고체역학에서 벽을 느끼듯이 전자공학 학생들은 전자기학에서 큰 고비를 만날 것 같다. 하여튼 전자기학을 훑어보면서 소음과 유사한 점들을 많이 발견하였다. 지금까지 전자기학은 나의 전공과 전혀 상관없는 분야로 여겼었지만, 접근 방법과 개념이 너무 비슷하여 신기했다. 아마도 그 이유는 어쩌면 소음과 전자기 모두 파동방정식을 만족하기 때문일 수도 있겠다.

첫째, 단극자^{monopole}와 쌍극자^{dipole}이다. 전기학에서 전하 q는 전기 단극자의 성질을 갖는다. 단극자가 만드는 전기 포텐셜은 $V(r) = \dfrac{q}{4\pi\varepsilon_o r}$ 이다. 소음에서도 질량유량 $\dot{m} = \rho Q$을 단극자 음원으로 정의하면 거리

r에서 음압은 $p(r) = \dot{m}\dfrac{e^{-jkr}}{4\pi r}$ 으로 표현된다.

한편, 전기적 중성을 띄고 있는 절연체에 전기장이 작용하면 전자(-e)의 중심이 약간 이동하여 핵(+e)과 간극(d)이 생겨서 편극^{polarization}이 발생한다. 물론 물(H$_2$O)과 같이 전기장이 없어도 편극을 갖는 분자도 있다. 이런 편극은 쌍극자 모멘트$^{dipole\ moment}$ $\vec{p}$를 발생시킨다. 그런데 소음에서도 이와 마찬가지로 쌍극자 소음원$^{dipole\ acoustic\ source}$이 있다. 대표적인 예로 진동하는 얇은 평판^{plate}을 경우 앞면이 공기를 밀어낼 때 뒷면은 같은 양의 공기를 끌어당기면서 음파$^{acoustic\ wave}$를 발생시킨다. 앞면과 뒷면의 음원은 180도 위상차를 갖는다. 즉 앞면의 음원이 +q이면 뒷면의 음원은 -q를 가지며, 두 음원의 간격은 평판의 두께 d가 되며 전기 쌍극자와 동일한 특성을 갖는다. 전기 쌍극자 모멘트 $\vec{p} = q\vec{d}$에 대한 전기 포텐셜이 $V_d(\vec{r}) = \dfrac{1}{4\pi\varepsilon_o}\dfrac{\vec{p}\cdot\hat{r}}{r^2}$ 이면, 소음에서 쌍극자 음원 $\vec{D} = \dot{m}\vec{d}$에 대한 음압은 $p(\vec{r}) = -\dfrac{\partial}{\partial r}(\dfrac{1}{4\pi r}e^{-jkr})$ $\vec{D}\cdot\hat{r}$로 표현된다. 식이 약간 다르게 표현되는 이유는 지배 방정식이 라플라스 방정식과 헬름홀츠 방정식으로 서로 다르기 때문이다.

둘째, 전기장의 다중극 전개$^{multipole\ expansion}$로 단극자, 쌍극자와 4극자를 유도하는 과정이 내가 생각한 적이 없었던 내용으로 참신하게 느껴졌다. 소음에서는 유체 운동의 지배방정식인 나비에-스토크스$^{Navier-Stokes}$ 방정식에서 유체의 점성을 무시하고 공간변화율이 시간변화율에 비하여 충분히 작다는 가정에서 소음의 지배방정식인 파동방정식을 유도한다. Lighthill(1924-1998)이 유체의 점성^{viscosity}과 공간 미분 $\vec{u}\cdot\nabla$ 성분을 무시하지 않고 엄밀히 유도하면서 파동방정식에 추가된 항으로부터 단극자, 쌍극자와 4극자 소음원을 유도하였다. 그런데 전기학에서는 전기 포텐셜 적분식을 르장드르 다항식$^{Legendre\ polynominal}$으로 절묘하게 변환하고 급수전개로부터 단극자, 쌍극자와 4극자뿐만 아니라 고차항의 다중극을 유도하였다. 어쩌면 전기학의 유도과정을 소음에 도입하면 8중극 이상의 다중극 음원을 도출할 수도 있겠다.

셋째, 자기장$^{magnetic\ field}$에 대한 포텐셜 함수를 벡터로 나타낼 수 있다는 것이다. 전기장($\vec{E}$)의 경우 $\nabla \times \vec{E} = 0$이 성립하므로 $\vec{E} = -\nabla V$인 스칼라 포텐셜$^{scalar\ potential}$ 함수를 정의할 수 있음은 이미 대학 과정에서 배운 내용이다. 기계공학에서 다루는 힘 $\vec{F}$의 경우에도 $\nabla \times \vec{F} = 0$을 만족하면 $\vec{F} = -\nabla V$인 포텐셜 에너지 V를 정의할 수 있다. 포텐셜 에너지를 정의할 수 있는 힘을 보존력$^{conservative\ force}$이라 하며 대표적인 예로 중심력(용수철, 만유인력)을 들 수 있다. 소음에서도 매질의 입자속도 $\vec{u}$에 대하여 속도 포텐셜 함수 V를 정의할 수 있는데, 위에서 언급한 모든 경우 포텐셜은 스칼라 함수이다. 그러나 자기장 $\vec{B}$의 경우 전기장이나 힘과 달리 $\nabla \times \vec{B} \neq 0$이고 대신 $\nabla \cdot \vec{B} = 0$이다. 따라서 스칼라 포텐셜을 정의할 수 없다. 대신 $\vec{B} = \nabla \times \vec{A}$인 벡터 포텐셜$^{vector\ potential}$ 함수 $\vec{A}$를 정의할 수 있음을 새롭게 알게 되면서 나의 지식이 늘어나는 느낌을 받았다. 전자기학을 전공하는 사람에게는 당연한 내용이겠지만 기계공학을 전공한 나에게는 가끔 다른 전공으로부터 새로운 지식을 발견할 수 있어 재밌었다.

넷째, 전자기학에 전하와 에너지의 연속방정식 $\nabla \cdot \vec{J} + \frac{\partial \rho}{\partial t} = 0$과 $\nabla \cdot \vec{s} + \frac{\partial u_{EM}}{\partial t} = 0$이 있다. 소음의 경우, 속도 $\vec{u}$로 진동하는 매질의 질량 연속방정식은 $\rho_0 \nabla \cdot \vec{u} + \frac{\partial \rho}{\partial t} = 0$이고, 음향에너지의 연속방정식은 $\nabla \cdot \vec{I} + \frac{\partial e}{\partial t} = 0$으로 동일한 형태로 표현된다. 단지, 전자기파는 서로 수직으로 진동하는 전기장 $\vec{E}$과 자기장 $\vec{B}$의 두 개의 성분을 갖고 있고,

전기장과 자기장의 진동 방향은 파동의 진행방향과 수직인 횡파$^{\text{transverse wave}}$이다. 그러나 음파$^{\text{acoustic wave}}$는 파동의 진행방향과 매질의 진동방향이 같은 종파$^{\text{longitudinal wave}}$이고, 진동하는 매질의 입자속도 한 개의 성분만 갖고 있다. 입자속도 $\vec{u}$는 $\rho_0 \frac{\partial \vec{u}(\vec{r},t)}{\partial t} + \nabla p(\vec{r},t) = 0$의 관계에 의해서 음압$^{\text{acoustic pressure}}$ p로 언제든지 환산할 수 있다.

다섯째, 경계면에서 전자기파의 반사 투과의 성질은 음파의 반사 투과 성질과 같다. 수직 입사를 예로 들면, 전자기파의 에너지 반사율은 $R = (\frac{n_2 - n_1}{n_2 + n_1})^2$이고 투과율은 $T = \frac{4 n_2 n_1}{(n_2 + n_1)^2}$이다. 여기서 n은 굴절률이다. 음파의 경우 에너지 반사율은 $R = (\frac{\rho_2 c_2 - \rho_1 c_1}{\rho_2 c_2 + \rho_1 c_1})^2$이고 투과율은 $T = \frac{4 \rho_2 c_2 \rho_1 c_1}{(\rho_2 c_2 + \rho_1 c_1)^2}$으로 동일한 형태로 표현된다. 여기서 ρc는 매질의 음향 임피던스$^{\text{acoustic impedance}}$이다. 경사 입사의 경우도 전자기파와 음파의 계산식이 동일한 형태로 표현된다.

여섯째, 도체 속에서 흡수되는 전자기파는 공기 중에서 흡수되는 음파의 표현식과 같다. 흡음$^{\text{acoustic absorption}}$을 고려한 음파의 파동방정식은 $(1 + \tau\frac{\partial}{\partial t})\nabla^2 P(\vec{r},t) = \frac{1}{c^2}\frac{\partial^2 P(\vec{r},t)}{\partial t^2}$이고, 주파수 영역으로 변환한 헬름홀츠 방정식은 $(\nabla^2 + \tilde{k}^2)P(\vec{r}) = 0$이 된다. 여기서 파수$^{\text{wave number}}$는 복소수로 표현되며 $\tilde{k} = k - i\alpha = \frac{\omega}{c}(1 + i\omega\tau)^{-1/2}$이다. 파수의 허수부 $\alpha = \frac{\omega^2 \tau}{2c}$가 흡음의 정도를 나타내는 매질의 특성이다. 같은 매질(τ)에서 α가 ω^2에 비례하므로 고주파수가 흡음이 잘 되는 것을 알 수 있다. 1차원 파동을 예로 들면, 음압의 표현식은 $p(z,t) = P_o e^{-\alpha z}\cos(\omega t - kz + \phi)$로 나타나고, 음압 진폭이 거리 z에 따라 지수함수로 감소하는데, 도체 속에서

흡수되는 전자기파의 성질과 같다.

일곱째, 도파관[wave guide]을 지나가는 전자기파는 음파[acoustic wave]의 특성과 같다. TE-mode의 경우 도파관 경계면에서 전기장의 접선성분 $E_t=0$으로 $\frac{\partial B_z}{\partial n}=0$을 사용한다. 마찬가지로 음파의 경우 경계면에서 입자속도의 법선성분 $\vec{u}\cdot\hat{n}=0$ 대신 $\frac{\partial P}{\partial n}=0$을 사용한다. 횡파인 전자기파의 경계조건이 종파인 음파보다 약간 복잡하게 표현되는 것을 제외하면 풀이 과정과 결과식이 매우 유사하다. 사각형($a\times b$, $a>b$) 단면의 도파관을 지나가는 음파의 경우, (m,n)-차 차단 주파수[cut-off frquency]는 $\omega_{mn}=c[(\frac{m\pi}{a})^2+(\frac{n\pi}{b})^2]^{1/2}$이고 파수[wave number]는 $k_{zmn}=\frac{1}{c}\sqrt{\omega^2-\omega_{mn}^2}$이다. 도파관을 지나는 음압은 $p(x,y,z,t)=\sum_m\sum_n \widetilde{P}_o \cos(\frac{m\pi x}{a})\cos(\frac{n\pi y}{b})e^{i(\omega t-k_{zmn}z)}$이다. $\omega_{mn}<\omega$인 모드만 진행하고, $\omega_{mn}>\omega$인 모드는 거리에 따라 지수함수로 소멸하여 진행하지 못한다는 성질도 같다. 평면파[plane wave, m=n=0]만 진행하기 위한 주파수의 조건은 $\omega<\omega_{10}$이므로 $f<\frac{c}{2a}Hz$이다. 음파의 경우 전파속도 $c=340m/s$이므로 길이 $17cm$인 정사각형 단면의 경우 $1,000Hz$이하에서만 평면파가 형성된다.

또한, 전자기파의 TEM-mode는 실내음향에 해당한다. 직육면체($a\times b\times c$) 실내공간에서 (l,m,n)-차 공진주파수는 $\omega_{lmn}^2=c^2[(\frac{l\pi}{a})^2+(\frac{m\pi}{b})^2+(\frac{n\pi}{c})^2]$이고, 실내 음압은 $p(x,y,z,t)=\sum_l\sum_m\sum_n P_o \cos(\frac{l\pi x}{a})\cos(\frac{m\pi y}{b})\cos(\frac{n\pi z}{c})e^{i\omega_{lmn}t}$로 표현된다.

그 외, 속도 $\vec{v}$, 가속도 $\vec{a}$로 움직이는 전하 q에 의해 방사되는 전기장과 자기장은 어떻게 유도했을까 싶을 정도로 꽤 복잡한 계산이었다. 정지된 전하에 의한 전기장 $\vec{E}(\vec{r})$를 나타내는 쿨롱법칙과 자기장 $\vec{B}(\vec{r})$를 나타내는 Bio-Savart 법칙을 일반화하여 시간함수인 $\vec{E}(\vec{r},t)$와 $\vec{B}(\vec{r},t)$를 유도하는 과정이 흥미로웠다. 특히 가속하는 전하의 방사^{radiation} 에너지는 $r\to\infty$까지 전달된다는 결과가 신기하고 정말일까 싶다. 소음에서는 달리는 자동차가 방사하는 소리에 해당한다.

09

소소한 설렘

부산의 보금자리들

...

1981년 결혼을 하면서 첫 신혼집을 동래구 온천동의 아파트에 마련하였다. 당시는 고층 아파트가 거의 없던 시절이었는데 지어진 지 2~3년 된 15층 아파트였다. 집에서 부산대학까지는 약 3km 정도의 거리이고, 시내버스를 타면 바로 갈 수 있었고 가끔 시간적 여유가 있을 때는 걸어 다니기도 했다. 대부분 자가용이 없던 시절이었고, 아침 출퇴근 시간에 부산대 통근버스가 집 앞에 정차하였다. 통근버스를 타고 다니면서 교직원들을 서로 자연스럽게 알고 지내게 되었다. 이 집에서 신혼생활을 하면서 사랑스러운 두 아이가 모두 여기서 태어났다.

결혼 이후 부산에도 아파트 건설 붐이 일어났고, 여기저기서 고층 아파트 분양이 이루어졌다. 우리도 몇 년 살면서 집을 조금 넓히고 싶어졌고 여러 모델하우스를 방문하던 중, 해운대구 우동에 위치한 한 아파트 구조가 마음에 들었다. 미분양으로 동호수를 골라서 계약할 수 있었다. 당시에 경제적 여유가 별로 없었지만, 그 당시 살고 있던 집과의 차액은 주택은행(현재는 국민은행에 흡수) 장기 융자를 신청하여 마련하기로 하였다. 그리고 1985년 봄에 입주하였다. 집이 조금 넓어진 대신에 학교까지 거리가 멀어졌다. 다행히 출퇴근 시간에 통근버스가 있어서 특별한 일이 없으면 시간에 맞추어 버스를 탔으며, 출퇴근 시간이 아주 정확하게 되었다. 그 덕택에 다른 학과의 교수들을 많이 알게 되었다. 그러나 아파트를 옮긴 지 1년만인 1986년 3월에 일본으로 유학 가게 되어 집을 전세로 내놓았다. 그동안 장만했던 가구들을 버리기 아까웠으므로 작은 방 하나에 짐을 가득 채워 보관했고, 대신 전세를 싸게 내놓았다. 전세금의 일부는 일본에 가져가서 혹시 문부성 장학금만으로 모자랄지 모르는 생활비에 충당하기로 하였다. 다행히 좋은 분이 입주하였고 4년 후 1990년 2월에 귀국하였을 때 귀국 날짜에 맞추어 집을 비워주었고, 보관했던 가구를 다시 꺼내서 불편 없이 사용할 수 있었다. 전세를 살았던 분은 같은 아파트 내 다른 집으로 이사를 했는데 그 후 서로 가깝게 지냈다. 아이들은 아파트 단지 바로 옆에 있는 초등학교에 2학년 전학과 1학년 입학을 하였다. 무엇보다 초등학교가 걸어서 5분 이내로 아주 가까워서 편리하였다.

귀국하여 살면서 전망 좋은 앞 동을 늘 동경하였다. 수영 비행장과 바다가 동시에 보이고 앞이 탁 트인 환상적인 전망이었다. 물론 지금은 비행장 자리에 벡스코^{Bexco}와 센텀시티가 건설되었고, 고층 아파트 단지가 들어서 전망이 많이 망가져 예전 같지 않다. 전망 좋은 집을 구하기 위하여 부동산에 알아보던 중 마침 마음에 드는 집이 매물로 나와서 얼른 계약하였고, 1990년 가을 동경하던 전망 좋은 앞 동으로 이사하였다. 거실에서 해운대 수영만 바다에 떠있는 요트를 바라볼 수 있었고, 수영 비행장에서 이착륙하는 헬기를 볼 수 있었고, 바로 앞에 동해남부선을 지나가는 기차를 볼 수 있었다. 아파트 인근의 광장(지금의 부산시립미술관)에서는 자전거를 타거나 산책을 할 수 있었다. 내 생애 최고 전망의 아파트였다.

이 아파트에서의 생활은 매우 만족스러웠지만, 7년 가까이 살다 보니 점점 주위에 아파트 붐이 일면서 출퇴근 시간이 너무 많이 걸렸다. 이왕이면 학교 근처로 이사하고 싶어졌다. 그리고 금정구 부곡동에 있는 아파트에 생애 처음이자 마지막으로 청약 신청하였다. 미리 청약예

금에 가입하여 1순위였지만 경쟁률이 제법 높았다. 당첨자 발표 당일 확인하니 최상층에 당첨되어 약간 망설였지만, 결국 계약하기로 하였다. 입주 날짜까지 2년 동안 분양금액을 여러 번 나누어 내므로 자금 마련은 시간적 여유가 있었다. 중도금 납부 도중에 해운대 집을 팔았고, 아파트가 준공될 때까지 구서동의 한 아파트에 잠시 전세로 거주했다. 드디어 1998년 부곡동의 아파트에 입주를 하였다. 최상층이라 여름에는 더워서 에어컨을 많이 사용해야 했지만, 층간소음의 불편이 없었고 조용해서 좋았다. 이곳에서 두 아이는 중학교와 고등학교에 다녔고, 두 아이 모두 서울대에 합격하는 기쁨을 누렸다. 당시 집에 행운목을 키웠는데, 행운목의 꽃말은 나무 이름 그대로 행운 행복이라고 한다. 7년에 한 번, 그것도 불규칙한 주기로 꽃이 핀다고 하는데 그 꽃을 본 사람에게 인생에 다시 오지 않을 행운을 가져다준다는 이야기가 있다. 당시 거실에 있던 행운목이 꽃을 전혀 피우지 않다가 연년생인 두 아이가 대학에 합격하기 직전에 2년 연달아 꽃을 피웠다. 미신이긴 하지만 마치 행운목이 행운을 가져다준 것 같았다. 아이들이 모두 서울로 떠나고 부곡동 아파트에서 아내와 둘이서 편안하게 지냈다. 이 아파트에서 15년을 지냈으니 현재 시점에서 가장 오래 살았던 보금자리이다.

그런데 갑자기 화명동과 장전동을 잇는 산성터널 공사가 예정되면서 아파트 앞에 지하도 공사가 벌어질 참이었다. 공사가 시작되면 완공될 때까지 아파트 주거 환경이 엉망이 될 것 같았고, 좀 더 조용한 곳으로 가고 싶어졌다. 그러나 전망이 트인 집이 없어서 좀처럼 마음에 드는 집을 찾지 못했다. 그러던 중 부동산 광고 전단에 금정산 밑자락에 있는 한 아파트가 전망이 좋다며 소개되었다. 반신반의하면서 일단 집

구경이나 하려고 가봤는데 맨 앞 동은 아니었지만, 고층이고 그런대로 앞이 많이 트여서 생각보다 괜찮았다. 비록 부곡동 집만큼은 아니지만, 앞에 윤산이 보이고 뒤에 금정산이 보여서 갑갑하지는 않았다. 구조도 마음에 들어서 계약을 했고 2013년 이사를 하였다. 아파트 단지가 포근하고 조용할 뿐만 아니라 경부고속도로 시작점인 구서 IC 근처라서 교외에 나갔다가 집에 돌아올 때 시내 교통 체증과 상관없어 좋았다. 또 몇 년 전에 산성터널과 외곽순환도로가 개통되어 정관 창원 김해 울산 밀양 등 교통이 사통팔달 편리하였다. 당분간 이 집에 살다가 노후에는 아담한 집으로 이사하고 싶지만 지금 사는 집보다 더 마음에 드는 집을 찾을 수 있을지 모르겠다.

여행의 설렘

...

　　　　　　나의 젊은 시절은 여행 자유화 이전이라서 이민이나 유학 등을 제외하고 해외여행은 꿈도 꾸지 못하던 시절이었다. 그러나 기적같이 경제 발전과 88올림픽을 계기로 해외여행 자유화가 이루어졌고, 내가 일본 유학을 마치고 귀국한 90년대에는 봇물 터지듯 해외여행이 이루어졌다. 우리도 연년생인 아이들이 모두 대학에 합격했을 때 가족 기념으로 해외여행을 가기로 했다. 그리고 내가 가장 궁금했고 꼭 보고 싶었던 1순위 여행지 그랜드캐니언에 가기 위하여 미서부 패키지여행을 신청했다. 드디어 꿈에 그리던 그랜드캐니언을 잠깐이나마 직접 만날 수 있었고, 나는 그 장관에 감격했다.

　이 여행을 시작으로 나와 아내에게 세계여행이라는 새로운 취미가 생겼다. 그리고 궁금했던 세계 여행지를 하루라도 빨리 내 눈으로 직접 확인하고 싶어졌다. 패키지여행은 여행을 가고 싶지만, 엄두가 나지 않는 사람에게 가장 편리한 방법이다. 여행의 모든 불편함을 대신 해결해주고, 단기간에 가장 많은 장소를 방문할 수 있기 때문이다. 그러나 패키지여행으로 세계 몇몇 곳을 다녀오면서 너무나 피상적인 눈도장 찍듯이 하는 여행만으로 나의 여행욕구를 충족시킬 수 없었다.

　해외여행을 경험하면서 개인 여행에 약간의 자신감이 생겼다. 개인여행의 첫 목적지는 알프스의 나라 스위스를 택했다. 무엇보다 알프스의 초원과 설산을 여유 있게 걷고 쉬면서 감상하고 싶었기 때문이다. 개인여행을 마치고 패키지여행과 비교할 수 없을 만큼 큰 만족감을 느겼다. 그리고 나의 세계여행은 개인여행으로 바뀌었으며, 미국, 영국, 아이슬란드, 호주, 노르웨이, 이탈리아, 스페인, 오스트리아 등을 방문하였다. 개인여행은 주로 렌터카를 이용한 자동차 여행이었다. 가끔은 개인여행이 무리라고 판단되는 아프리카 남미 인도 등은 패키지여행을 이용하기도 했다. 나는 약 10년간 수동변속기 차량을 운전한 경험이 있어 세계여행에 무척 편리하였다.

  2002년에 시작하여 정년퇴직까지 30여 회에 걸쳐 400여 일간 50여 개국을 여행하였다. 방문 국가들을 열거하면, 유럽은 영국(2회), 스위스(2회), 이탈리아(2회), 오스트리아(2회), 스페인(2회), 노르웨이(2회), 체코, 프랑스, 헝가리, 독일, 그리스, 터키, 덴마크, 스웨덴, 핀란드, 러시아, 루마니아, 불가리아, 세르비아, 보스니아, 크로아티아, 슬로베니아, 아일랜드, 아이슬란드. 슬로바키아 등이고, 북중미는 미국(6회), 캐나다(2회), 멕시코(2회), 쿠바, 벨리즈, 과테말라, 코스타리카, 콜롬비아 등이다. 남미는 페루, 칠레, 아르헨티나, 브라질을 방문하였고, 아프리카는 이집트, 남아프리카공화국, 짐바브웨, 잠비아, 보츠와나, 케냐, 탄자니아이다. 오세아니아는 호주(2회), 뉴질랜드이고, 아시아는 일본(2회), 인도, 네팔, 중국(2회), 캄보디아, 태국, 오만, 요르단, 싱가포르, 홍콩을 방문하였다.

  혹자는 아까운 돈을 모으지 않고 여행으로 낭비했다고 어이없어하기도 한다. 그러나 나는 내 인생에 가장 값진 재산은 내 눈에 담아서 내 기억에 남아있는 '여행의 설렘'이라고 자부한다. 내가 여행에 들인 비용의 몇 배 아니 몇십 배의 자산을 마음에 간직하고 살고 있다. 따라서 나는 누구보다도 마음의 부자이다. 여행은 갈수록 가고 싶은 곳이 더 많아진다. 나는 건강이 허락하는 한 앞으로도 여행을 계속할 것이다.

노르웨이 Preikestolen (Lysefjord)

칠레 Torres del Paine (Patagonia)

이탈리아 Tre Cime di Lavaredo (Dolomiti)

미국 Rainbow Bridge (Utah)

스위스 알프스 트레킹 (Männlichen-Kleine Scheidegg)

호주 Ayers Rock (Uluru)

남아프리카공화국 Twelve Apostles (Cape Town)

미국 Monument Valley (The View Hotel, Arizona)

공학자의 눈으로 본 세계여행 『The Way』

...

『The Way』의 저자는 전자공학을 전공하고 뇌신경공학을 연구하는 공학자이지만, 결국 사람을 행복하게 하고 더 나은 세상을 만드는 것은 첨단 기술이 아니라 한 권의 책이라고 믿는다. 배낭여행으로 50여 개국을 여행하면서 느꼈던 감정들을 기록하여 『The Way 지구 반대편을 여행하는 법』과 『The Way 기억의 시작』이라는 여행 수필집을 발간하였다. 공대생의 시선으로 세상을 바라보면서 여행을 묘사하고 해석하였다. 책을 읽으면서 각자의 여행에서 느꼈던 옛 감정들을 다시 떠오르게 하고, 마치 나의 내면의 감정을 들킨 듯 느껴지는 그림 같은 표현에 무릎을 치며 공감하게 될 것이다.

여행을 하는 데 있어 가장 두려운 후회는 다녀온 여행에 대한 후회가 아니라 가지 않은 여행에 대한 후회이다. 훗날 넥타이를 매고 사무실 책상에 하염없이 앉아서 "나도 한때 세계여행이 꿈이었는데…"라고 넋두리나 하고 있지 않을는지 상상해보면 나는 떠날 수밖에 없다. — p.14

여행에서 가장 좋은 점은 고민의 수준이 형이하학적으로 떨어진다는 것이다. 이것저것 끝도 없이 신경 써야 하는 일상생활에서 벗어나 당장 오늘은 어디에서 자고 무엇을 먹을지 또 내일은 어디로 갈지에 대한 정도로 고민의 수준이 낮아진다. — p.60

공부는 할수록 어렵고, 여행은 할수록 가고 싶은 곳이 많아진다. 첫 유럽 여행을 다녀왔을 때만 해도 한두 번만 더 여행을 하면 가고 싶은 곳이 더 없을 줄 알았지만, 가고 싶은 곳의 증가 속도는 나의 여행 속도보다 훨씬 빨랐다. 갔던 곳은 또 가고 싶고, 안 갔던 곳은 더 가고 싶어진다. 따라서 아무리 고심 끝에 짠 루트일지라도 항상 갈 수 없었던 곳에 대한 미련은 남기 마련이다. — p.78

여행 가이드북은 수학 문제의 풀이집과 같다. 어떤 수학 문제를 푸는 방법은 한 가지만 있는 것이 아니지만, 문제를 풀다가 정답지의 풀이를 보는 순간 그것이 세상에서 유일한 길로 보이고 이런 유형의 문제는 반드시 이런 방법으로 풀어야 한다고 외우게 된다. — p.132

순간을 사진 속에 영원히 담아두기 위해서 셔터를 누르지만 그 장면이 가장 빛나는 것은 그 순간일 뿐, 셔터를 누르는 순간 영원히 사라져 버리고 만다. 가장 아름다운 순간들을 나는 카메라의 비좁은 뷰파인더를 통해서 들여다보았다. — p.135

물리학에 '일=힘×거리'의 공식이 있다. 힘을 적게 들이려면 많이 움직여야 하고, 적게 움직이려면 큰 힘을 들여야 한다. 비슷하게 여행자의 '지저분하고 정신없는 정도'와 '물가'는 서로 곱이 일정한 반비례 관계이다. 지저분하고 정신없는 도시일수록 물가가 싸고, 깨끗하고 평화로운 곳일수록 물가가 비쌀 수밖에 없다. — p.188

첫 숟갈보다는 뚝배기의 바닥을 긁는 마지막 순간이 가장 맛있는 우리의 음식과 달리, 서양식 음식들은 처음에는 몹시 입맛이 당기지만 배가 불러오면서 쌓여가는 느끼함에 맛에 대한 감동은 급격히 감소하고 만다.
— p.191

초콜릿의 단맛과 커피의 쓴맛은 서로 지우지 않고, 서로 단점을 메워주면서 어우러지는 시너지 효과를 낸다. 쓴 약의 맛을 나타내는 벡터와 사탕의 맛을 내는 벡터는 서로 평행하게 반대 방향을 가리켜서 둘을 더하면 '0'이 되지만, 커피의 쓴맛과 초콜릿의 단맛은 서로 직교^{orthogonal}하기 때문에 둘의 합은 '0'이 아니라 더 크고 다른 방향의 맛을 창조해 낸다. — p.233

공부의 성공 확률

...

　　나의 초·중·고 시절에는 공부를 잘해야 사회에서 출세를 할 수 있다고 여겼다. 나는 부모로부터 수학적 재능을 물려받아서 정말 운 좋게 스스로 만족할 수 있는 공부의 길을 걸을 수 있었다. 물론 요즘은 진로가 다양해지면서 많은 학생이 공부의 길이 아닌 가수나 연예인 운동선수 프로게이머 등 다양한 진로를 선택할 수 있고, 성공하면 공부의 길보다 훨씬 좋은 대우를 받을 수 있다.

　그러나 문제는 성공의 확률에 있다. TV에 나오는 성공한 가수나 운동선수를 보면서 환호하고 미래의 꿈으로 생각할 수 있지만, 과연 성공할 가능성은 얼마나 될까? 예를 들어 국내에서 축구선수로 성공하려면 프리미어리그에서 뛰지는 않더라도 국가대표 또는 최소한 프로리그에서 활동하는 선수 정도는 되어야 성공했다고 할 것이다. 국내 1부 리그에 12개 팀이 있고 각 팀당 프로선수 40명으로 생각하면 현재 약 480명이 프로선수로 활동하고 있을 것이다. 선수의 수명은 10년에서 길어야 15년으로 잡으면 한 해 30-50명 정도가 프로에 데뷔한다고 예측할 수 있다. 연봉을 제대로 받는 주전 선수가 되려면 프로 입단 선수의 절반 수준인 한 해 15-25명 정도일 것 같다. 또 우리가 기억하는 유명 선수가 되려면 매년 전국 1-2등 정도는 되어야 가능할 것 같다. 축구 아닌 다른 운동 종목이나 연예계로 가면 더 어려울 것이다. 그리고 중도에 포기하면 차선의 길이 그다지 많지 않다.

　그러나 공부의 길은 굳이 전국에서 1등 할 필요까지 없고 학교에서 상위권만 유지하면 화려하지는 않지만 안정된 직업을 보장받을 수 있다. 전국 수석을 했던 누군가가 인터뷰에서 "공부가 제일 쉬워요."라고 했다가 세간의 조롱을 받은 적이 있다. 공부가 어려운 많은 사람의 시각에서 본 기준이다. 그러나 나는 누군가에게 공부가 제일 쉬웠다는 말에 일정 부분 동감한다. 고교 시절의 나에게는 수학과 물리가 가장 재미있었고, 다른 과목보다 이해하기 쉬웠었기 때문이다. 공부를 어려워하는 사람들의 거부감을 줄이기 위하여 공부가 노력 대비 성과가 가장 좋다고 약간 수정할 필요는 있겠다. 가수나 운동선수의 길은 공부의 길보다 수십 배 수백 배 어려운 길이고 성공 확률은 거의 로또 수준일 것이다. 공부의 길은 설사 도중에 실패하더라도 자신의 위치에 적합한 다른 길을 얼마든지 찾아갈 수 있다. 어쨌든 공부의 길이 가장 성공 확률이 높고 가장 안전한 길이라고 생각한다.

공부는 할수록 모르는 게 많아진다!

...

우리는 열심히 공부해서 새로운 지식이 생기면 또 다른 새로운 모르는 것이 생기고 궁금해진다. 대학에서 학생들은 어떤 전공 과목의 교과서 내용을 이해하면 그 과목을 마스터했다고 생각한다. 나도 학생 시절에는 그렇게 생각했었다. 기계공학 3학년에서 배우는 기계진동을 예로 들면 수업 시간에 진동하는 구조물의 미분방정식을 유도하고 풀어서 고유진동수를 구한다. 여기까지 배운다. 그러나 교실에서 배운 내용은 이상적인 경우로 실제 구조물의 고유진동수는 어떻게 구할지 궁금증이 생긴다. 그리고 공부를 더 하면 충격해머$^{impact\ hammer}$ 실험으로 구하거나 가진기^{exciter} 실험으로 구할 수 있다는 것을 알게 된다. 다시 충격해머 실험을 하려면 푸리에변환과 주파수 응답함수를 이해해야 한다. 그리고 푸리에변환을 이해하려면 삼각함수의 직교성과 DFT의 특성을 이해해야 한다. 게다가 계측 장비의 사용법과 원리를 이해해야 하고, 좋은 품질의 측정 데이터를 얻으려면 노이즈 발생 원인을 이해하고 영향을 최소화하기 위한 랜덤 데이터 공부를 해야 한다. 이와 같이 공부해서 하나를 깨우치면 모르는 것이 두 개, 세 개 생기게 된다. 아는 게 별로 없을 때는 모르는 것도 별로 없지만, 공부를 많이 하면 할수록 모르는 것이 기하급수적으로 많아진다. 따라서 전공을 깊게 공부한 교수는 학생에게 가르치면서 아는 척을 하지만, 정작 본인은 모르는 게 너무 많아서 앞으로 공부해야 할 숙제가 머리를 짓누르고 있다.

나에게 대학원 진학을 상담하러 오는 학생들이 있다. 진동을 배웠는데 재밌어서 더 공부해 보고 싶다고 한다. 대부분 진동 수업에서 배운 내용에 대하여 질문하면 사전 준비를 했는지 제법 답변을 잘한다. 그러나 짓궂은 생각이 들어 진동에 대하여 본인이 모르는 내용을 얘기해보라고 하면 대부분 당황하고 대답을 제대로 하지 못한다. 가끔 자신이 진동에 관하여 궁금했던 내용을 언급하는 학생이 있는데 이런 학생일수록 대환영이다. 이런 학생은 목표가 분명해서 대학원에 진학하면 가장 열심히 연구할 학생이기 때문이다. 그런데 생각해보면 공부 말고도 모든 분야가 똑같을 것 같다. 나는 세계여행을 다니면서 처음에는 지구상에서 유명한 몇몇 곳을 방문하면 더 이상 가고 싶은 곳이 없을 줄 알았다. 그러나 한 곳을 방문하면 가고 싶은 곳이 두 곳 생긴다. 따라서 여행도 할수록 가고 싶은 곳이 더 많아진다. 테니스를 배울 때도 마찬가지였다. 처음에는 포핸드 랠리로 넘기는 것에 만족하지만, 실력이 향상되면 백핸드도 하고 싶어진다. 시합을 하려면 서비스도 할 줄 알아야 한다. 할 줄 아는 정도가 아니고 잘하고 싶어진다. 마스터하고 싶은 욕심은 끝이 없다.

    어느 날 나는 대학원생들과 농담을 하면서 우리 중에 진동에 대해 가장 모르는 게 많은 사람이 누구일까 질문했었다. 학생들은 이제 막 실험실에 들어온 신입생이 모르는 게 가장 많다고 대답했다. 대답이 틀렸다. 여기서 진동에 대해 모르는 게 가장 많은 사람은 교수라고 알려줬다. 모르는 게 너무 많아 머리가 터질 지경이라고 농담했고 학생들은 웃었다. 그런데 진동에 대해 아는 게 가장 많은 사람도 교수였다.

물려받은 유전자

...

　　사람은 좌뇌형 인간과 우뇌형 인간이 있다고 한다. 좌뇌는 물리적이고 이성적 판단에 관여하고, 우뇌는 창의적이고 직관적 판단에 관여한다고 한다.

　앞에서도 언급했지만 고등학교 수학 선생님이었던 아버지는 극단적으로 좌뇌가 발달하셔서 내가 느끼기에 좌뇌와 우뇌의 비율을 조금 과장해서 나타내면 99:1 정도라고 여겨진다. 나도 아버지의 유전자를 많이 물려받았으므로 굳이 비율로 나타내면 나는 90:10 정도의 좌뇌형 인간으로 아직 균형 잡혔다고 하기는 어렵겠지만, 아버지보다 좌뇌의 역할이 많이 희석되었다고 생각한다. 자식 세대에는 아내의 영향으로 감성을 담당하는 우뇌도 많이 개선되어 70:30 정도로 한층 더 균형(?)을 이루게 되어 다행인 것 같다. 내가 어릴 적 어떤 의견을 얘기하면 아버지는 타당한 이유를 수학적으로 증명하라고 하셔서 좀처럼 의견을 꺼내기 어려웠다. 하여튼 내가 생각하기에 아버지는 수학 천재인 것 같다.

　그러나 아버지의 말씀을 들어보면 할아버지는 아버지와 비교할 수 없을 만큼 똑똑하셨다고 한다. 서울에 있는 경성법학전문학교에 유학 가셨다가 향년 30세에 요절하셨다고 한다. 그때 아버지는 4살의 어린 나이였다. 증조할아버지도 할아버지와 마찬가지로 요절하셨는데 집안에서는 공부를 많이 시킨 탓으로 여겼고, 그 후 아버지의 기대만큼 교육을 시키지 않았다고 하였다. 그러나 아버지의 수학적 재능을 어릴 적부터 보아 왔던 나는 만일 아버지가 나처럼 제대로 된 교육을 받았다면 어쩌면 세계적인 과학자가 되었을 수도 있겠다고 지금도 확신한다. 자식의 눈에는 아버지가 대단해 보일 수도 있지만 나는 할아버지와 아버지의 DNA가 나에게도 유전되었다고 믿는다. 그리고 나와 내 아내의 유전자가 자식들에게 전달되었을 것이다.

남아있는 할아버지 사진과 아버지 사진을 보면 내가 당신들을 너무 닮아 있어 깜짝 놀라곤 한다. 그리고 할아버지의 유전자가 아버지를 거쳐 나에게까지 전달되었다는 나만의 확신을 갖게 한다. 네 남매 중에서 형과 큰누나는 어머니를 닮았고, 작은누나와 나는 아버지를 닮았다. 그리고 내가 아버지의 외모나 성격, 재능 등의 유전자를 가장 많이 물려받았음을 누구도 부인하지 않는다.

타고난 재능은 공평하다

. . .

　　재능이란 어떤 일을 하는 데 필요한 재주와 능력이다. 사람의 타고난 재능은 신체나 두뇌의 종합적 지능이라 할 수 있다. 다중지능이론에 의하면 사람에게는 8가지 지능이 있다고 한다. 토론·글쓰기·외우기 능력인 언어지능, 수학·과학·논리 능력인 논리수학지능, 노래·작곡·청감 능력인 음악지능, 그림·조각·디자인 능력인 시각공간지능, 스포츠·무용 능력인 신체운동지능, 마음·감정·느낌 능력인 대인관계지능, 감정을 잘 알고 다스리는 자기성찰지능, 그리고 환경이나 주변 사물 구별분류 능력인 자연탐구지능이 그것이다.

　다중지능 중에 내가 남보다 낫다고 생각되는 지능은 논리수학지능밖에 없는 것 같다. 다중지능의 종합점수를 매긴다면 어쩌면 평균 이하일 수도 있겠다. 단지 내가 학창시절을 보냈던 시기는 논리수학지능이 다른 지능보다 중요시됐던 것 같다. 따라서 운 좋게 부여받은 특화된 지능으로 소위 명문대로 진학할 수 있었고, 여러 시험을 통과하면서 나름 만족하는 직업을 가질 수 있었다고 생각한다. 지금은 예전보다 다양한 직업군이 형성되어 있어 음악 미술 체육 등의 재능으로도 얼마든지 성공할 수 있는 사회로 변화하고 있다. 최근에는 아날로그 시대에서 디지털 시대로 급격히 변하면서 유망한 직종도 바뀌고, 재능의 기준도 다양해지고 있다. 내가 지나온 시절이 마침 내가 가진 재능을 중요시하던 시절이어서 나로서는 정말 운이 좋았다는 생각이 든다.

자녀 교육의 단상

...

 부모 입장에서 자녀를 어떻게 교육시켜야 할까? 내가 교육학을 전공하지도 않았고 깊이 있게 알지도 못하지만, 그냥 나의 생각을 적어본다.

 경쟁이 갈수록 치열해져 가는 사회에서 모든 부모가 자신의 자녀가 남보다 나은 교육을 받고 잘 되기를 바랄 것이다. 최근에는 영아부터 조기교육을 시킨다고 한다. 부모의 욕심은 이해가 되지만 아이는 얼마나 스트레스를 받으며 살아갈지 안쓰럽다. 혹시 부모가 자신이 못 이룬 꿈을 자식에게 강요하면서 보상받으려는 것은 아닌지 생각해볼 필요가 있다. 우리나라의 많은 부모들이 자식이 기대한 만큼 성취를 이루지 않았을 때 '내가 너를 어떻게 키웠는데!' 하면서 억울해할 것 같다. 먼저 자식은 부모의 소유물이 아니다. 지금의 자식은 로또보다 어려운 확률로 부모와 인연을 맺어 자식으로 태어난 인격체이다. 부모가 원하는 대로 키우는 애완동물이 아니다. 자신의 인생은 스스로 선택하는 것이지 부모가 정해주는 것은 더더욱 아니다. 부모는 자식이 앞으로 나아가는 것을 뒤에서 지켜보면서 묵묵히 기다려주고, 혹시 자식이 도움을 필요로 할 때 조언을 하거나 약간의 안내를 해주는 것으로 충분할 것이다. 자식 교육에 관한 속담으로 "물고기를 잡아주지 말고 잡는 법을 가르치라"고 한다. 또 말을 물가에 데려갈 수는 있지만 마시게 할 수는 없다고 한다. 결국, 부모의 판단에 의한 강요가 아닌 자녀 스스로 선택하도록 자유를 주되, 자신의 선택에 책임감을 가지고 스스로 헤쳐 나가도록 해야 한다. 부모는 자식이 어떤 선택을 하든지 앞에서 끌지 말고 뒤에서 묵묵히 응원을 해야 한다.

두 아이의 부모인 우리 부부는 자식에게 가능한 강요를 하지 않으려고 노력했다. 아이들이 궁금해하지 않는데 장시간 앉혀놓고 먼저 가르치지 않았고, 공부하라는 말도 하지 않았다. 아이들이 수학이나 과학에서 스스로 해결되지 않아 자발적으로 나에게 질문할 때, 비로소 나는 풀이 과정을 보고 이해하지 못하는 원인을 찾아서 핵심만 설명하려 했다. 원하지 않는 학원에 억지로 보내지도 않았다. 두 아이 모두 대학 진학할 때 학과 선택도 본인 의지로 선택하도록 했다.

다행히 두 자녀 모두 공부도 스스로 잘해서 기뻤고, 무엇보다 올바르게 자라줘서 고맙게 생각한다. 이제는 안정된 전문직을 갖고 각자 마음에 드는 배필을 만나 결혼까지 했으므로 부모로서 할 도리는 모두 성공적으로 완수한 듯해서 홀가분하다. 어쩌면 자녀들이 스스로 잘 자라준 행운이 있었기에 자녀 교육에 관한 나의 주관적인 생각을 유지했을 수도 있겠다.

우리나라와 같이 치열한 사회에서 많은 부모와 자녀가 엄청난 스트레스를 받으며 자녀 교육을 하는 현실을 보면서 안타까운 생각이 든다. 모든 아이들이 자라면서 정말 자신이 좋아하고 하고 싶은 일을 찾을 수 있으면 좋겠다.

모성애는 부성애보다 얼마나 클까?

∙∙∙

모성애와 부성애는 엄마 아빠의 자식에 대한 사랑이다. 모성애 못지않게 부성애가 큰 동물로 남극에 사는 황제펭귄이 있다. 엄마 펭귄은 알을 낳고 먹이를 찾아 떠나지만, 아빠 펭귄은 영하 60도의 얼음 위에서 눈보라를 견디면서 몇 달 동안 음식도 먹지 않고 잠도 자지 않은 채 알을 품고 있다고 한다. 그러나 예외적인 몇몇 경우를 제외하고 모든 동물에서 모성애가 부성애보다 큰 것은 당연하다.

모성애가 부성애보다 큰 이유는 남자와 여자가 가질 수 있는 자손의 수에 엄청난 차이가 있기 때문이라고 한다. 여자는 임신 과정을 거쳐야 하지만, 남자는 훨씬 더 많은 자손을 만들 수 있다. 자식 한 명, 한 명에 대한 가치가 다르므로 모성애가 더 강하다. 둘째로 아기의 친엄마는 확인할 수 있지만, 친아빠는 확인하기 어렵다. 물론 과학이 발달한 지금에는 유전자 검사를 통하여 알 수 있지만, 인류의 역사 대부분의 시기에서 보면 맞는 말이다. 이런 확실성의 차이로 인해 자식에 대한 헌신에 차이를 보인다고 한다.

이런저런 이유를 떠나서 나는 아버지의 사랑보다 어머니의 사랑을 훨씬 크게 느끼면서 자랐고, 결혼하여 아이들을 키우면서도 나의 자식 사랑에 비교할 수 없을 정도로 아내의 자식 사랑이 크다는 것을 느낄 수 있었다. 신혼 시절 한밤중에 아이의 울음소리가 들리면 먼저 깨는 것도 아내였고, 아이가 다쳤을 때도 눈물을 흘리며 더 아파했던 것도 아내였다.

그러면 모성애는 부성애보다 얼마나 클까?

공학자는 연구 결과를 발표할 때 반드시 비교할 수 있는 지표를 제시하고 'A는 B보다 몇 배 크다.'라는 결과를 수치로 제시해야 한다. 공학을 전공한 입장에서 내 마음대로 지표를 만들어 엉터리 계산을 해보면 모성애는 부성애보다 39.3배 크다.

그 이유는 먼저 사람은 자신이 투자한 노력에 비례하여 가치를 부여하게 된다. 힘들게 구한 물건에 더 애착을 갖는 이유이다. 자식을 얻는데 필요한 남자의 노력은 정자를 제공하는 것으로 그치지만, 여자의 노력은 임신 기간을 거쳐야 한다. 남자의 투자 시간은 애매하지만 한 시간으로 가정하자. 그리고 임신 기간을 280일로 가정하면 여자의 투자 시간은 비교적 정확하게 6,720시간이 된다.

다음으로 외부 자극(R)에 대한 사람 감각(S)의 관계를 나타내는 베버^{Weber}의 법칙이 있는데 $\Delta S = k \Delta R / R$ 이다. 양변을 적분하면 $S = k' \log R + c$ 이다. 자극(R)이 등비수열로 변하면 감각(S)은 등차수열로 변한다. 베버의 법칙은 자극의 크기이지만 여기서는 노력의 기간으로 대체한다. 비례상수 k' 은 소음의 데시벨 계산을 인용하여 $k' = 10$ 으로 가정한다. 적분상수 c를 실험으로 구해야 하지만, 내 마음대로 남자(R=1시간)가 감각으로 느낀 노력지표를 S=1로 가정하면 c=1이 된다. 그러면 여자의 경우 R=6,720시간을 대입하면 여자가 감각으로 느낀 노력지표는 S=39.3이다. 따라서 자손을 얻기 위한 노력지표(S)와 자식에 대한 사랑이 비례한다고 가정하면 모성애는 부성애보다 39.3배 크다는 결과를 얻게 된다.

물론 이 계산에는 사회심리학적 입장을 무시하였고 노력에 대한 계산식도 전혀 근거가 없다. 단지 공대 출신 연구자의 사고하는 과정을 재미삼아 표현해보았다.

주례의 추억

...

나는 남 앞에 나서는 것을 별로 좋아하지 않는다. 아니 아주 싫어한다. 대학교수로 재직하다 보면 가끔 제자들이 주례를 부탁하는 경우가 생긴다. 부산대 기계공학부는 대형 학부이기 때문에 교수들도 많다. 혹시 대학 제자들이 주례를 부탁하면 항상 원로 교수에게 찾아가라고 하면서 거절해왔다. 그러나 나의 대학원 실험실 졸업생이 찾아와서 부탁하면 정말 거절하기 어렵다. 가만히 생각해보면 누군가의 주례를 맡는다는 것은 아주 영광된 일이기도 하다. 따라서 대학교수의 숙명으로 생각하고 나의 대학원 제자에 한해서 주례를 맡기로 하였고, 1997년부터 2018년까지 총 35회의 주례를 했다. 그중에는 나의 실험실 제자 부부도 1팀 있다. 다행히 최근 들어 주례 없는 결혼식이 유행하면서 주례 부탁이 없어서 다행이지만 시원섭섭하기도 하다.

정충길(1997년), 이타경(1997년), 안세진(1998년), 김태학(1998년), 김봉준(1999년), 오영세(1999년), 김 현(2000년), 조영희(2000년), 김택건(2001년), 장호엽(2002년), 우승태(2002년), 윤상돈(2002년), 김정훈(2003년), 김재호(2003년), 공태현(2004년), 김승엽(2004년), 서영수(2005년), 이정환(2006년), 김규환(2006년), 김형태(2007년), 강종진(2007년), 정석현(2008년), 이윤식(2011년), 이성현(2013년), 장성길(2013년), 김대환(2014년), 배승훈(2014년), 정병규 & 허소정(2016년), 김태형(2016년), 전수홍(2016년), 김민성(2017년), 이윤곤(2017년), 김연우(2017년), 박정필(2018년), 김지만(2018년).

생애 세 번의 시험

...

　　내 인생에서 변환점을 맞을 수 있는 중요했던 시험을 꼽으라면 세 개를 들 수 있다. 첫 번째는 대학 입학시험이다. 알다시피 우리나라의 대학 입시는 모든 부모의 관심사로 공정성에 문제가 발생하지 않도록 국가에서 신경을 곤두세우고 있다. 대학수학능력시험의 영어 듣기 평가가 진행되는 동안 국내 모든 항공기의 이착륙이 전면 통제되고 항공 스케줄도 변경된다고 한다. 다른 나라의 상황은 잘 모르겠지만 어쩌면 해외 토픽감일 수도 있을 만큼 대학 입시의 공정성이 국가적으로 얼마나 민감한지를 짐작할 수 있다. 내가 대학 진학하던 1970년대에도 지금 만큼 경쟁이 치열하지는 않았지만 그래도 모두 좋은 대학에 들어가고 싶은 마음은 지금과 차이가 없었다. 고등학교 시절 그다지 노력하지 않았으면서 부모님에게 물려받은 유전자 덕택으로 국내 최고의 대학에 입학할 수 있었던 것은 그야말로 행운이었다. 그러나 되돌아보면 고교 시절에는 공부에 뜻이 있었던 것도 아니고 아무런 목표의식 없이 공부했고 성적에 맞추어 대학에 지원했을 뿐이라는 생각이 든다.

　두 번째는 KAIS라는 대학원 입학시험이다. 대학 4학년 때 미래를 걱정하던 중 그곳을 처음 알게 되면서 너무 진학하고 싶어서 1년간 전력으로 공부를 했던 시험이다. 여러 가지 선택의 길 중에서 나의 의지로 목표를 정하였고, 목표를 이루기 위하려는 간절한 마음으로 공부를 했기에 고3 시절과는 비교할 수 없을 만큼 강도 높게 공부하였으며, 내 생애에서 가장 집중해서 공부했던 시기라고 할 수 있다. 되돌아보면 이렇게 노력할 줄 사전에 알았다면 분명히 다른 길을 선택했을 것이다. 다행히 노력이 헛되지 않아서 합격하는 행운을 얻었다. 더불어 1년간 공부에 몰두하는 경험을 하면서 공부도 오락과 마찬가지로 즐거움일 수 있다는 것을 느낄 수 있는 계기가 되었다. 그리고 이 시험은 나에게 평생 가르치고 연구하면서 공부하는 대학교수라는 직장으로 인도하는 출발점이 되었다.

세 번째는 일본 문부성 장학생 선발 시험이다. 국내와 국외 박사의 갈림길에서 그 시험에 약간 무모한 도전을 결심하고 1년간 일본어 공부에 전념했다. 이 시험 역시 내 의지로 판단하고 선택했기에 몰두하여 공부할 수 있었다. 이미 직장을 갖고 있고 결혼도 해서 연년생 아이들도 있으므로 공부에 전념하기에 적합하지 않은 상황이긴 했지만 주어진 환경에서 나의 최선을 다했다고 확실히 얘기할 수 있다. 일본어 글자인 히라가나ひらがな부터 시작하여 1년간 공부한 결과 언어는 마음속 번역 과정을 거치지 않고 저절로 말하게 된다는 것을 알게 되었고, 어느 순간 갑자기 들리기 시작하는 경험도 하게 되었다. 물론 일본에 유학 가서 살면서 많이 부족하다는 것을 알게 되었지만 그래도 1년 만에 외국어를 터득한 나에게 셀프 칭찬을 하고 싶다. 문부성 시험에 합격하고 나서 내가 일본어 공부를 너무 많이 했다고 느꼈지만 그래도 다다익선이므로 보람을 느낀다. 문부성 시험 합격을 계기로 나의 전공 분야도 정해졌고 유학을 통해 많은 전공 지식을 배울 수 있었고 평생 보람과 긍지를 느끼면서 연구를 할 수 있게 되었다.

내 인생의 중요한 세 번의 시험을 모두 무사히 통과할 수 있었던 것은 나의 노력보다 행운이었고 정말 다행이라고 여긴다.

생애 세 번의 선택

...

　　내 생에 첫 번째 선택은 나의 아내를 만나 결혼한 것이다. 대부분의 사람은 누구나 자라면서 상대를 만나서 결혼 결정을 내려야 하는 순간을 맞게 된다. 그리고 이때의 선택이 평생의 삶을 좌우할 것이다. 그러나 우리는 미래의 삶을 미리 알지 못하므로 결혼 상대의 선택에는 행운이 따라야 한다. 특히 여자 볼 줄 모르고 연애에 서툰 나에게는 더욱 행운이 따라야 한다. 그런 면에서 내가 결혼상대로 선택한 아내는 정말 탁월한 선택이었다고 생각한다. 평생 화목하고 행복한 가정을 누릴 수 있었고, 올바르고 똑똑한 자식을 얻게 되었다고 생각한다.

　　두 번째는 직업의 선택이다. 요즘 사회에서 가장 선호하는 직업을 보면 판검사 또는 의사인 것 같다. 판검사는 사회 정의를 실현하는 직업이라는 긍지를 가질 수도 있지만, 항상 범죄자를 상대해야 하고 다른 사람에게 형량을 내리는 직업으로 그다지 마음이 편치는 않을 것 같다. 또 변호사도 자신의 의뢰인에 유리하도록 경우에 따라서는 마음에도 없는 주장을 해야 하는 직업이라는 생각이 든다. 국회의원 등 정치인을 봐도 TV에 나와서 하는 얘기가 진짜 본인의 진심인지 의심이 간다. 권력욕을 충족시킬 수 있을지는 몰라도 아마도 본인의 정치적 입장에 따라 말을 바꾸는 가식의 삶이다. 거기에 비해서는 아픈 사람을 치료하는 의사라는 직업이 훨씬 좋아 보이고 보람이 있어 보인다. 그러나 항상 환자를 대해야 한다. 환자를 성공적으로 치료했을 때의 보람도 있겠지만, 혹시나 선택의 기로에서 선택한 치료의 결과가 좋지 않았을 때 평생 후회하는 마음의 짐이 남을 수도 있을 것 같다. 그러나 대학교수는 학문적 프라이드도 갖고 있을 뿐만 아니라, 범죄자나 환자가 아닌 정상적인 학생들을 상대하여 교육 연구하면서 항상 도움을 주는 가장 보람 있는 직업이라고 생각한다. 나에게 이 세상의 모든 직업 중에서 마음대로 선택하라고 해도 역시 대학교수를 선택할 것 같다.

세 번째는 일본 유학의 결정과 더불어 전공의 선택이다. 국내 박사와 해외유학의 갈림길에서 나는 어려움을 무릅쓰고 일본 유학을 선택했다. 만일 국내에서 파트타임 과정으로 박사학위를 했다면 아마도 나의 전공에 프라이드를 갖는 연구자의 삶을 보내지 못했을 것 같다. 일본 유학에서 당시의 첨단 내용을 배우고 귀국하여 내 스스로 만족할 수 있는 전공을 갖추게 되었고 자신감 넘치는 연구를 수행할 수 있는 계기가 되었다. 그리고 내가 선택한 소음진동이라는 전공 분야는 기초 연구라기보다는 산업체와 공동 연구에 적합한 전공으로 산학 연구를 수행하면서 산업체에 기여할 수 있는 기회도 가질 수 있었다.

생애 세 번의 어워즈

· · ·

　　　　　　내가 내게 주는 생애 최고의 어워드^{award}는 정년퇴직이다. 부산대학교에서 20대에 교수가 되어 40여 년간 교수 생활을 마치고 무사히 정년을 맞아 퇴직한 것에 대하여 나를 칭찬하고 싶다. 내 주변 동료 선후배 교수 중에서 건강상의 이유이거나 다른 여러 이유로 정년까지 완주하지 못한 경우를 여러 번 보아왔다. 젊은 교수들이 나에게 정년퇴직을 할 때의 심정에 대해서 많이 물어본다. 또 정년퇴직하는 교수에게 축하한다고 인사를 드리면 혹시 섭섭하지는 않은지 물어본다. 나는 교수로서 최선을 다해왔고 원하는 것을 모두 이루었으므로, 더 이상 미련이 없으며 개운한 기분이라고 대답한다. 마라톤 경기에서 힘든 과정을 모두 이겨내고 이제 완주를 하고 막 들어온 선수의 성취감과 편안함을 동시에 느끼는 기분이라고 대답한다. 그리고 정년퇴직은 축하받을 만한 일이라고 얘기한다. 이와 같이 후회 없을 만큼 최선을 다했고 보람을 느꼈고 만족하면서 정년퇴직까지 건강하게 완수할 수 있었다. 따라서 정년퇴직이야말로 내 인생에서 나에게 주고 싶은 최고의 상이다. 오랫동안 근무했다고 대한민국 홍조근정훈장을 받았다.

　　두 번째는 부산대학교에서 처음 만들어진 제1회 교육자상을 수상한 것이다. 대학교수의 본분은 연구와 교육이다. 많은 교수들은 교육보다 연구에 관심을 갖고 있지만, 미래의 교과서에 이름을 남길 정도로 훌륭한 연구업적을 남기기는 쉽지 않을 것이다. 되돌아보면 인재를 양성하는 것만큼 보람된 일은 없는 것 같다. 나는 연구도 남 못지않게 했다고 생각하지만 그래도 교육에 훨씬 큰 보람을 느꼈다. 전공에 대한 호기심으로 가득 찬 대학생들에게 새로운 지식을 가르치는 즐거움과 대학원생에게 전문지식을 전수하여 사회에 진출하게 하는 인재 양성이 나에게는 연구보다 훨씬 큰 보람이었다. 따라서 부산대에서 받은 교육자상 그것도 첫 시상인 제1회 교육자상을 수상한 것을 개인적으로 가장 큰 영광으로 생각한다.

세 번째는 Marquis Who's Who 세계인명사전에 등재된 것이다. 세계인명사전은 상업성에 대한 논란으로 부정적인 논란도 많이 있어서 예전부터 등재에 대한 요청이 있었지만 무시하고 신청하지 않았었다. 그러나 정년퇴직을 맞이해서 내가 나에게 주는 기념품을 갖고 싶었다. 우리가 여행을 가면 별로 쓸모는 없지만 기념하기 위해 작은 기념품을 사기도 한다. 마찬가지로 대학교수라는 긴 여정을 기억하기 위해 기념품으로 세계인명사전의 등재와 상패를 받았다. 거실에 있는 장식장에 상패를 전시해놓으니 그럴듯해서 만족하고 있다. 그 외에 한국소음진동공학회에서 학술 활동을 하면서 논문상과 학술상 등을 수상했고 펠로우 회원(석학 회원)에 선정되었다.

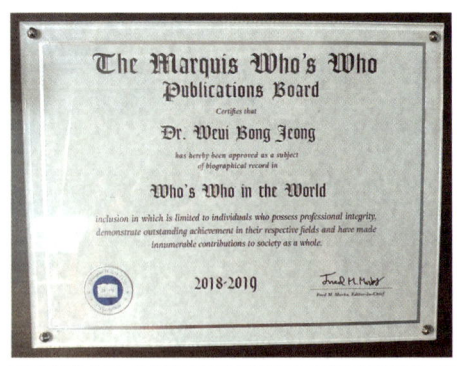

생애 세 가지 행운

. . .

나의 가장 큰 행운은 무엇보다 나의 연결 고리인 부모와 자식이다. 우리가 이 세상에 태어난 것은 과거에 있었던 수많은 우연들이 끊임없이 겹쳐서 발생한 우연의 결과이다. 조상의 조상으로부터 사소한 무엇 하나 달라졌어도 나는 이 세상에 존재할 수 없었을 것이다. 부모님은 내가 이 세상에 살 수 있도록 행운을 주신 분이다. 거기에 더해서 아버지의 수학적 재능과 어머니의 무조건적 사랑을 덤으로 받았다. 부모님 덕택에 이 세상을 보람 있고 만족스럽게 보낼 수 있었다고 생각한다. 그리고 내가 어떤 자식을 만나느냐 하는 것도 확률 게임으로 운도 따라야 한다. 다행히 우리 부부의 두 아이 모두 건강하고 올바르게 잘 자랐고, 치열한 입시 경쟁에서도 모두 서울대에 들어갔으며, 졸업 후 전문직으로 사회생활을 하고 있다. 나는 나의 내면 깊숙한 곳에서 자긍심을 한껏 가질 수 있으니, 이 또한 행운이 따라준 덕이라 생각한다.

두 번째 행운은 대학에서 교육과 연구에서 보람을 느낄 수 있도록 도와준 제자들과의 만남이다. 교수들은 능력 있는 학생들이 자신의 연구실로 진학하기를 희망하지만, 현실은 그리 녹록하지 않다. 원인이야 여러 가지가 있겠지만 나의 연구실은 학생들에게 인기 있는 연구실이 되었고 능력 있는 학생들이 꾸준히 진학했고 진심으로 가르치고 진심으로 대했다. 사회에 진출하여 나와 이해관계가 없을 때에도 나를 잊지 않고, 나를 조금이라도 고마워하는 졸업생들을 보면서 나는 정말 좋은 제자를 만나는 행운을 누렸음을 느낀다.

세 번째의 행운은 내가 살아온 시기라고 생각한다. 우리나라의 역사에서 과거 수백 년간은 절대 왕정 시대로 대부분의 국민들은 헐벗고 전쟁과 지배계급의 억압 속에서 살아왔다고 할 수 있다. 조선왕조 이후의 우리나라 역사는 불과 수십 년에 불과하다. 그중에서 나의 부모님 세대는 일제 강점기를 보내야 했고, 해방하고 얼마 지나지 않아서 6·25 전쟁을 겪는 등 가난하고 힘든 시기를 보냈다. 우리나라의 경제가 발전한 후에 태어난 지금의 청년 세대는 오히려 치열한 경쟁과 줄어든 일자리, 부동산 폭등에 따른 허탈감 등 불확실한 미래로 좌절하고 있으며 역시 옛날과 다른 면에서 힘든 시기를 보내고 있는 것 같다. 그러나 내가 자란 시기는 우리나라의 경제발전과 함께한 시기이다. 어릴 적에는 비록 가난했었지만 나날이 경제가 발전하는 희망찬 모습과 함께 자랐고, 어른이 되어서는 민주화를 이루게 되었고, 해외여행 자유화도 경험한 희망찬 시기였다. 또 옛 조선 시대의 과거시험은 지금의 인문사회계를 중시하고 자연과학이 괄시받던 시절이다. 수학적 재능을 갖고 태어난 내가 만일 조선 시대에 살았다면 과연 행복하게 살 수 있었을지 의심스럽다. 그리고 디지털 시대로 급격하게 변하는 미래에 태어났어도 과연 적응하고 보람 있게 살 수 있을지도 염려되고, 과학의 발전과 함께 환경오염과 지구온난화 등이 심각하게 대두되면서 미래의 생활환경이 지금보다 점점 열악해질 듯하다. 따라서 나는 인류의 역사에서 가장 살기 좋은 시기에 태어난 행운아라는 생각이 든다.

생애 세 가지 행복

. . .

첫 번째, 나는 마음 부자이다. 대부분의 불행은 욕심에서 시작한다. 욕심이란 분수에 넘치게 무엇을 탐내거나 누리고자 하는 마음이다. 행복은 마음에 있다. 행복을 내 마음대로 정의하면 내 마음속에 있는 욕심 중에 내가 갖고 있는 정도를 비율로 나타낸 무차원량이다. 다른 말로 마음의 만족도라고 할 수 있다.

$$행복 = \frac{현재\ 갖고\ 있는\ 양}{갖고\ 싶은\ 욕심}$$

 마음속 만족도를 높이기 위해서 사람들은 더 많은 것을 가지려고 하지만 쉬운 일이 아니다. 그러나 마음속 만족도를 높이는 다른 방법은 갖고 싶은 욕심을 줄이면 된다. 즉, 더 많은 것을 차지하려고 하지 않고 스스로 해결할 수 있는 가장 쉬운 방법이다. 어쩌면 부처님 말씀 같기도 하지만 나는 어떤 이유인지 몰라도 다른 사람에 비하여 욕심이 적었던 것 같다. 돈 많은 부자가 부럽지도 않고 소위 출세했다는 직업을 가진 사람이 부럽지도 않다. 그 부와 위치를 유지하기 위해서 나보다 걱정거리가 아주 많을 것이다. 그래서 나는 마음속 만족도가 높은 마음 부자여서 행복하다.

 두 번째, 나는 평생 보람된 일을 했다고 생각한다. 대학생을 가르치는 보람, 대학원생과 새로운 연구를 하고 논문을 제출하는 일 그리고 실력을 쌓은 학생이 사회에 진출하여 능력을 인정받는 모습을 바라보며 보람을 느꼈다. 내가 평생 해온 이런 일들은 남에게 도움을 주는 일이라고 할 수 있다. 이 세상 누군가가 나를 만나서 다행이라고 여기는 사람이 있다는 것만으로 나는 행복하다.

 세 번째, 자식들이 잘 자라주었다는 것이다. 모든 자식이 부모로부터 장점을 더 많이 물려받고 태어나는 것은 쉬운 일이 아닐 것이다. 나에게 부족한 따뜻한 감성을 아내로부터 물려받은 자식들은 이성과 감성을 비교적 골고루 갖추어 나보다 좀 더 균형 잡힌 성품을 갖고 있어 다행이다. 또한, 자라면서 비뚤어지지 않고 올바르게 자라는 것도 쉬운 일이 아니다. 다행히 두 자식 모두 반듯하게 자랐고, 나보다 더 나은 재능도 갖고 있다고 생각한다. 어느덧 두 자식 모두 결혼하여 안정된 삶을 살고 있다. 내 마음속으로 자랑스러운 자식과 함께하는 부모라서 나는 행복하다.

나의 흔적

1955.12.	강원도 강릉 출생
1962.03.	강릉 중앙초등학교 입학
1968.03.	강릉 경포중학교 입학
1971.03.	강릉고등학교 입학
1974.03.	서울대학교 자연계열 입학
1975.03.	서울대학교 조선공학과 진학
1978.03.	한국과학원(KAIS) 생산공학과 입학
1980.03.	부산대학교 기계공학과 조교
1981.03.	부산대학교 기계공학과 전임강사
1984.04.	부산대학교 기계공학과 조교수
1986.04.	부산대 휴직 & 박사과정 일본 유학
1990.03.	일본 동경공업대학 기계공학 박사, 부산대 복직
1990.10.	부산대학교 정밀기계공학과 부교수
1992.12.	부산대학교 기계기술연구소 연구관리실장
1995.10.	부산대학교 정밀기계공학과 교수
1995.12.	부산대학교 정밀기계공학과 학과장
1999.11.	한국소음진동공학회 강월논문상
2001.11.	한국박용기관학회 논문상
2007.01.	한국소음진동공학회 학술이사
2009.01.	한국소음진동공학회 감사
2013.01.	한국소음진동공학회 부회장, 편집위원장
2013.12.	부산대학교 제1회 교육자상
2015.10.	한국소음진동공학회 학술상 수상
2016.11.	한국소음진동공학회 석학회원(Fellow) 추대
2017.10.	Marquis Who's Who 세계인명사전 등재
2021.02.	부산대학교 기계공학부 정년퇴직
2021.03.	에코에너지기술연구소 수석자문위원

에필로그 & 부록

에필로그

　　책을 쓰기 시작할 때는 그저 나의 기록을 정리할 겸 나와 함께했던 제자들과 기억을 공유하려는 가벼운 마음에서 시작했었다. 그런데 글을 쓰다 보니 일이 점점 커져서 분량이 늘어났고, 뜻하지 않게 구상부터 탈고까지 나름 2년 가까운 정성을 들였다. 지금까지 들인 정성이 너무 아까워 결국 정식으로 출판까지 하기에 이르렀다. 또 나의 지나온 얘기를 정리하면서 나의 부끄러운 과거는 쏙 빼고 자랑만을 기록하게 되어버린 것 같다. 그동안 남에게 자신을 자랑하는 사람들을 보면 마음속으로 비웃었는데, 결국 이런 책을 출판까지 하게 된 것을 보니 나도 역시 필부(匹夫)에 불과함을 알게 되었다. 이런 사실을 알면서도 출판 여부를 오랫동안 고민하다가 결국 나의 흔적을 남기고 싶은 욕심을 뿌리치지 못하고 출판하게 되었다.

　　행복한 삶이란 자신의 욕구를 충족하는 삶이다. 어떤 심리학자가 사람의 욕구에는 다섯 단계가 있다고 하였다. 가장 하위 단계의 욕구는 배고프면 음식을 먹고 피곤하면 수면을 취하고 싶은 생리적 욕구이고, 두 번째 단계는 어떤 위험이나 추위로부터 자신을 보호하려는 안전의 욕구이다. 하위 단계의 욕구가 충족되면 상위 단계의 욕구가 발생한다고 하였다. 상위 단계인 세 번째 단계는 사회적 욕구로서 친구와 어울리거나 각종 모임에 참석하는 것처럼 자신의 위치를 집단 속에서 확보하려는 욕구이다. 네 번째 단계는 존경의 욕구로서 다른 사람으로부터 인정과 존경을 받고 명예를 추구하려는 욕구이다. 자기의 분야에서 괄목할 만한 업적을 남기고 출세하려고 하는 욕구이다. 가장 상위 단계는 자아실현의 욕구로서 자신의 잠재력을 계발해서 최선을 다하는 것이다.

그러면 어떤 욕구를 충족해서 얻는 행복이 진정한 행복일까? 물질이나 명예를 통해서 얻는 행복은 일시적인 것에 지나지 않으며, 자아실현을 통해서 진정한 행복을 얻을 수 있는 것이다. 우리나라의 백 살이 넘은 유명한 철학자가 토론하는 것을 본 적이 있다. 인생 후반기에 되돌아보면 자신만을 위하여 추구하는 것은 부질없다고 하였다. 남에게 베풀었던 삶, 나를 만나 다행으로 여기는 누군가가 있는 삶이 가장 행복한 삶이라고 했다.

나는 대학교수로 오랜 기간 많은 교육을 통해서 제자들을 배출했고, 많은 연구를 통해서 논문도 작성했다. 정년퇴직하면서 그동안 지나온 길을 되돌아보면 교수 사회에서는 연구업적으로 교수의 능력을 판단하는 경향이 있었다. 나도 동료 교수들 못지않게 연구업적을 이루려고 노력했고 부끄럽지 않을 만큼 연구를 했다고 생각하지만, 아직 미래의 과학 교과서에 실릴 만큼 훌륭한 연구업적을 남기지는 못했다. 나의 논문 업적에 일시적으로 만족했던 적이 있기는 하지만 그동안 이룩한 연구업적은 부질없게 여겨진다. 오히려 보람 있게 여겨지는 것은 교육 부분이다. 이해하기 쉽게 강의를 잘한다고 학생들에게 알려져서 수강 신청 기간에 내 강의를 들으려고 학생들이 몰렸을 때 나는 뿌듯함을 느꼈다. 대학원 진학률이 저조하지만 유독 나의 실험실에 많은 학생들이 지원할 때 자부심을 느꼈다. 회사에서 기억하지 못하는 졸업생을 만났는데 일부러 나에게 찾아와서 인사를 하면서 나에게 수강했던 수업이 지금의 회사 생활에 큰 도움이 되고 있다고 고마워할 때 큰 보람을 느꼈다. 또한, 대학원 소음진동 실험실에서 나와 함께 머리를 맞대고 소음진동 기술을 습득한 나의 제자들이 원하는 연구소나 산업체에 진출하여 그 실력을 인정받는 모습을 지켜볼 때 나는 교육자로서의 기쁨을 느꼈다. 그리고 실험실 졸업생들이 나를 항상 기억하고 나와 맺어진 인연을 고맙게 여길 때 나는 더할 나위 없이 큰 보람을 느꼈다.

내가 인격적으로 훌륭한 사람도 아니고 내세울 것이라고는 단지 얄팍한 전공 지식에 불과한데, 그 전공 지식으로 이 세상 누군가의 삶에 조금이라도 도움이 되었다면 그리고 나를 만나 다행으로 여기는 누군가가 있기에 나는 가장 행복한 삶을 이루었다고 감히 생각한다.

요즘은 100세 시대라고 한다. 사람은 인생의 초창기 1/3은 교육을 받고, 중반 1/3은 직장에 다니면서 일을 한다. 많은 사람들이 퇴직을 하게 되면 인생이 시들어 가는 듯이 안타까워한다. 그러나 일 년 중에 나무는 가을에 열매를 맺고, 벼는 가을에 추수를 맞이한다. 가을이 가장 풍성한 계절이다. 나는 인생의 봄과 여름을 거쳐 이제 가장 풍성한 가을을 맞이하려고 한다. 인생에서 가장 행복한 시기는 후반기 1/3을 맞이하는 65세부터라고 한다. 건강만 유지한다면 100세까지 행복하게 살 수 있다. 그러기 위해서 무엇보다 건강유지와 체력관리에 특히 신경을 쓰려고 한다. 새롭게 맞이하는 나의 마지막 황금기에는 그동안 못했던 자기 계발도 하고 자유롭게 여행도 하면서 나의 지식을 활용하여 어딘가 누구에겐가 도움되는 일에 봉사하고 싶다.

부록: 제자들과 함께 일궈낸 연구 논문의 기록

Home Appliances

1. Time-Frequency Envelope Analysis for Fault Detection of Rotating Machinery Signals with Impulsive Noise, 이동현, Applied Science-Basel, (2021.06.)
2. FxLMS 알고리듬 기법을 이용한 식기 세척기의 펌프 소음 능동 제어, 탁언수, 한국음향학회 논문집, (2021.01.)
3. 부분 기여도 함수를 이용한 Heat Pump 건조기의 소음원 기여도 분석, 탁언수, 한국소음진동공학회 논문집, (2021.04.)
4. 자동격자생성 알고리듬을 이용한 주름관을 갖는 배관계의 효율적 진동 분석, 박만수, 한국소음진동공학회 논문집, (2020.10.)
5. Numerical and experimental study on the reduction of refrigerant pressure pulsation within compressor pipes, 오한음, J. of Sound and vibration, (2019.01.)
6. 기저선 변동 제거를 위한 정수 계수 고역 통과 필터의 개선, 김민규, 한국소음진동공학회 논문집, (2019.10.)
7. 냉장고 기계실의 고주파 소음 특성 분석을 통한 음질 개선, 장준영, 한국소음진동공학회 논문집, (2019.10.)
8. Tolerance design of low noise humidifier using Monte Carlo and multi-body dynamic simulation, 이정우, Journal of Chinese society of mechanical engineers, (2019.10.)
9. Dynamic modeling and analysis of a quad horizontal damper system for transient vibration reduction in top loading washing machine, 김영종, Journal of Mechanical Science and Technology, (2019.03.)
10. 켑스트럼 분석을 이용한 생산라인에서의 에어컨 블로워 소음불량 검출, 이동현, 한국소음진동공학회 논문집, (2018.10.)
11. 타워형 에어컨 송풍기 소음의 능동제어, 류경완, 한국소음진동공학회 논문집, (2017.02.)
12. 동일한 음압레벨의 냉장고 소음에 대한 음질 분석, 김태훈, 한국소음진동공학회 논문집, (2017.11.)
13. 가정용 냉장고에서 방사되는 소음의 패턴 분석, 공경수, 한국소음진동공학회 논문집, (2016.04.)
14. 냉장고 정상상태 소음의 음질 인덱스 개발을 위한 심리음향학적 연구, 공경수, 한국소음진동공학회 논문집, (2016.10.)
15. Mode selection of modal expansion method estimating vibration field of washing machine, 정병규, Journal of Sound and Vibration, (2015.03.)
16. 드럼세탁기 방사소음의 소스 및 기여도 분석, 김지만, 한국소음진동공학회 논문집, (2014.08.)
17. Development of noise pattern map for predicting refrigerant-induced noise in refrigerators, 김민성, Journal of mechanical Science and Technology, (2014.09.)
18. 위상 기준 스펙트럼을 이용한 드럼 세탁기 탈수 행정시의 가진력 및 방사소음 예측, 김태형, 한국소음진동공학회 논문집, (2013.07.)
19. 과냉도에 따른 모세관 입구단에서의 냉매 상태 변화가 냉장고 냉매 소음에 미치는 영향의 실험적 분석, 오영후, 한국소음진동공학회 논문집, (2012.12.)

20. Frequency characteristics of the noise of R600a refrigerant flowing in a pipe with intermittent flow pattern, 한형석, International Journal of Refrigeration, (2011.09.)
21. 가속도 측정신호를 이용한 냉장고 팬의 진동원과 방사소음의 예측, 정병규, 한국소음진동공학회 논문집, (2011.9.)
22. 냉장고 증발기 배관의 2상유동양식 예측 및 소음 평가, 허소정, 한국소음진동공학회 논문집, (2011.10.)
23. 냉장고 냉매소음 저감을 위한 단열 발포재의 진동 전달특성 분석, 한형석, 한국소음진동공학회 논문집, (2010.01.)
24. Dynamic modeling and analysis of drum-type washing machine, 임희태, Int. J. of Precision Engineering and Manufacturing, (2010.06.)
25. Reduction of the refrigerant-induced noise from the evaporator-inlet pipe in a refrigerator, 한형석, Int. Journal of Refrigeration, (2010.11.)
26. 부분기여도함수를 이용한 증발기의 소음원 분석, 최기수, 한국소음진동공학회 논문집, (2009.04.)
27. 증발기 입구 배관의 구조 개선을 통한 냉장고 냉매 소음 저감, 김민성, 한국소음진동공학회 논문집, (2009.10.)
28. Experimental analysis for reducing refrigerant-induced noise of 4-way cassette type air conditioner, 한형석, Journal of Mechanical Science and Technology, (2009.05.)
29. Reduction of the refrigerant-induced noise from the transition of flow pattern by decreasing tube diameter, 한형석, International Journal of Air-Conditioning and Refrigeration, (2009.06.)
30. Analysis of the root causes of refrigerant-induced noise in refrigerator, 한형석, Journal of Mechanical Science and Technology, (2009.12.)
31. Experimental study of the effects of the cycle characteristics on the refrigerant-induced noise system air-conditioner, 한형석, Journal of Mechanical Science and Technology, (2007.07.)
32. Electrical and structural design of air-conditioning fan motor for noise reduction, 한형석, Journal of Mechanical Science and Technology, (2006.10.)

Compressors

1. Defect classification of refrigerant compressor using variance estimation of the transfer function between pressure pulsation and shell acceleration, 김연우, Smart Structures and Systems, (2020.02.)
2. Modification of acceleration signal to improve classification performance of valve defects in a linear compressor, 김연우, Smart Structures and Systems, (2019.01.)
3. 압력맥동과 가속도의 전달함수를 이용한 압축기의 냉매누설불량분류, 김연우, 한국소음진동공학회 논문집, (2018.08.)

4. 가변속 압축기 기구부의 회전운동 추정, 정병규, 한국소음진동공학회 논문집, (2018.08.)
5. 가변속 압축기의 진동특성 분석 및 예측, 정병규, 한국소음진동공학회 논문집, (2016.06.)
6. 유전자 알고리듬을 이용한 왕복동식 압축기 루프 파이프 형상의 최적화, 이윤곤, 한국소음진동공학회 논문집, (2016.08)
7. 압축기 흡입배관 압력 맥동 특성의 실험 및 해석, 오한음, 한국소음진동공학회 논문집, (2014.10.)
8. 냉장고용 왕복동식 압축기의 가진력 규명 및 방사소음 예측, 김상태, 한국소음진동공학회논문집, (2012.05.)
9. Vibration analysis of compressor piping system with fluid pulsation, 이성현, Journal of Mechanical Science and Technology, (2012.12.)
10. 공조용 압축기 배관계의 과도진동 예측 및 저감 설계, 유상모, 한국소음진동공학회 논문집, (2011.08.)
11. Dynamic behavior of a valve system in a linear compressor based on fluid-structure interaction, 최용식, Journal of Mechanical Science and Technology, (2010.07.)
12. 공조용 압축기의 가진력 규명 및 배관 진동 예측, 이한울, 한국소음진동공학회 논문집, (2010.07.)
13. 선형 압축기의 동적 거동 예측 Simulation Tool 개발, 전수홍, 한국마린엔지니어링학회 논문집, (2009.05.)
14. 유체-밸브-피스톤 연성을 고려한 선형압축기 토출 밸브의 소음 해석, 이준호, 한국소음진동공학회 논문집, (2009.12.)
15. Transmission Path Analysis of Noise and Vibration in a Rotary Compressor by Statistical Energy Analysis, 황선웅, KSME International Journal, (2004.11.)
16. 모터의 연성을 고려한 로터리 압축기의 과도진동 해석, 김정훈, 한국소음진동공학회 논문집, (2002.11.)
17. 로터리 압축기 내부의 소음해석, 김봉준, 한국박용기관학회, (2000.3.)
18. 로터리 컴프레서 회전체-베어링계의 동적 거동 해석, 김태학, 한국박용기관학회 논문집, (1999.03.)

Submarines

1. Hybrid Equivalent Circuit/Finite Element/Boundary Element Modeling for Effective Analysis of an Acoustic Transducer Array with Flexible Surrounding Structures, 심민정, Applied Science-Basel, (2021.03.)
2. An equivalent circuit based electro-vibro-acoustic model of a cylindrical transducer array, 심민정, J. of the Acoustical Society of America, (2021.05.)
3. A miniaturized acoustic vector sensor with PIN-PMN-PT single crystal cantilever beam accelerometers, 조요한, ACTA ACUSTICA, (2020.10.)
4. Estimation of dispersion curves of water-loaded structures by using approximated acoustic mass, 정병규, Ultrasonics, (2018.04.)
5. Estimation of the acoustic field of a vibrating cylindrical shell considering an unknown

acoustic disturbance, 김연우, Noise Control Engineering Journal, (2018.07.)
6. Wave characteristics of a cylinder with periodic ribs, 정병규, Journal of the Acoustical Society of America, (2017.11.)
7. Transient response of vibration systems with viscous-hysteretic mixed damping using Hilbert transform and effective eigenvalues, 배승훈, Smart Structures and Systems, (2017.09.)
8. Free and transient responses of linear complex stiffness system by Hilbert transform and convolution integral, 배승훈, Smart Structures and Systems, (2016.05.)
9. A discrete convolutional Hilbert transform with the consistent imaginary initial conditions for the time-domain analysis of five-layered viscoelastic sandwich beam, 배승훈, Computer Methods in Applied Mechanics and Engineering, (2014.01.)
10. 유체에 잠긴 원통형 실린더의 파동 분산 특성, 정병규, 한국소음진동공학회 논문집, (2015.08.)
11. Time-duration extended Hilbert transform superposition for the reliable time domain analysis of five-layered damped sandwich beams, 배승훈, Finite Elements in Analysis and Design, (2014.11.)
12. Three-layered damped beam element for forced vibration analysis of symmetric sandwich structures with a viscoelastic core, 원성규, Finite Elements in analysis and Design, (2013.06.)
13. Finite element estimation of hysteretic loss and rolling resistance of 3-D patterned tire, 이한울, Int. J. Mechanical Materials and Design, (2013.12.)
14. 수중폭발에 의한 원통형 배열센서의 구조 응답 및 안정성 해석, 전수홍, 한국소음진동공학회 논문집, (2012.01.)
15. A Steady-state Vibration Analysis of Modal Beam Model under Parametric Excitation, 이성현, International Journal of Precision Engineering and Manufacturing, (2012.06.)
16. Forced vibration analysis of damped beam structures with composite cross-section using Timoshenko beam element, 원성규, Structural Engineering and Mechanics, (2012.07.)
17. An efficient method to predict steady-state vibration of three-dimensional piping system conveying a pulsating fluid, 이성현, Journal of Mechanical Science and Technology, (2012.09.)
18. 복소 전단탄성계수를 갖는 다층 감쇠보의 유한요소 진동 해석, 배승훈, 한국소음진동공학회 논문집, (2011.01.)
19. 함정용 추진전동기의 내충격성 해석, 배성욱, 한국소음진동공학회 논문집, (2010.12.)
20. 원통형 배열 구조물의 접수진동 해석, 신창주, 한국마린엔지니어링학회 논문집, (2009.01.)
21. 선체 부착형 원통형 배열 소나의 선체충격에 의한 응답, 신창주, 한국소음진동공학회 논문집, (2009.02.)
22. 일정속도 유체를 운반하는 곡관의 유한요소 진동해석, 이성현, 한국소음진동공학회 논문집, (2008.10.)

23. Finite element vibration analysis of cylindrical shells conveying fluid considering acoustic-structure interactions, 서영수, JSME International Journal, (2006.06.)
24. 유체맥동을 고려한 배관계의 진동해석, 서영수, 한국소음진동공학회 논문집, (2006.10.)
25. Stability analysis of a pipe conveying periodically pulsating fluid using finite element method. 서영수, JSME International Journal, (2006.12.)
26. Frequency response analysis of cylindrical shells conveying fluid using finite element method, 서영수, Journal of Mechanical Science and Technology, (2005.02.)
27. Finite element analysis of forced vibration for a pipe conveying harmonically pulsating fluid, 서영수, JSME International Journal, (2005.12.)
28. 압착모드형 ER마운트를 이용한 보 구조물의 진동저감 해석, 정우진, 한국소음진동공학회 논문집, (2002.07.)
29. 길이 방향 내심 장력재가 있는 유체충진된 두꺼운 원통셸의 축대칭 진동 해석, 함일배, 한국소음진동학회 논문집, (1997.06.)
30. 유체 충진된 반무한 내심형 원통셸의 진동해석 기법 연구, 함일배, 한국정밀공학회 논문집, (1997.12.)
31. 유한요소법을 이용한 수중예인 선배열의 모델링 및 VIM 진동해석, 함일배, 한국소음진동학회 논문집, (1997.12.)
32. 탑재장비 동적 특성 및 고체음 세기의 간접측정, 김상현, 한국소음진동학회 논문집, (1996.12.)

Ships and Vehicles

1. 비틀림진동 신호를 이용한 왕복동 내연기관의착화실패 실린더 검출 방법, 박정근, 한국소음진동공학회 논문집, (2021.04.)
2. Resonant response of spar-type floating platform in coupled heave and pitch motion, 최응영, An Int. J. of Structural Engineering and Mechanics, (2018.03.)
3. 기전연성효과를 고려한 차량용 전기모터의 진동해석, 김승욱, 한국소음진동공학회 논문집, (2018.10.)
4. Numerical study on the resonance response of spar-type floating platform in 2-D surface wave, 최응영, Structural Engineering and Mechanics, (2017.07.)
5. Numerical simulation of radiation noise of 3-D smooth tire using the rebound excitation force at the bending front, 이한울, (2017.07.)
6. Numerical method for simulating tire rolling noise by the concept of periodically exciting contact force, 이한울, Int. J. of Automotive Technology, (2017.10.)
7. Analytical and experimental study on natural sloshing frequencies in annular cylindrical tank with a bottom gap, 이한울, Structural Engineering and Mechanics, (2016.03.)
8. Combination resonances in forced vibration of spar-type floating substructure with nonlinear coupled system in heave and pitch motion, 최응영, Internal Journal of Naval Archi-

tecture and Ocean Engineering, (2016.05.)
9. 선체 진동 특성 규명을 위한 기여도 분석, 이준우, 한국소음진동공학회 논문집, (2016.10.)
10. Numerical and experimental study on dynamic response of moored spar-type scale platform for floating offshore wind turbine, 최응영, Structural Engineering and Mechanics, (2015.06.)
11. Mesh Generation and Hysteretic Loss prediction of 3-D Periodic patterned Tire, 이한울, International Journal of Automotive Technology, (2014.04.)
12. Comparative evaluation of PML technique for hydrodynamic impact loading on spar-type floating platform, 김민성, Ocean Engineering, (2014.07.)
13. Numerical estimation of rolling resistance and temperature distribution of 3-D periodic patterned tire, 이한울, International Journal of Solids and Structures, (2013.01.)
14. 부유식 해상풍력발전기의 자세제어장치 개발을 위한 환형 실린더 탱크의 슬로싱 실험, 서명우, 한국소음진동공학회 논문집, (2013.01.)
15. 계류장치 연결 위치가 Spar Type 부유식 해상풍력 발전기의 동적 응답에 미치는 영향 해석, 조양욱, 한국소음진동공학회 논문집, (2013.05.)
16. Sloshing characteristics of an annular cylindrical tuned liquid damper for spar-type floating offshore wind turbine, 전수홍, Structural Engineering and Mechanics, (2013.08.)
17. Dynamic response of floating substructure of spar-type offshore wind turbine with catenary mooring cables, 전수홍, Ocean Engineering, (2013.11.)
18. 선체 마운트 지지점에서의 리셉턴스를 고려한 선박용 디젤 엔진의 고체전달음 해석, 장성길, 한국소음진동공학회 논문집, (2011.02.)
19. 마찰 에너지 해석을 통한 Rubber Track의 마모율 예측, 강종진, 한국자동차공학회 논문집, (2011.09.)
20. 동하중을 받는 원통형 액화연료 탱크의 배플에 따른 슬로싱 저감 특성, 구준효, 한국소음진동공학회 논문집, (2009.09.)
21. 선박의 해수 이송 배관용 고무 마운트의 진동 전달률에 대한 파라미터 연구, 한형석, 대한조선학회 논문집, (2009.06.)
22. 선박용 디젤 엔진의 구조진동에 의한 방사소음 해석, 김대환, 한국소음진동공학회 논문집, (2008.01.)
23. 선체로 전달되는 해수 이송 배관의 진동 저감 분석, 한형석, 한국소음진동공학회 논문집, (2008.11.)
24. 마운트 형상에 따른 선박용 해수 이송 배관의 진동 전달률 감소, 한형석, 대한조선학회 논문집, (2008.12.)
25. Optimization of crank angles to reduce excitation forces and moments in engines, 박정근, Journal of Mechanical Science and Technology, (2007.02.)
26. 진동제어를 위한 엔진 기진력의 최적화, 박정근, 한국소음진동공학회 논문집, (2004.08.)
27. 스틸휠의 체결력에 따른 조향휠 진동에 관한 연구, 안세진, 자동차공학회 논문집, (2003.08.)

28. 디젤엔진에서 기진력 감소를 위한 크랭크각의 최적설계, 박정근, 한국소음진동공학회 논문집, (2002.02.)
29. 주파수가중치를 고려한 승차감의 향상을 위한 차량현가장치의 동시최적화, 김창동, 한국소음진동공학회 논문집, pp. 29 35 (1995.03.)

Measurements and Signal Processing

1. 이산푸리에 변환 시 발생하는 누설오차의 개선에 관한 연구, 문행주, 한국소음진동공학회 논문집, (2017.10.)
2. 잡음이 섞인 센서신호를 이용한 구조물의 시간영역 진동장 예측, 심민정, 한국소음진동공학회 논문집, (2017.11.)
3. Improved block-wise MET for estimating vibration fields from the sensor, 정병규, Structural Engineering and Mechanics, (2017.11.)
4. Reproduction of vibration patterns of elastic structures by block-wise modal expansion method (BMEM), 정병규, Smart Structures and Systems, (2016.10.)
5. Sensor placement optimization for structural modal identification of flexible structures using genetic algorithm, 정병규, Journal of Mechanical Science and Technology, (2015.07.)
6. 구조물의 진동장 예측 최적 센서 배치를 위한유전자 알고리듬 적합함수의 선정, 정병규, 한국소음진동공학회 논문집, (2015.10.)
7. 센서최적배치 기법에 의한 원통형 구조물의 진동장 예측, 정병규, 한국소음진동공학회 논문집, (2014.05.)
8. Enhancement of the TFS method by removing bias errors in FRF, 안세진, JSME International Journal, (2005.03.)
9. Improvement of impulse response spectrum and its application, 안세진, Journal of Sound and Vibration, (2005.12.)
10. A Study on the Leakage Error in the Spectrum of Acoustic Intensity, 서영수, JSME International Journal, (2004.03.)
11. An Estimation of error-Free Frequency Response Function from Impact Hammer Testing, 안세진, JSME International Journal, (2004.09.)
12. Unbiased expression of FRF with exponential window function in impact hammer testing, 안세진, Journal of Sound and Vibration, (2004.11.)
13. 지수창 함수를 사용한 임팩트 햄머 실험에서 주파수응답함수의 왜곡과 개선책, 안세진, 한국소음진동공학회 논문집, (2003.05.)
14. 음향 인텐시티의 누설오차 개선에 관한 기초적 연구, 정호경, 한국음향학회 논문집, (2003.07.)
15. Sensitivity Analysis of Anti-resonance Frequency for Vibration Test Control of a Fixture, 김준엽, KSME International Journal, (2003.11.)
16. 충격햄머 실험에 의한 1자유도 주파수응답함수의 오차와 해결방법, 안세진, 한국소음진동공학회 논

문집, (2002.09.)
17. 웨이블렛 변환을 이용한 질량선 및 강체특성 규명, 안세진, 한국소음진동공학회 논문집, (2002.09.)
18. 최적화 기법을 이용한 다자유도 충격응답 스펙트럼의 오차와 개선, 안세진, 한국소음진동공학회 논문집, (2002.10.)
19. 디지털 푸리에 변환에서 누설오차의 개선, 안세진, 한국소음진동공학회 논문집, (2001.03.)
20. An Experimental Approach for Structural Dynamic Modification of Fixture in Vibration Test Control, 김준엽, JSME International Journal, (2001.06.)
21. 진동시험용 치구의 실험적 구조변경 설계, 오영세, 한국소음진동학회 논문집, (1998.02.)
22. 마운트계의 실험적 설계변경을 위한 전달함수 분리법의 개발, 조영희, 한국소음진동공학회 논문집, (1997.10.)
23. 전최소자승법을 이용한 강인한 모드매개변수 규명법, 김현, 대한기계학회 논문집, (1996.03.)
24. A Study on the Determination of Optimal Reference Spectrum for Random Vibration Control in Environmental Vibration Test, 김준엽, KSME Journal, (1996.06.)
25. 환경진동시험제어를 위한 치구의 실험적 구조변경설계, 김준엽, 한국소음진동공학회 논문집, (1996.06.)
26. 랜덤진동제어에서 치구성능향상을 위한 기준스펙트럼의 최적화에 대한 연구, 김준엽, 대한기계학회 논문집, (1995.01.)
27. 특성행렬 직접규명에 의한 강체특성의 실험적 추정, 류석주, 한국정밀공학회 논문집, (1995.09.)
28. 환경진동시험제어에서 반공진동수해석에 의한 치구의 구조변경설계, 김준엽, 한국 소음진동공학회 논문집, (1995.12.)

Active Controls

1. 인텐시티 맵의 패턴과 피드백 및 피드포워드 제어 성능 간의 상관관계 분석, 구정모, 한국소음진동공학회 논문집, (2020.06.)
2. Improvement of Real-Time Vibration Field Prediction of Structures Through Sensor Signal Noise Reduction, 심민정, J. of Chinese Society of Mechanical Engineers, (2020.06.)
3. Controller design for active noise control of compressor by using the time window POCS technique, 구정모, J. of Mechanical Science and Technology, (2020.07.)
4. Implementation of a single-channel active noise control system with multiple reference sensors, 오한음, Noise Control Engineering Journal, (2020.09.)
5. Active control of harmonic noise propagated through openings of an enclosure with phase compensator, 구정모, J. of Mechanical Science and Technology, (2019.10.)
6. Active control of compressor noise in the machine room of refrigerators, 구정모, Noise Control Engineering Journal, Vol.67, (2019.09.)
7. Wiener Filter를 이용한 보 구조물 위 장비의 능동 진동 절연 성능 해석, 오한음, 한국소음진동공학회 논문집, (2018.10.)

8. Active vibration control of plates using positive position feedback control with PZT actuators, 신창주, Noise Control Engineering Journal, (2016.03.)
9. 무부하 압축기에 의한 냉장고 기계실 소음의 능동제어, 구정모, 한국소음진동공학회 논문집, (2016.08.)
10. FIR 필터를 이용한 인클로저 환기구를 통해 투과되는 소음의 능동제어, 지수민, 한국소음진동공학회 논문집, (2015.03.)
11. 음원을 둘러싼 인클로저 개구부를 통해 전파되는 소음의 능동 제어, 이한울, 한국소음진동공학회 논문집, (2015.04.)
12. Active vibration control of beams using filtered-velocity feedback controllers with moment pair actuators, 신창주, Journal of Sound and Vibration, (2013.06.)
13. Active vibration control of beam structures using acceleration feedback control with piezoceramic actuators, 신창주, Journal of Sound and Vibration, (2012.03.)
14. Active vibration control of clamped beams using positive position feedback controllers with moment pair, 신창주, Journal of Mechanical Science and Technology, (2012.03.)
15. 모멘트쌍 액추에이터가 적용된 PPF에 의한 평판의 능동진동제어, 신창주, 한국소음진동공학회 논문집, (2012.04.)
16. Filtered Velocity Feedback 제어기를 이용한 양단지지보의 능동진동제어, 신창주, 한국소음진동공학회 논문집, (2011.05.)
17. Filtered Velocity Feedback 제어기를 이용한 평판 능동진동제어, 신창주, 한국소음진동공학회 논문집, (2011.10.)
18. FXLMS 알고리듬을 이용한 사각밀폐공간의 능동소음제어, 류경완, 한국소음진동공학회 논문집, (2011.11.)
19. Filtered Velocity Feedback 제어기를 이용한 양단지지보의 음향파워 저감, 신창주, 한국소음진동공학회 논문집, (2011.12.)
20. 가속도 되먹임 제어기를 이용한 양단지지보의 능동 제어, 신창주, 한국소음진동공학회 논문집, (2010.12.)
21. FXLMS 알고리듬을 이용한 덕트의 능동소음제어, 류경완, 한국소음진동공학회 논문집, (2009.01.)
22. PZT Actuator를 이용한 외팔보의 능동진동제어, 신창주, 한국소음진동공학회 논문집, (2008.12.)
23. Vibration Control of a Flexible Beam Structure Using Squeeze-mode ER Mount, 정우진, Journal of Sound and Vibration, (2004.05.)
24. Vibration and Noise Control of Structural Systems Using Squeeze Mode ER Mounts, 정우진, KSME International Journal, (2003.12.)
25. 200kg급 압착모드형 ER마운트의 진동제어 성능 고찰, 정우진, 한국소음진동공학회 논문집, (2002.11.)
26. 유연보의 진동제어를 위한 구조계와 제어계의 동시최적화, 김창동, 대한기계학회 논문집, (1994.12.)
27. 능동형 차량현가장치의 성능향상을 위한 구조최적화, 김창동, 대한기계학회 논문집, (1993.06.)

Human Vibrations

1. Evaluation for Parkinsonian Bradykinesia by deep learning modeling of kinematic parameters, 박동준, Journal of Neural Transmission (2021.02.)
2. Neck/Shoulder Muscle Fatigue of Military Vehicle Drivers exposed to Whole-Body Vibration on Field Terrain Road, 박동준, Int. J. of Automotive Technology, (2020.02.)
3. Quasi-Apparent Mass of Vertical Whole-Body Shock-Type Vibrations, 이준우, J. of Chinese Society of Mechanical Engineers, (2020.08.)
4. Attention decrease of drivers exposed to vibration from military vehicles when driving in terrain conditions, 박동준, International Journal of Industrial Ergonomics, (2019.07.)
5. 군용차량 야지주행 진동에 대한 국제표준 기반 건강영향도 평가에 관한 연구 박동준, 한국소음진동공학회 논문집, (2018.02.)
6. Reduced ride comfort caused by beating idle vibrations in passenger vehicles, 박진한, International Journal of Industrial Ergonomics, (2017.01.)
7. Subjective absolute discomfort threshold due to idle vibration in passenger vehicles according to sitting posture, 송종탁, International J. of Automotive Technology, (2017.04.)
8. 야지 시험로 주행 진동 노출 시간에 따른 탑승자의 주의력 저하에 관한 연구, 박동준, 한국소음진동공학회 논문집, (2017.04.)
9. Digital filter design of frequency weighting function to measure and assess human vibration, 오한음, Noise Control Engineering Journal, (2017.06.)
10. ISO 2631-1을 이용한 국내 고속 철도차량의 인체진동 노출량 평가, 김지만, 한국소음진동공학회 논문집, (2015.04.)
11. Virtual Seat Method를 이용한 승용차량 시트의 정차시 진동에 대한 승차감 평가, 이재영, 한국소음진동공학회 논문집, (2013.07.)
12. 승용차량 정차 시 발생하는 진동에 대한 객관적 인체반응특성과 주관적 불편함평가의 상관성에 관한 연구, 이재영, 한국소음진동공학회 논문집, (2012.05.)
13. 승용차량의 정차진동 주파수에 대한 불편함의 등감각곡선, 전경진, 한국소음진동공학회 논문집, (2012.06.)
14. Human response of vertical and pitch motion to vertical vibration on whole body according to sitting posture, 김민성, Journal of Mechanical Science and Technology, (2012.08.)
15. 6축 힘 측정판을 이용한 수직방향 전신진동에 대한 겉보기질량 및 겉보기편심질량에 대한 고찰, 전경진, 한국소음진동공학회 논문집, (2011.10.)
16. 승용차량의 아이들 진동을 고려한 착석자세에 따른 인체의 반응특성 분석, 전경진, 한국소음진동공학회 논문집, (2010.12.)
17. 쇼크타입 수직방향 전신진동에 대한 생체동역학적 반응의 비선형성, 안세진, 대한기계학회 논문집, (2007.02.)
18. 다양한 크기와 주파수 그리고 감쇠를 갖는 상하방향 전신 충격진동에 대한 불편함 연구, 안세진, 자

동차공학회 논문집, (2007.02.)
19. 수직방향 전신 충격진동의 불편함 평가를 위한 주파수가중곡선 개발, 안세진, 한국소음진동공학회 논문집, (2006.06.)

진동소음 일반

1. 단순확장관 내부 파티션 위치에 따른 음향투과손실 계산식의 개발, 박정필, 한국소음진동공학회 논문집, (2015.02.)
2. 머플러의 소음성능 향상을 위한 다공판 공극률의 설계변경해석, 배경원, 한국소음진동공학회 논문집, (2015.02.)
3. 내부 파티션을 갖는 단순확장관의 소음저감 및 배압특성의 전산해석, 김연우, 한국소음진동공학회 논문집, (2014.11.)
4. Acoustic performance of industrial mufflers with CAE modeling and simulation, 전수홍, Internal Journal of Naval Architecture and Ocean Engineering, (2014.12.)
5. 가진력 규명을 통한 초고압 변압기의 구조진동 및 방사소음 예측, 유석진, 한국소음진동공학회 논문집, (2013.06.)
6. 유동속도가 단순확장관 음향투과손실에 미치는 영향 해석, 권진, 한국소음진동공학회 논문집, (2012.10.)
7. The use of a hybrid model to compute the nonlinear acoustic performance of silencers for the finite amplitude acoustic wave, 김대환, Journal of Sound and Vibration, (2010.05.)
8. General Collocation Method for Three Dimensional acoustic Analysis of a Simple Expansion chamber, 김봉준, JSME Int. Journal, (2002.06.)
9. 임의의 모드를 가지는 모드적합법을 사용한 원형단순확장관의 음향해석, 김봉준, 한국음향학회 논문집, (2000.01.)
10. 임의의 입출구 위치를 가지는 소음기 해석을 위한 개선된 모드일치 법, 김봉준, 대한기계학회 논문집, (2000.05.)
11. 원형 단순 확장소음기의 성능향상을 위한 입출구 위치의 최적설계, 김봉준, 대한기계학회 논문집, (2000.10.)
12. 고차모드를 고려한 사각형 단순확장관의 간편 음향 해석법의 개선, 김봉준, 한국소음진동학회 논문집, (1999.04.)
13. 액체봉입 마운트 오리피스의 최적설계, 김봉준, 한국자동차공학회, (1999.03.)
14. 사각형 단순 확장 소음기의 성능향상을 위한 입출구 위치의 최적설계, 김봉준, 한국소음진동학회 논문집, (1999.08.)
15. 원형 단순 확장관의 입출구 위치와 단면크기를 고려한 음향해석법, 김봉준, 한국소음진동학회 논문집, (1999.10.)
16. 입출구의 고차모드를 고려한 사각형 단순 확장관의 음향해석, 김봉준, 한국박용기관학회 논문집, (1999.11.)

나의 일본 유학 시절 논문

1. 鄭義峰, 大熊, 長松, "特性行列の 實驗的 決定に よる 系の 同定(第5報, 單点 勵振 データからの 同定法の 提案)", 日本機械學會 論文集, (1988.01.)
2. 鄭義峰, 大熊, 長松, "特性行列の 實驗的 決定に よる 系の 同定(第6報, 周波數領域の 曲線適合 の 提案 および 曲線適合を 用いた 同定法の 提案)", 日本機械學會 論文集, (1988.09.)
3. W.B.Jeong, M.Okuma and A.Nagamatsu, "Experimental Identification of Mechanical structure with Characteristic Matrices (Proposition of Curve Fitting in the Frequency Domain and MCK Identification using curve Fitting)", JSME International Journal(Series III), (1989.03.)
4. 鄭義峰, 吉田, 小林, 織田, "カルマンフィルタによる 路面と 車輛の 狀態推定", 日本機械學會 論文集, (1989.07.)
5. 鄭義峰, 吉田, 長松, 角田, "周波數成形 評價關數を 用いた 準最適 出力制御による 車輛の 振動 制御", 日本機械學會 論文集, (1990.10.)
6. W.B.Jeong, K.Yoshida, H.Kobayashi, K.Oda, "State Estimation of Road Surface and Vehicle System using a Kalman Filter", JSME International Journal (SeriesIII), (1990.12.)

부록: 제자들의 석·박사 학위 논문의 기록

Doctoral Thesis

1. 이동현, 2023.08, 졸업 예정
2. 박만수, 2023.02, 에어컨 실외기 부품의 산포를 고려한 응력 해석 방법
3. 심민정, 2021.08, Electro-Vibro-Acoustic modeling of transducer arrays with elastic surrounding structures
4. 박동준, 2021.08, 관성센서 신호의 딥러닝을 통한 파킨슨병 환자 판별 알고리즘
5. 박정근, 2021.08, 축계 비틀림진동 신호를 이용한 왕복동 내연기관 착화실패 및 기진력 진단
6. 조요한, 2021.02, 압전단결정 외팔보가속도계를 이용한 소형 음파탐지센서 개발
7. 이준우, 2020.08, 근전도 신호처리를 통한 신경근장애판별 알고리즘개발
8. 구정모, 2020.08, 개선된 필터설계와 가상센서를 이용한 진동 음향 제어 성능의 향상
9. 오한음, 2020.08, FFR 트랜스듀서 소나의 송신 음향 모델 개발 및 적용
10. 김연우, 2020.02, 압축기 불량분류 성능향상을 위한 주파수가중 전달함수 추정법의 개발
11. 이정우, 2020.02, 통계적 기법을 이용한 가습공청기의 공차설계 및 저소음화에 관한 연구
12. 김영종, 2019.02, 탑로더 세탁기의 과도 진동 저감을 위한 수평댐퍼 기술 연구
13. 김태훈, 2018.02, 냉장고 감성소음불만 저감을 위한 음질 평가지표 개발 및 개선
14. 정병규, 2017.02, 접수된 보강 원통형 쉘의 진동 및 음향 파동장 해석
15. 원성규, 2017.02, 복합감쇠구조물의 진동해석을 위한 등가유한요소개발
16. 이한울, 2016.08, 자동차타이어의 지면 가진력 모델링 및 방사소음해석
17. 배승훈, 2016.02, 복소 동적 계수로 표현되는 진동계의 시간응답해석
18. 최응영, 2016.02, Heave와 pitch 연성운동을 고려한 spar-type 부유식 구조물 동적거동 해석
19. 김민성, 2015.02, 급확장관 2상유동의 소음분석 및 소음지도 개발
20. 전수홍, 2014.02, 수중폭발에 의한 유체구조 연성 해석 및 내충격 성능 평가 신뢰성 향상 연구
21. 이성현, 2012.08, 맥동유체를 운반하는 3차원 배관 시스템의 진동해석
22. 신창주, 2012.02, Filtered-Velocity feedback 제어기를 이용한 구조물의 능동진동제어
23. 임희태, 2010.02, Dynamic Analysis of Drum-type Washing Machine using a Simplified Rotordynamic Mode
24. 한형석, 2007.02, Reduction of Noise from Fan Motor and Refrigerant for Air conditioner
25. 황선웅, 2006.02, 공조용 회전식 압축기의 소음진동 특성에 관한 연구
26. 서영수, 2005.08, Finite Element Analysis of Vibration and Acoustics of Pipes Considering Fluid-structure Interactions
27. 정우진, 2003.08, 압착모드형 ER마운트를 이용한 구조물의 진동제어 성능 해석
28. 안세진, 2003.02, 동특성 규명의 신뢰성 향상을 위한 충격응답 신호처리 기술
29. 김봉준, 2000.02, 단순확장소음기의 3차원 음향특성해석 및 최적설계
30. 함일배, 1998.02, 내심재 동적 효과를 고려한 선배열 모듈의 진동전달 특성 해석
31. 김준엽, 1996.08, 제어와 구조변경에 의한 환경진동시험치구의 동특성 개선
32. 김창동, 1995.08, 진동계와 제어계의 동시최적화에 관한 연구

Master's Thesis

1. 탁언수, 2021.08, 부분 코히어런스 함수를 이용한 건조기 기여도분석 및 음질평가
2. 장준영, 2020.02, 냉장고 압축기의 진동 및 소음 저감을 통한 음질 개선
3. 김민규, 2020.02, 냉장고도어의 노크감지를 위한 향상된 판별 알고리듬
4. 김승욱, 2019.02, 차량용 구동모터의 전자기력에 의한 진동 특성 분석
5. 이동현, 2019.02, 생산라인의 배경소음을 고려한 에어컨 소음불량 검출 알고리듬 개발
6. 박동준, 2018.02, 군용 차량의 야지 주행 진동에 노출된 운전자의 주의력 저하
7. 심민정, 2018.02, 잡음저감 필터를 이용한 구조물의 실시간 진동장 예측
8. 문행주, 2018.02, 진동원 규명과 전달경로 분석 성능향상을 위한 누설오차 개선
9. 구정모, 2017.02, FIR 필터를 이용한 냉장고 압축기의 능동 소음 제어
10. 이준우, 2017.02, 선체 진동 전달경로 규명을 위한 기여도 분석
11. 박진한, 2017.02, 승용차량의 승차감 평가를 위한 탑승자의 능동 및 수동적 반응 분석
12. 이윤곤, 2017.02, 왕복동식 압축기의 진동저감을 위한 내부 배관 형상 최적화
13. 공경수, 2017.02, 가정용 냉장고 소음특성 분석 및 음질 평가
14. 김연우, 2016.02, 선형압축기 내부공간형상에 따른 흡입배관 내 냉매압력맥동의 변화연구
15. 지수민, 2016.02, 원통형 배열센서 구조물의 수중 폭발 및 내충격 안정성 평가
16. 박정필, 2016.02, 주파수 가중함수의 z-변환을 이용한 주행차량의 인체진동 평가
17. 배경원, 2016.02, 유전자 알고리즘을 이용한 음향외란을 갖는 진동구조물의 음향장 예측
18. 오한음, 2015.02, Analysis of pressure pulsation in a suction pipe of compressor
19. 김지만, 2015.02, ISO 2631에 따른 국내 고속 철도차량 인체진동 평가
20. 김태형, 2014.02, 드럼세탁기의 탈수행정시 진동소음 해석 및 전달경로 분석
21. 유석진, 2014.02, 초고압 변압기의 구조진동 및 방사소음 예측
22. 조양욱, 2013.08, Spar type 부유식 해상 풍력발전기의 동적 특성 해석
23. 서명우, 2013.02, 부유식 해상풍력발전기의 자세제어를 위한 TLD연구
24. 오영후, 2013.02, 과냉도에 따른 냉매상태 변화와 모세관 형상이 냉매소음에 미치는 영향의 실험적 분석
25. 권 진, 2013.02, 유동속도가 단순확장관 음향 투과손실에 미치는 영향 해석
26. 이재영, 2013.02, Virtual seat method를 이용한 승용차량 시트의 정차시 진동 승차감 평가
27. 김상태, 2012.08, 냉장고용 왕복동식 압축기의 가진력 규명 및 가진력에 의한 방사소음 해석
28. 류 통, 2012.08, Numerical FSI analysis of the performance and noise for the discharge value system in a rotary compressor
29. 정병규, 2012.02, 가속도 측정신호를 이용한 냉장고의 가진력 규명 및 방사소음 예측
30. 허소정, 2012.02, 냉장고 증발기 수직관의 2상 유동 양식 예측과 소음 평가
31. 유상모, 2012.02, 압축기 진동저감을 위한 압축기 마운트 및 배관형상 설계
32. 전경진, 2012.02, 6축 힘 측정판을 이용한 수직방향 전신진동에 대한 인체의 반응특성 분석
33. 배성욱, 2011.02, 함정의 생존성 향상을 위한 추진전동기의 내충격 및 방사소음 해석

34. 장성길, 2011.02, 선체의 탄성을 고려한 선박용 디젤엔진의 방사소음 해석
35. 이한울, 2011.02, 자동차 타이어의 회전저항 및 온도분포 예측에 관한 수치해석적 연구
36. 배승훈, 2011.02, 감쇠재를 포함하는 복합 적층보의 등가 유한요소 진동 해석
37. 구준효, 2010.02, 동하중을 받는 액화연료 탱크의 배플에 따른 슬로싱 저감 특성 해석
38. 류경완, 2010.02, FXLMS 알고리듬을 이용한 에어컨 팬 소음의 능동소음제어
39. 김민성, 2010.02, 냉장고 증발기 내부의 냉매 유동 소음 원인 규명 및 개선
40. 이준호, 2010.02, CAE analysis of flow-induced noise of discharge system in a linear compressor
41. 전수홍, 2009.02, 선형압축기의 동적 거동 예측을 위한 CAE 툴 개발
42. 김대환, 2009.02, Computation of nonlinear transmission loss of simple expansion muffler using hybrid model
43. 최용식, 2009.02, 유체-구조 연성을 고려한 선형압축기 밸브시스템 동적 거동의 CAE해석
44. 최기수, 2009.02, 소음진동의 계측 및 신호처리를 위한 LabView 모듈 개발
45. 이성현, 2008.02, 유체를 운반하는 배관계의 진동해석을 위한 CAE Tool 개발
46. 신창주, 2008.02, 석 박사 통합과정
47. 구정태, 2008.02, 차량용 엔진벨트 소음의 실험적 분석 및 저감설계
48. 김형태, 2007.02, 유체유동을 고려한 소음기 투과손실의 CAE 해석
49. 김정찬, 2007.02, 탄성변형을 고려한무인감시로봇의충격응답및진동해석
50. 강종진, 2007.02, Recurdyn을 이용한 2축 벨트-풀리계의 진동 해석
51. 정석현, 2006.02, 주기적으로 맥동하는 유체를 운반하는 배관의 유한요소 진동해석
52. 신준엽, 2006.02, 감쇠 보구조물의 진동해석을 위한 유한요소법의 개발
53. 정영철, 2006.02, 누설유동을 고려한 스크롤 압축기의 동적 거동 해석
54. 김규환, 2005.02, 청감실험을 통한 Sound Quality Metrics의 효용성검증
55. 김명환, 2005.02, 파워 스티어링 펌프의 소음저감을 위한 실험 및 해석
56. 김태훈, 2005.02, 재생펌프의 유동소음 저감을 위한 실험 및 해석
57. 원성규, 2005.02, 진동음향 연성을 고려한 내부음원을 갖는 닫힌 구조물의 방사소음 해석
58. 조성문, 2005.02, 수격현상을 고려한 파이프 과도 진동 응답의 실험 및 해석
59. 김승엽, 2004.02, FRF의 오차개선에 의한 전달함수합성법의 성능 향상
60. 박진형, 2004.02, 음향인텐시티를 이용한 펌프의 소음원 규명 및 형상변경에 따른 소음평가
61. 오준석, 2004.02, 조화맥동하는 유체를 포함하는 배관의 진동 해석
62. 조현동, 2004.02, ARMAMA 모델의 주파수 분석 성능 평가
63. 윤상돈, 2003.02, 유동을 고려한 소음기의 유한요소 음향 해석
64. 정호경, 2003.02, 누설오차의 영향을 제거한 개선된 음향 인텐시티의 추정
65. 황대선, 2003.02, 충격햄머 실험에서 질량선이 갖는 오차의 원인분석 및 해결
66. 김정훈, 2002.02, 전동기 연성을 고려한 로터리 압축기의 진동해석
67. 김택건, 2001.02, 전달행렬법을 이용한 배관의 유체맥동 해석

68. 서영수, 2001.02, 4행정기관의 기진력 감소를 위한 크랭크각의 설계
69. 장호엽, 2001.02, 곡관의 3차원 음향해석에 관한 기초적 연구
70. 김재호, 2000.02, 음향모드합성법을 이용한 압축기 내부공간과 머플러의 음향해석
71. 이윤식, 2000.02, 압축기에서 진동과소음의 구조전달 특성해석
72. 이인호, 2000.02, 헬름홀쯔 분리법을 이용한 평판구조물의 인텐시티 방사 해석
73. 이정환, 2000.02, 개선된 모드적합법을 이용한 단순확장형 소음기의 음향해석
74. 장진혁, 2000.02, 푸리에 변환된 다자유도 신호의 누설오차 개선
75. 공태현, 1999.02, 자동차 시동시 엔진의 과도응답 저감을 위한 마운트 설계
76. 박성용, 1999.02, NASTRAN을 이용한 일반점성감쇠를 갖는 구조물의 유한요소해석
77. 우승태, 1999.02, 단순확장형 소음기를 갖는 음향계의 삽입손실 측정
78. 장다운, 1999.02, 디지털푸리에 변환에서 누설오차 개선에 관한 연구
79. 김영종, 1998.02, 최소자승법을 이용한 음파분리법
80. 김태학, 1998.02, 축어긋남을 갖는 로터리 컴프레서의 동적 해석
81. 오영세, 1998.02, 치구계의 설계변경에 의한 진동시험 성능의 개선
82. 이타경, 1998.02, 대형 구조물의 진동해석을 위한 부분구조합성법의 NASTRAN 연결모듈 개발
83. 조영희, 1997.02, 마운트계의 실험적 설계변경을 위한 전달함수분리법의 개발
84. 김상현, 1997.02, 탑재장비 동적특성의 간접측정을 통한 고체음 세기 및 전달량 측정
85. 김봉준, 1996.02, Total Least Square법을 이용한 다입력 모우드 해석법의 개선
86. 안세진, 1996.02, 전달함수합성법에 의한 차체-엔진계의 실험적 진동해석
87. 김 현, 1995.02, Total Least Square법을 이용한 강인한 실험모우드해석법의 개발
88. 류석주, 1995.02, 마운트 지지 구조물의 강체특성의 실험적 규명에 관한 연구
89. 정충길, 1994.02, 이중 마운트 구조물에 대한 강체특성의 규명
90. 고동민, 1993.02, 특성행렬 직접 규명법에 의한 강체특성의 추정
91. 안옥균, 1992.02, 진동계의 실험적 동정에 관한 연구